하나의 지구 복수의 지구사: 지구사 입문

박혜정

이 저서는 2019년 대한민국 교육부와 한국연구재단의 지원을 받아 수행된 연구임 (NRF- 2019S1A5C2A04083293)
This work was supported by the Ministry of Education of the Republic of Korea and the National Research Foundation of Korea (NRF- 2019S1A5C2A04083293)

하나의 지구 복수의 지구사

One Globe Multiple Global Histories

— 지구사 입문

박혜정 지음

연세대학교 출판문화원

하나의 지구 복수의 지구사

One Globe Multiple Global Histories

2022년 6월 28일 1판 1쇄

지은이 박혜정
펴낸곳 연세대학교 출판문화원
주소 서울특별시 서대문구 연세로 50
등록 1955년 10월 13일(제9-60호)
전화 02) 2123-3378~80
팩스 02) 2123-8673
전자우편 ysup@yonsei.ac.kr
홈페이지 http://press.yonsei.ac.kr
인쇄 네오프린텍(주)

ISBN 978-89-6850-656-7(93900)

값 20,000원

들어가는 말:
지구사(global history)로 들어가는 6개의 진입로

지구사라는 역사학 분야는 1990년대 동구공산권의 몰락으로 전 세계가 하나 되는 소위 '지구화 시대'를 역사적으로 이해, 규명하기 위한 역사학적인 응전으로서 태동하였다. 동시에 지구사는 기존의 '세계사'로 불리는 서구 역사학의 유럽중심적 보편사의 전통을 벗어나서 세계 전체에 대한 탈중심적인 역사서술 모델과 방법 모색을 시작함으로써 지구화 시대에 걸맞은 새로운 역사적 인식과 성찰을 고양하려는 역사학적 변혁 운동이기도 하다. 여기서 탈중심주의가 주로 유럽중심주의를 겨냥한 것임은 자명하다. 국내 역사학계가 유럽중심주의 극복에 집중하여 지구사 논의를 시작하고 끝낸 이유도 여기에 있다.

그러나 지구사를 이야기해야 할 학문적인 이유보다 더 중요한 이유는 우리가 살고 있는 세계가 더욱 한 덩어리로 연결되고 통합되어가고 있는 현실 속에 있다. 2년 넘게 지속되고 있는 코로나19 팬데믹과 러시아-우크라이나 전쟁의 여파로 로컬 공동체가 회귀하고 보호무역주의의 강화와 함께 국민국가의 경계가 강화되면서 오히려 지구화에 역행하는 모습이 보이는 것도 사실이다. 그러나 실상은 또 다른 차원의 전 지구적 연결이 더 무서운 속도로 추가 진행되고 있다. 메타버스를 향한 디지털 연결이 그렇고, 원헬스(One Health) 운동이 직설하고 있는 생태적 연결성이 또한 그렇다. 21세기에 들어와 더욱 뚜렷해진 기후변화의 양상 역시 인류세 담론과 함께 하나의 지구시스템으로서의 상호연결성을 그 어느 때보다 강하게 역설하고 있다. 이런 맥락에서 보면 작금의 표면적 탈지구화는 지구화가 새로운 차원의 합명제적인 도약을 이루기 위한 반명제적 역행에 가깝다.

포스트코로나 시대에 재개될 지구화는 4차 산업혁명과 맞물려 한층 격화된 양상으로 전개될 것이 확실하다. 따라서 지구사적 안목과 감각을 갖추는 것은 작게는 세계정세 변화에 취약한 한반도 거주자들의 생애 기회를 높이는 길이고, 크게는 4차 산업혁명 시대의 퍼펙트 스톰 속에서 인류의 미래를 준비하는 길이다. 개개인과 국가적 차원이 아니라 우리는 어느덧 인류 공동체의 일원으로서 각자의 위치와 책임까지 생각해야 할 국면에 와있으므로 글로벌의 함의 자체도 달라지고 있다. 지구사가 국내에 처음 소개될 때, 글로벌 히스토리의 한국어 번역어인 지구사는 지구의 역사로서의 지구사(Earth history)를 연상시킨다는 이유에서 번역어 대신에 원어 그대로 쓰는 것이 낫다는 견해들이 많았고, 같은 이유로 지구사란 표현 대신 글로벌 히스토리를 선택한 학자들도 많았다.

이제 인류 문명은 인간 중심적인 글로벌의 함의만으로는 부족할 정도로 생태학적이고 지질적인 위기에 봉착하게 되었다. 이러한 새로운 도전은 global history에 Earth history적 차원, 즉 지질생태계까지 추가하여 고려하는 좀 더 큰 규모의 지구사에 대한 요청으로 이어지고 있다. 지구사의 아버지로 불리는 맥닐(William W. McNeill)은 일찍이 1970년대부터 이러한 통합생태적 보편사의 비전을 요청했는데, 빌게이츠 재단의 전폭적인 지원으로 미국에서 중등교육과정 콘텐츠로 정착한 '빅히스토리'는 맥닐의 이러한 비전을 직접적인 자양분으로 삼아 성장하였다. 이처럼 Earth history로의 미래의 확장을 준비하기 위해서라도 이제야말로 국사 패러다임의 좁은 박스를 나와서 지구 전체를 바라보는 관점의 훈련을 제대로 시작할 때이다.

전 지구적 전체성과 그 역사에 대한 안목과 감각을 함양하는 것은 단순히 세계 곳곳의 다양한 문화와 역사를 배우는 것만으로 성취될 수 없다. 지구사가 기존의 세계사와 가장 뚜렷이 차별되는 부분은 세계 전체를 쪼개질 수 없는 '하나의 세계(One World)'로 전제하고 이를 역사적으로 추동한 글로벌 네트워크 혹은 패턴을 규명하려는 근본적인 문제의식 자체에 있다. 지구사가 명칭에 있어서 본래 인간의 존재를 뜻하기에 쪼개질 수 있는 '세계'가 아니라 피타고라스가 완전 도형으로 생각했던 '구형(globus)'을 선택한 이유도 여기에 있다.

한 가지 오해하지 말아야 할 것은 지구사의 핵심이 그렇다고 해서 전체성 자체에 있지 않다는 것이다. 지구사의 가장 기본 아젠다라 할 수 있는 거대합명제(grand synthesis)는 모든 것의 총합을 의미하거나 지향하지 않는다. 모든 것을 포괄하는 전체의 역사로서의 지구사는 가능하지도 않을뿐더러, 그것은 우리의 세계와 지구를 진정으로 이해하는 데 도움을 줄 수도 없다. 우주의 별보다 많은 수의 개별 세포가 모여서 인간이란 생명체를 이루지만, 인간을 이들 개별 세포들의 총합으로 이해할 수 없는 이치와 같다. 중요한 것은 전체성 그 자체가 아니라 하나의 연결체로서의 전체성이고, 그런 의미에서 전체성보다 연결성(connectedness)이 지구사 패러다임의 핵이라 할만하다.

지구사의 전체성의 비전이 하나의 세계를 선험적으로 전제한다는 논란에서부터 하나의 세계에 접근할 수 있는 구체적인 방법론에 이르기까지, 지구사 논의 30년의 시간이 압축하고 있는 논제들의 목록은 길고 복잡하다. 특히 한 덩어리로서의 지구 전체를 대상으로 삼는 지구사는 불가능하고 설사 가능하더라도 또 다른 전체사(total history)와 크게 다르지 않을 것이라는 근본적인 의구심은 지구사의 부상 초기부터 함께 해온 고질병과도 같다. 덕분에 이후의 지구사 논의의 공은 어떻게 그 전체성에 접근할 것인가의 실행의 문제로 빠르게 넘어갈 수 있었다. 분명 현재의 지구사 논의는 더 이상 지구사란 무엇인가의 문제를 원론적으로 규명하려는 데 매달리지 않는다. 그보다는 역사서술적 실행과 다각적인 방법론적 논쟁을 통하여 지구사가 무엇인지 규명하려는 생산적인 시도들이 이어지고 있다. 지구사는 더 이상 규모로 승부를 보는 역사서술로 이해될 수 없으며, 지구성(globality), 즉 전지구적 연결성을 통해 전체성을 드러내려는 역사학으로 이해되는 것이 맞다. 민족, 지역, 문명의 규모는 지구사를 가름하는 잣대가 될 수 없고, 지구성은 오히려 민족사, 지역사, 문명사를 가로질러 움직이는 벡터로서 발견되어야 한다.

사실상 지구사의 방법론은 차치하고라도 범주적으로 민족, 지역, 문명, 전 세계 등에 걸쳐있는 복잡성으로 인하여, 지구사 논의 성과가 가장 많이 축적되어있는 미국과 유럽에서도 체계적으로 정리된 지구사 입문서는 드문 편이다. 지구사라는 새로운 역사서술 장르가 데뷔한 이래 30여 년 동안 단 2권의 입문서가 출간되었을 뿐이다. 다트머스 대학 교수 크로슬리(Pamela K. Crossley)의 『글로벌 히스토리란 무엇이가?(*What is Global History?*)』(2008)와 베를린 자유대학 교수 콘라드(Sebastian Conrad)의 동일명 표제의 입문서(2016)가 그것이다. 일본사학자 콘라드가 쓴 후자의 입문서는 가장 포괄적인 내용의 입문서라는 평가를 받고 있다. 물론 규모, 지명도, 시간 면에서 모두 앞서 있는 매닝(Patrick Manning)의 『세계사를 찾아서(*Navigating World History*)』(2003)도 빼놓을 수 없다. 이 책은 피츠버그 대학에서 평생을 세계사 강의 개발과 교수에 헌신해온 매닝이 세계사란 장르에서 지구사가 이제 막 분화되어 나오던 격변기의 세계사 연구와 교수 상황을 개관하며 쓴 입문서이다. 따라서 그가 '세계사의 가장 강력한 하위분야'로 표현한 지구사라는 신생 학문 분야의 태동과정에 관해 읽기는 좋지만, 너무 일찍 출간된 탓에 지구사에 관한 입문적 지식을 얻기에는 충분치 않다.[1]

종합적으로 볼 때, '지구사란 무엇인가'라는 질문의 탐구는 여전히 현재진행형이라 할 수 있다. 본서는 국내에서 시도하는 첫 지구사 입문서이다. 필자는 미래를 준비하기 위해서 반드시 알아야 하지만 발을 들여놓기 쉽지 않은 지구사에 대한 학술적 입문서가 꼭 필요하다는 문제의식에서 본서를 기획하였다. 국내의 세계사 혹은 지구사 도서시장은 거의 교양서적들에 의해 점령되어있다. 가장 대표적인 예로 출판사 '휴머니스트'가 출간한 10권의 『지구사』 시리즈를 꼽을 수 있다. 커피, 빵, 치즈, 커리 같은 식품의 유통망을 따라서 다양한 국가와 지역을 경제와 문화적 코드를 통해 여행하듯 하나로 엮는 방식을 취하고 있다. 무엇보다 우리 일상의 소재를 통해 지구사에 접근한다는 점에서 매우 매력적이다.

문제는 국내의 지구사 관련 도서시장에서 단순화된 이야기식 교양서적만 넘쳐나고 지구화와 관련하여 좀 더 다각적이고 복잡한 문제들을 짚어볼 수 있는 학술서적이 많이 부족하다는 것이다. 일시점보다는 다시점, 국가 중심의 선형적 연결보다는 국가, 지역, 세계의 중층적 구조, 일방향보다는 피드백 관계도 고려하는 학술적 논의가 병행되어야 좀 더 다양한 그림과 구도의 지구사 학술교양서적과 교양서적도 늘어날 수 있을 것이다. 이야기식은 매우 훌륭한 정보 전달력과 몰입 효과가 있지만, 역방향의 비판적 사고를 자극하지는 않는다. 지구적 전체성의 실체는 그것이 개연성 있고 매끄러운 이야기체로 제시될수록 그 이야기가 품고 있는 인식론적, 이념적 편향성에 대해서는 침묵할 가능성이 커진다. 전 지구적 전체성은 다양한 관점에 따라 다양하게 보이기 마련이라는 상식적 전제에 충실하여 관점 자체를 문제 삼고 이에 대한 분석적인 해부와 비판적인 성찰을 통해서만 충분히 드러날 수 있다.

본서는 지구사 입문서이지만 독자들에게 지구사 관련 논의를 모두 빠짐없이 포괄하여 전달하겠다는 포부를 갖지 않는다. 지구사란 명칭만으로도 어렵고 낯설며 복잡할 것이라는 인상을 주기에 충분하다는 것을 지난 수년간의 강의를 통해 경험했기 때문에, 국내에서 처음 시도되는 입문서로서 최대한 간명한 구조를 유지하는 것이 중요하다고 판단했다. 앞서 언급한 크로슬리의 입문서는 지구사라는 거대한 의제를 문고판 형식을 빌려 압축적으로 다룸으로써 지구사란 낯선 장르에 대한 심리적 진입장벽을 낮추는 데 크게 기여하였다. 본서는 크로슬리의 서술전략에 약간의 세월의 무게를 더하는 쪽을 택했다. 즉 그의 입문서처럼 거대한 의제에 빠르게 접근할 수 있도록 기본적으로 단출한 차림표를 유지하면서 지구사 패러다임의 내용적 다양성을 담아내고자 하였다. 내용적 간명성과 다양성 둘 다를 잡기는 쉽지 않지만, 본서는 다소 도식적인 구성의 힘을 빌려서 지구사 패러다임을 개념, 아젠다, 복수의 방법론적 모델과 같은 범주들로 쪼개고 여기에 트랜스내셔널 히스토리, 지역사, 변경사적 접근을 덧붙이는 방식을 선택했다.

본서는 총 6장으로 구성된다. 각 장은 지구사라는 복잡한 구조의 성내로 진입하는 입구 역할을 담당하도록 기획되었다. 1장은 지구사란 무엇인가라는 질문을 던질 때 가장 먼저 거론될 수 있는 개념, 계보, 아젠다의 문제를 다루었다. 지구사의 현주소에서 이러한 원론적인 질문은 더 이상 핵심적인 위치에 있지 않으나, 국내 독자들을 위한 입문서로서는 필요한 내용이라고 판단했다. 다만 지구사란 무엇인가는 지극히 원론적인 성격의 질문이지만 그에 대한 답변은 원론적일 수 없다. 따라서 1장의 초점은 지구화가 진전될수록 그 패러다임 선점 경쟁이 치열해가는 양상과 그 가운데 부상한 지구사의 융합적 성격을 부각하는 데 맞추어졌다. 2장은 그 연장선에서 지구사를 하나의 통합된 패러다임으로서가 아니라 다수의 하위패러다임이 상호경쟁 및 상호협력하는 이론적 경합장으로 재구성하여 지구사에 관해 분화된 관점을 제공하고자 하였다.

3장의 트랜스내셔널 히스토리는 지구사로 들어갈 특별히 흥미로운 진입로인데, 탈경계를 지향하는 트랜스내셔널 히스토리가 내셔널을 핵으로 품고 있기 때문이다. 국사 패러다임이 공고한 대부분의 국가들에서 지구사보다 트랜스내셔널 히스토리에 더 먼저 관심을 보인 이유도 여기에 있다. 다른 한편으로 트랜스내셔널 히스토리는 그의 탈경계성으로 인해 지구사의 하위패러다임처럼 이해되는 경우가 많지만, 이들 양자간 관계도 간단치 않다. 과연 지구사와 민족사의 관계는 이항대립적이기만 할까? 민족사는 지구사적 관점에서 볼 때 언젠가 역사 속으로 사라질 패러다임인가? 민족주의적 분쟁을 견인해온 민족국가는 반드시 극복되어야 할 패악적 존재인가? 민족국가와 지구사 사이에 낀 독특한 위치로 인하여 트랜스내셔널 히스토리는 민족국가를 중심으로 발휘되는 국지적 힘과 지구화의 힘을 동일한 자장계에 놓고 양안의 상관관계를 역동적으로 살필 수 있는 양방향적인 시각과 방법론을 꾸준히 자극하고 있다.

전반부의 세 장이 지구사와 트랜스내셔널 히스토리의 이론적 토대 논의들에 역점을 두었다면, 후반부의 세 장은 이를 교량으로 삼아 지구사 서술의 실천적 문제들을 생각해 볼 수 있는 장으로 건너간다. 후반 세 장은 유럽사, 동아시아사, 변경사를 각각 진입로로 선정하였는데, 이는 지역사와 변경사로 요약될 수 있다. 그러면 왜 지역사와 변경사인가?

본서는 비유럽권 중에서도 역사적으로 동아시아의 주변에 위치해온 한국에서 출간되는 지구사 입문서이다. 따라서 한반도의 시점에서 중요하고 또 실행 가능한 지구사를 상상할 수 있도록 참조점과 자극을 제공하는 것 또한 포기할 수 없는 목표이다. 유럽과 동아시아를 두 축으로 삼은 4장과 5장은 우리가 살고 있는 지역의 특성을 유럽과 비교하여 이해하고, 여기서 출발하여 지구사로 들어갈 좀 더 단단한 길을 모색하는 데 좋은 입구가 되어줄 것이다. 마지막 장의 변경사 역시 유라시아 변경지대를 활용하여 한반도의 탈경계적 위치값을 재설정해보고, 이를 바탕으로 새로운 지구사의 서술 가능성을 탐색해 보도록 자극할 것이다.

이러한 얼개에 기반한 본서 내용의 구성적 특징은 세 가지로 요약될 수 있다. 첫째로 본서는 복잡다단한 지구사 패러다임의 내부로 인도하는 안내자 역할을 염두에 두고 지구사란 무엇인가라는 원론적 질문을 다루는 1장에 좀 더 많은 비중을 할애하였다. 특히 1절의 개념 전쟁은 다소 가분수적인 구성이 되더라도 지구사의 첫 관문을 튼튼히 짓는다는 의미에서 길게 구성하였다. 미국에서는 지구사 부상 초반의 치열한 개념 내전이 일단락된 이후 지구사와 세계사는 물론 트랜스 접두어를 붙인 각종 변용어들까지 혼용되고 있는 모습이지만, 지구사 개념 논의가 충분히 전개되지 못한 국내의 경우는 최소한의 교통정리가 필요하다. 그럼에도 지구사는 역사학 내의 주류 장르인 정치, 사회, 문화사가 아니라 국제사, 경제사, 각종 관계사, 지역사, 환경사 등 변방에 위치했던 장르가 융합을 주도한 학제간 연구의 성격이 강하여 상호경쟁적이고 혼종적인 모습을 띨 때가 많다. 즉 지구사의 정체성은 사회사나 문화사와 달리 자신만의 선명한 내용적 방법론적 경계에 갇히지 않고 관계적이고 동적이다. 1절을 지구사의 명확한 개념적 지형도를 그리는 데가 아니라 개념 전쟁에 할애한 이유이다.

2절의 지구사의 사학사적 계보와 관련해서는 헤로도토스의 『역사』로부터 시작되는 유럽의 보편사 전통을 연대기적으로 고찰하는 방식을 취하지 않았다. 대신에 가장 직계로 꼽을 수 있는 세 명의 지구사 아버지를 선별하여 집중적으로 다룸으로써 독자의 부담을 낮추었다. 서구

학계에서 보편사나 세계사는 오랫동안 주류 역사학 논의의 바깥에 머물러왔기 때문에 국내 독자들에게 생소한 각계 학자들을 거론하는 것은 필자와 독자 모두에게 부담이다. 지구사의 사학사적 계보를 축소한 대신 마지막 절에서는 지구사를 거대합명제, 유럽중심주의, 상호작용이라는 세 가지 아젠다를 통해 앞의 두 절의 내용을 횡단하여 연결하고 지구사의 개념적 내용을 종합하였다.

본서의 두 번째 특징은 지구사를 그것이 논의되는 맥락과 지정학적 위치에 따라서 내러티브와 방법론이 함께 휘어질 수 있는 지극히 인식론적인 패러다임으로 바라보고, 그것이 내세우는 보편성, 통합성, 전체성의 핵심어와 비판적인 거리를 두는 방식으로 정의한다는 것이다. 지구사는 거대합명제적 아젠다를 가장 중시하지만, 실제로는 인식론적으로 편향된 세계관으로부터 자유롭지 않다. 크로슬리의 입문서가 이미 지적했듯이 지구사는 인식, 가치, 이데올로기의 중력을 거슬러 서술하려는 미션 임파시블의 역사서술이다.

이러한 딜레마와 관련하여 본서는 탈중심주의의 이상에 매달리는 대신에 정공법을 택하였다. 즉 1장 3절의 지구사 아젠다를 토대로 2장의 '지구사 패러다임 경쟁'에서 실제 가능한 지구사 서술 모델을 글로벌 네트워크의 지구사, 세계체제론의 지구사, 아래로부터의 지구사로 나누고 각 패러다임의 세계관적 특징과 한계점을 비판적으로 검토하는 작업을 진행하였다. 지구사 패러다임의 수면 아래 위치한 인식론적 빙산을 투시한 후, 이 세 가지 모델 가운데 택일이 아니라 색을 덧칠하는 유화 기법처럼 이들 모두를 교차적으로 사용하여 복수의 지구사 서술전략을 개발하는 것이 최선의 해법임을 역설하기 위해서이다. 또한 생태주의적 관점에 대한 요청이 높아지고 있는 상황을 고려하여 이를 4절의 지구사의 미래지향적 전망 차원에서 함께 논의하였다.

마지막으로 언급할만한 본서의 특징은 지역사를 지구사로 들어가는 입구에 포함시켰다는 점이다. 사실상 이것은 앞서도 기술했듯이 본서의 근본적인 문제의식과 맞닿아 있다. 지구사의 미래 발전을 위해서도 동아시아와 유라시아를 통해 지구사에 입장하는 진입로는 많을수록 그리고 넓을수록 좋다. 지역사는 지구사와는 다른 별개의 범주 혹은 민족사 패러다임의 지역적 확대판 정도로 간주될 때가 많지만, 본래 지역과 세계 간의 정해진 범주적 경계 같은 것은 존재하지 않는다. 지역의 또렷한 경계는 지역을 하나의 지역으로 만들려는 지역주의적 관심과 지역정치적 전략의 산물일 때가 더 많다.

본서에서 지역사는 지역학적 지역 개념에 기초를 두거나 세계를 지역 문명권으로 나누고 이를 차례로 회람하는 방식의 교수법에서 하위 단위로 사용되는 의미에서 논의되지 않는다. 세계를 지역으로 들여오고 지역을 거꾸로 세계 속으로 내가는 통로로서 지역에 주목한다. 지역으로 방점을 옮기면, 지구사는 사람, 상품, 사상, 이미지의 이동과 확산이 전 지구적 규모에서 진행되는 탈영토화 과정으로서의 지구화와 이러한 자원에 대한 통제권을 구축, 확보해온 다양한 층위의 노력들 간의 경합장의 면모를 더 뚜렷하게 드러낸다. '글로컬리제이션'으로 표현되는 지구적 전체와 지역 간의 긴장 관계는 하나의 세계를 강조하는 지구사의 논리에서 간과될 때가 많지만, 오늘날의 지구화 양상은 바로 이러한 긴장이야말로 지구사를 통해 규명해야 할 핵심 주제임을 웅변하고 있다.

4, 5, 6장은 전 지구적 전체성이란 궁극적으로 국지적 동학에 뿌리를 두고 만들어지므로 지구사는 지역을 매개로 충분히 재조명될 수 있고 그런 의미에서 지역사적 변주를 살필 필요가 있다는 문제의식 위에 서있다. 유럽사의 경우 제국주의를 포스트식민적 관점에서 읽는 방식으로 지역사를 통해 지구사의 지평을 넓히려는 도전을 이제 시작했지만, 동아시아사의 경우 지역학적 의미의 지역사를 거의 벗어나지 못하고 있다. 그럼에도 동아시아의 역사적 경험에 비추어 볼 때 동아시아사를 지구사적으로 다시 쓸 수 있는 잠재력은 유럽사보다도 훨씬 크다. 따라서 5장은 동아시아의 지구사적 잠재력과 지역주의를 넘어서 지구사적으로 확장된 지역사 서술의 필요성을 주장하는 데 역점을 두고 쓰여졌다.

따라서 동아시아사를 지구사 입문서에 포함시켜 비중 있게 다룬 것은 본서가 갖는 미국과 유럽의 입문서들과의 가장 큰 차별점이다. 지구사 연구와 서술에서 동아시아사의 존재감은 중국사보다 미약하고 특히 한국과 같은 작은 반도 국가의 역사는 그간의 지구사 서술에서 철저히 누락되어왔다. 일본과 달리 한반도는 조선왕조 이후 바다를 통한 글로벌 교역네트워크에 간접적으로 연결되어있었기 때문이다. 따라서 동아시아사를 지구사 패러다임의 일환에서 다루는 것은 동아시아에서 출간되는 지구사 입문서가 마땅히 담당할 일이며, 국내 독자의 입장에서는 우리가 살고 있는 지역의 역사를 통해 지구사를 생각해 볼 수 있는 시점을 확보하는 일이기도 하다.

그런 의미에서 마지막 6장은 일찍이 바다를 통해 글로벌 세력들과 조우하지 않은 역사를 가진 사람들의 경험에서도 지구성을 발견할 수 있는 곳이다. 유럽에서는 중동부의 역사, 동아시아에서는 중국 내륙과 한국의 역사가 여기 해당될 수 있다. 6장은 독일 제국과 청 제국을 유라시아 변경의 눈으로 재해석함으로써, 지구사에 접근할 수 있는 또 다른 진입로로서 유라시아 변경을 발견해보고자 하였다. 변경사는 그 자체로서 폭발적으로 성장하고 있는 연구 분야이나, 미국의 지구사 입문서들에서 유라시아 변경을 주된 논제로 접하기는 어려울 것이다. 그간 지구사 연구와 논의에서 상대적으로 소외되었던 유라시아 내륙을 통해 광역적 조우와 상호작용을 살피는 일은 비단 지역사적 관심을 넘어서 미래의 세계질서 재편 가능성과 다른 종류의 지구성을 미리 상상하고 준비하기 위해서라도 중요한 일일 것이다.

이상 기술한 본서의 내용적 중점과 특징들은 지구사로 들어가는 6개의 진입로의 성격을 미리 가늠할 수 있는 안내판과 같다. 어떤 진입로를 먼저 선택하느냐에 따라서 지구사라는 도성의 어느 곳부터 둘러보게 될지 결정될 것이다. 그러나 이들 진입로는 지구사라는 성내 중심부로 직진할 수 있는 직통로이기보다는 그야말로 진입로에 불과하다. 지구사의 중심부로 나아가기 위한 여행의 많은 부분이 독자들의 탐색으로 메꾸어져야 하기 때문이다. 그런 의미에서 본서의 6개 진입로는 사실상 플랫폼에 가깝다. 플랫폼을 목적지로 삼고 길을 떠나는 이는 없을 것이다. 플랫폼이란 좀 더 흥미롭고 더 먼 곳으로 떠나기 위해 이용할 탈것(vehicle)을 기다리는 곳이다. 6개의 진입로를 플랫폼으로 삼아 복수의 지구사를 상상할 수 있는 최상의 탈것에 오를 수 있기를 바란다.

목차

1장

지구사란 무엇인가: 지구사의 개념, 계보, 아젠다

지구사란 무엇인가는 지구사라는 학문 분야에 접근할 때 가장 먼저 던지는 원론적인 질문이다. 지난 삼십 년간 꾸준히 성장해온 지구사 연구에서 이러한 원론적인 문제의 규명은 더 이상 핵심적 위치를 차지하고 있지 않다. 그렇다고 해서 지구사란 무엇인가의 문제가 충분히 해소되었다고 말할 수도 없다. 지금까지도 공리 수준의 답변이 제시되기는커녕, 오히려 질문은 확대 재생산되고 있다. 서문에서 언급한 크로슬리의 입문서가 출간된 지 8년 만에 지구사란 무엇인가는 베를린 자유대학의 소장파 지구사학자 콘라드에 의해 다시 소환되어 동일한 표제로 출간되었다. 2년 뒤 표제는 다를지라도 사실상 진정한 지구사란 무엇인가를 묻는 또 다른 책『지구사, 전 지구적으로(*Global History, Globally*)』(2018)가 하버드 대학의 지구사연구소장 베케트(Sven Beckert)와 독일 괴팅엔 대학의 중국사학자 작센마이어(Dominic Sachsenmaier)에 의해 논문집 형태로 공동 편집되었다.[1] 정확히 10년 동안 지구사의 본령을 탐험하는 세 권의 책들이 연이어 독자들과 만난 것이다.

그 가운데 베케트와 작센마이어의 논문집은 앞의 두 책과는 전혀 다른 각도에서 지구사란 무엇인가를 묻고 있다. 이 책의 문제의식은 지구사가 표방하는 '전 지구적'이라는 형용사적 내용을 국가, 지역, 문화권을 넘어서 연구자와 연구사에까지 넓혀서 우리가 현재 지구사란 이름으로 구성한 연구 컨셉과 방법론이 과연 그 이름값처럼 전 지구적인 보편성과 대표성을 갖고 있는가를 따진다. 지구사에 대한 이해와 연구는 지구 곳곳에서 다양한 인식 전제 위에서 다양한 양상을 보이지만, 지구사로 통칭되는 연구 컨셉과 방법론은 대부분 서구 학계의 한정된 이해의 산물인 것이 현실이기 때문이다. 따라서 그 간극을 상고해보며 지구사는 과연 얼마나 지구적인가를 되묻는 것은 오늘날 진정한 지구사로 나아가기 위해 거쳐야 할 새로운 관문이 되었다.

지구사란 무엇인가라는 질문은 이처럼 관점의 분화와 현상적 계기의 변화에 따라 계속될 것인 만큼 영구히 해소되지 않고 지속적으로 호소력을 발휘할 것이지만, 본 장에서는 세 가지의 교두보, 즉 개념, 계보, 아젠다를 통하여 제한적이나마 답변을 시도한다. 한 가지 미리 언급해 둘 것은 기존의 정치, 사회, 문화사와 같은 주류 역사학 분야들과 달리 지구사는 독점적인 내용과 방법론에 기반한 정체성을 갖고 있지 않다는 것이다.

국내 역사학계에 지구사를 가장 먼저 소개한 조지형도 지구사 고유의 개념, 범주, 방법론, 증거, 논리의 불분명함과 논란을 지구사가 오랫동안 학문성을 인정받기 어려웠던 원인으로 지목한 바 있다.[2] 그러나 그가 2007년에 언급했던 지구사의 이러한 불분명함은 미국에서 지구사가 학문 분야로 완전히 정착한 이후에도 크게 해소되지 않았다. 다만 지구사의 융합적 성격을 인정하고 오히려 이를 더 당연하고도 긍정적인 전제로 받아들이면서 지구사의 학문성에 대한 논란은 점차 종식되었다. 4차 산업혁명 시대에 들어와 학문 간 경계가 무너지고 융합학문에 대한 요청이 날로 높아지는 추세에서 본다면, 지구사는 21세기 벽두에 가장 먼저 역사학의 융합적 전환을 준비한 연구 분야라 할 수 있다.

1장 본문에 들어가기에 앞서 20세기 말 지구사라는 새로운 융합적 창발이 일어나던 과정을 시카고 대학의 게이어(Michael Geyer)와 미시건 대학의 브라이트(Charles Bright)의 1995년도 시선을 빌려서 들여다보는 것은 지구사의 성장 배경과 맥락을 이해하는 데 도움이 될 것이다. 20세기 말부터 지구화의 급진전 속에서 세계사에 대한 학문적 관심이 부상하기 시작하면서 전통적인 세계사 장르는 본격적인 수정주의의 도전에 직면하기 시작했다. 기존의 세계사 관련 교과목들이 교수되던 방식, 즉 주로 '서구의 부상'에 초점을 맞추어 지난 수 세기를 개관하며 현재 세계에 이르게 된 역사적 과정을 설명하던 방식이 한계에 부딪친 것이다. 이러한 방식은 유럽중심주의적 왜곡이라는 비판에 직면했을 뿐 아니라 1970년대 중반 이후 동아시아의 급부상으로 더 이상 현실적 설득력을 갖기 어려워졌다.

이후 근대 세계에서 담당해온 서구의 핵심적 역할을 부정하지 않으면서도 서구를 탈중심화하려는 혁신적인 접근법들이 본격적으로 논의되기 시작했다. 가이어와 브라이트의 표현에 의하면 이들은 모두가 세계 전체의 과거사를 "서로 얽힌 역사들을 꼬아 만든 역사"의 형태로 제시하는 데 공통의 관심을 두었다. 오늘날의 지구사 패러다임은 사실상 이러한 1990년대 중반의 다양한 실험 전략에서 발원하였다고 볼 수 있는데, 가이어와 브라이트는 이들 전략을 두 가지 유형으로 분류하

였다.[3]

한 가지는 권력, 제국, 기술과 같은 거시적 주제에 초점을 맞춘 문명 비교사이다. 학자들은 월러스타인의 세계체제론이나 브로델의 장기지속 비교사 같은 방법론을 응용하여 소위 '주요' 세계 문명 – 유럽은 그 중 하나에 불과하며 후발 주자일 뿐이다 – 을 중심으로 지역별 발전을 개관함으로써, 서구가 나중에 부상하게 되는 역사적 맥락뿐만 아니라 초기 문명에서의 아시아의 우월성을 드러내려는 전략이다.[4] 보다 균등한 지역 접근법을 통하여 유사한 현상들이 세계사상 다른 지역에서도 있었음을 증명하려는 보충적 전략으로 출발했지만, 문명사적 접근법이 안고 있는 종족중심주의와 본질주의(essentialism)를 극복할 수 있는 길도 아울러 보여주었다.

다른 한 가지는 이주와 이동, 여행자와 교역, 이산(diaspora)과 경계지의 역사를 주제화하여 사회적 지배계급이든, 동질적 민족국가이든, 그와 결합된 이데올로기든 '중심'을 초월하려는 '트랜스-역사(trans-history)'적 접근법이다. 현대에 들어와 전 지구적 규모로 진행되고 있는 이주, 이산, 피난, 관광과 같은 사람들의 이동과 대중문화, 상호적 이미지, 정보와 같은 사상의 이동에 힘입어 부상한 접근법이다. 트랜스-역사적 방법론의 가장 큰 이점은 민족사, 표준적 서사, 전통적인 학제적 경계와 같은 전통적인 범주들을 넘어설 수 있다는 것인데, 중국인 이산의 길을 추적함으로써, '중국적인 것'을 영토적 민족국가로부터 느슨하게 만들고 다양한 맥락의 사회경제적, 문화적 이야기로 풀어낸 것이 그 일례이다.[5]

가이어와 브라이트는 이 두 가지 전략 외에도 국제사, 트랜스내셔널 히스토리, 지역관계사, 비교사, 지구사와 같은 다양한 명칭 하에서 시도되고 있는 혁신적 접근법들이 있다고 덧붙이고 있다. 우리는 1995년 무렵 격변 중에 있던 역사 연구의 지형도를 통해서 지구사가 발원해 나온 하나의 장(filed), 즉 다양한 혁신적 힘들의 상호작용적 소용돌이를 엿볼 수 있다. 가이어와 브라이트가 기술한 경합장에서는 지구사의 존재감이 아직 미약했지만, 오늘날 우리가 아는 지구사는 이들이 소개한 상기의 혁신 전략을 모두 흡수하며 성장하였다. 바로 이러한 지구사의 부상과 성장을 염두에 두고 본 장에 입장한다면, 지구사에 대한 깔끔한 원론적인 정의의 기대를 저버리고 펼쳐지는 파노라마적 전개가 덜 당혹스러울 것이다. 지구사는 본 장에서 살펴볼 것처럼 하나의 선명한 패러다임으로서의 통합성이나 차별성을 갖기보다 여러 근접한 연구 분야들과의 긴밀한 학문적 상호교류와 협력 속에서 천천히 성장했고 또 여전히 이들과의 공생 관계 속에서 진화를 계속하고 있다. 마치 산호가 여러 생물종들과 상호 공생하는 산호초로서 생명을 이어가는 것처럼 지구사의 활력도 이러한 학문적 공생에서 비롯되고 있다고 할 수 있다.

| 1 | 지구사 개념 전쟁

지구사 분야에 들어설 때 가장 먼저 부딪치는 문제는 개념 규명인데, 지구사라는 상품진열대에 올라와 있는 명칭과 개념들이 지나치게 많기 때문이다. 아래 표에는 지구화 시대에 급속히 하나로 연결되어가는 현재 세계 전체를 역사적으로 해명하기 위해 상호경쟁과 협력을 병행하고 있는 다양한 연구 분야가 포괄되어있다. 지구사 패러다임의 발원지인 미국에서는 이들 모두가 지구사와 긴밀한 상호호환적 관계에서 논의되는 것을 넘어서 아예 의미적으로 지구사와 동의어처럼 사용되기도 한다. 실제 연구자들은 세계사와 지구사뿐 아니라 트랜스 계통의 변용어들까지 자유롭게 혼용하는 경향이 강해서, 지구사를 선명한 경계를 갖는 개념으로 엄격하게 정의하려는 태도에 대해 부정적이기까지 하다.[6] 이러한 상황은 지구사에 입문하려는 이들에게 달갑지 않은 개념적 혼란을 의미하지만, 아이러니하게도 지구사의 활력은 바로 이러한 학문적으로 융합적이고 혼종적인 상황에서 발원한다.

[표 1] 지구사의 학제적 위치

세계사 지구사 통합사 보편사 새로운 세계사 새로운 지구사	트랜스문화사 트랜스내셔널 히스토리 트랜스지역사	국제관계사 거시사 비교사 교차역사 환경사 빅히스토리 깊은 역사

표 1을 통해 보듯이 지구사는 이 많은 연구 분야 중의 하나로 이름을 올리고 있을 뿐이며, 표에 등장하는 모든 인접 분야와 개념들을 아우르는 상위 개념으로서 독점적인 정체성을 갖고 있지 않다. 오히려 지구사의 개념적 정체성은 이처럼 다양한 인접 분야들과의 상호작용 속에서 생장하는 유기적이고 관계적인 것으로 정의될 수 있다. 가장 모호한 경계를 드러내는 것이 세계사와 지구사의 상호호환적 용례인데, 양자

의 관계는 사학사적으로도 복잡하게 뒤엉켜 있는 데다가 지구사와 세계사 각각에 '새로운'이라는 형용사를 붙여서 변용하는 사례들까지 포괄한다.

또한 지구사의 보편성과 포괄성에 방점을 두고 이야기할 때면, 지구사는 보편사(universal history)와 더불어 통합사(ecumenical history)의 전통을 계승하는 것은 물론 아예 그의 변종으로 분류된다.[7] 반면에 규모보다는 탈경계적 차원을 강조하는 차원에서는 지구사를 각종 '트랜스-역사,' 즉 트랜스내셔널 히스토리, 트랜스문화사, 트랜스지역사와 같은 용어들과 호환하여 논하기도 한다. 그뿐이 아니다. 엄연히 예전부터 독자적인 분야나 방법론으로 존재해온 국제관계사(international history), 거시사(macrohistory), 환경사, 비교사, 교차역사(Histoire Crosée) 같은 분야에서도 자신들이야말로 원조 지구사 내지 핵심적인 지구사 영역임을 자처하기도 한다. 이렇게 볼 때, 표 1에 등장하는 개념들은 크게 세 가지 범주로 나뉠 수 있는데, 첫째는 지구사와 세계사라는 개념쌍을 중심으로 한 다양한 변용어 개념군, 둘째는 지구사의 광역성과 함께 탈경계성을 부각시키기 위해 '트랜스' 접두사를 활용한 변용어 개념군, 마지막으로는 기존의 연구영역이 전 지구적 차원으로 확대되는 과정에서 지구사의 컨셉 혹은 방법론과 긴밀히 중첩, 교차하게 된 개념군이다.

이 중 상호호환 빈도가 비교적 낮기에 경계와 관계를 파악하기가 용이한 마지막 개념군부터 선별적으로 살펴보자. 먼저 국제관계사의 빠른 변신이 흥미롭다. 한 역사학자가 지구사 학술대회에서 마주친 국제관계사 교수에게 어쩐 일로 여기 참석하셨냐는 인사를 건냈다가 국제관계사야말로 원조 지구사에 해당하는 학문이라는 식의 대답을 들어서 무안했다는 일화를 전해 들은 적이 있다. 필자 자신도 당시 의외라는 생각에 함께 웃고 넘겼지만, 이는 1990년대 초반부터 지구사의 부상을 위해 누구보다 앞장섰던 이리에(Akira Iriye) 같은 국제사학자들의 학문적 공헌에 무지한 소치에 불과했다. 미일 국제관계사 전문가 이리에는 양국 간의 불행했던 20세기 국가관계를 우회하여 비국가적 주체들로 눈을 돌려 일찍이 트랜스내셔널 히스토리와 지구사 영토개척에 뛰어들었다.

뒤이어 수많은 외교사학자들까지 미국사를 국제적 맥락 속에 재위치시키는 연구에 합류하면서 국제관계사는 지구사의 부상에 큰 원동력을 제공했다.[8] 1990년대 이래 급증한 국제교류와 국제관계의 저변 확산 그리고 그에 따른 양상의 다양화를 돌아볼 때 국제관계사의 지구사적 변신은 당연한 현상이었다. 예전의 국제사는 국가 정상급 내지 정치, 사회, 경제계의 지도자급에서 일어나는 국제교류나 국가 관계 및 외교전략에 집중하는 것이 일반적이었지만, 현재는 일반사회적 차원에서 전 방위적으로 일어나는 국제적 접촉, 이동, 교환 등 모든 것을 포괄하면서 연구 대상과 범주를 공격적으로 확장하고 있다.

프랑스의 역사학자들이 고안하고 독일 역사학자들이 적극적으로 수용한 연구 컨셉이자 방법론인 교차역사 역시 마찬가지이다. 본래 양국 간의 오랜 역사적 상호작용의 양상과 그 결과를 연구함으로써 과연 진정한 '독일적인 것'과 진정한 '프랑스적인 것'이라 할만한 본질이란 존재하는가라는 문제제기에서 출발한 연구 컨셉이다. 교차역사는 주로 독일과 프랑스 양국 간의 교류사에 집중해왔고 현재도 그러한 편향성이 강한 편이다. 그러나 지구상의 모든 국가 혹은 문화권의 얽힌 상관관계를 연구하는 데 확대 적용될 수 있고, 무엇보다도 '문화전이(cultural transfer; Kulturtransfer)'라는 사회사적 방법론 컨셉을 통해 모든 관계성의 이해에 끼어드는 문화적 본질주의를 효과적으로 해체할 수 있다는 점에서 교차역사는 지구사적 컨셉과 방법론 논의마다 빠지지 않고 등장한다.[9]

환경사, 빅히스토리(Big History), 깊은 역사(Deep History)와 지구사의 유기적 관계도 특기할만하다. 환경사 역시 오랜 연구사를 자랑하는 독자적인 연구 분야이다. 그러나 지구화와 지구사가 화두로 부상했을 때 환경사의 지구사에 대한 수용적 반응은 독보적으로 즉각적이었다. 지구사 컨셉의 수용이 더디었던 독일에서도 환경사학계만큼은 지구사적 관점과 서술전략을 빠르게 수용했는데, 전 세계적으로 화제를 모았던 라드카우의 『자연과 권력 - 환경의 세계사』(2000)가 그 대표 사례이다.

자연환경은 지구 어디에나 존재하는 보편의 세계이고 인간과 자연이 서로를 변화시켜온 관계는 인류사 초기부터 지구상 어디에서나 존재해온 인간의 조건이므로 환경사는 본질적으로 지구사로 서술될 수밖에 없다. 실제로 환경사는 19세기 이래 꾸준히 보편사로서 서술되었다. 인류의 환경 착취와 오염의 역사를 천편일률적으로 서술하는 단조로운 양식을 보였지만, 미국뿐만 아니라 독일에서도 인류사적인 관점에서 서술된 초기 환경사 저서들을 찾아보는 것은 어렵지 않다.[10] 근대 환경사는 잠시 민족국가 내의 자연으로 후퇴하는 모습을 보였지만, 이제 지구사와 결합하면서 다시 보편사적이고 글로벌한 지평으로 빠르

게 회귀하고 있다. 근래에 쏟아지는 글로벌 환경사 관련 논문과 책들이 그 방증이다.[11]

최근의 빅히스토리와 깊은 역사의 등장은 지구사의 해석적 지평을 전혀 다른 수준으로 확장해줄 가능성과 도전을 동시에 제기해주었는데, 이들은 가장 미래지향적 역사서술이라 할만하다. 미국 환경사의 아버지들 중 한 명으로 꼽히는 크로스비가 이미 1970년대에 "인간이란 카톨릭 신자, 자본가, 혹은 그 외의 존재이기 이전에 생물학적 단위이다"[12]라고 선언하며 비판했던 자연과 인간 간의 이분법적 전제는 빅히스토리와 깊은 역사에 와서 완전히 붕괴하였다. 빅히스토리와 깊은 역사의 지구사와의 가장 큰 차별성이 인문학과 자연과학의 융합이라는 새로운 컨셉과 방법론 이전에 시간성의 확장에 있기 때문이다. 그에 비해 기존 역사서술의 시간 축이 아니라 공간 축을 확장하는 데 방점을 두어온 지구사 패러다임에서는 하나의 종으로서의 인류가 등장할 수 있는 여백 자체가 한정적이었다. 그럼에도 전 인류의 하나의 역사에 대한 지구사의 근본적 지향성과 아젠다를 생각할 때, 지구사와 이들 컨셉과의 경계는 열려있고, 앞으로 더욱 투과적, 유동적으로 발전할 가능성과 필요성이 크다고 할 수 있다.

특히 '하나의 일관된 통일된 인류사'를 우주적 규모에서 다시 쓰는 것을 목표로 하는 빅히스토리의 경우가 그러하다. 일찍이 지구상 생명체 전체를 포괄하는 통합생태학적 관점의 지구사를 역설한 맥닐이 역사서술의 미래를 빅히스토리에서 발견하고, 빅히스토리 장르를 창시한 크리스천(David Christian)가 아예 빅히스토리를 진정한 의미의 지구사로 장담했던 이유도 여기에 있다.[13] 빅뱅에서 인류사 서술을 시작하는 빅히스토리의 파격적인 스케일은 학계뿐 아니라 교육계와 언론의 큰 주목을 받았고, 특히 빌게이츠 재단의 전폭적인 지원을 등에 업고 미국 중등교육과정 내로 빠르게 침투하는 중에 있다.

그에 반해 깊은 역사의 창시자인 하버드 대학의 중세사학자 스메일(Daniel L. Smail)은 지구사와의 관계성에 대해 언급한 바가 없다. 그러나 인간 생물학(human biology)과 뇌과학의 성과를 이용한 융합적 접근을 통하여 인간 생리, 심리, 행동과 이에 기반한 인간의 문화, 제도 전반에 대한 깊은 이해를 추구하는 깊은 역사는 진정한 의미의 인류 보편사에 도전한다. 여기서 '깊은'이란 인류 조상 호미닌이 출현한 260만 년 전으로 거슬러 올라가는 시간적 깊이를 의미한다. 빅히스토리와 유사하게 인류사 전체를 연구 대상으로 삼지만, 깊은 역사는 우주적 차원 대신 인간 뇌와 생리의 진화과정에 주목함으로써 인류 진화를 인간의 자연적 진화와 문화적 진화의 통합적 과정으로 재해석한다.[14] 따라서 빅히스토리가 우주론적이라면, 깊은 역사는 인류학적 강조점을 갖고 있다. 깊은 역사는 빅히스토리만큼 화려한 주목을 받지 못했지만, 역사학자들 사이에서는 더 많은 호응과 공감을 이끌어냈다. 역사학자들의 시각에서는 우주의 보편 법칙을 강조하는 빅히스토리보다는 인간의 주체성, 역사의 우연성, 문화적 진화에 주목하는 깊은 역사가 훨씬 더 매력적일 수밖에 없기 때문이다.[15]

둘째 개념군에 대한 상론은 3장에서 트랜스내셔널 히스토리를 중심으로 대신하기로 하고, 이하에서는 가장 호환 빈도가 높은 세계사와 지구사의 개념적 관계에 집중하고자 한다. 세계사와 지구사의 관계는 굳이 비유하자면 늙고 비대한 아버지와 젊고 날렵한 아들과 같다. 이들에게 일반적인 부자 관계에서는 찾아보기 힘든 색다른 점이 있다면, 완고하면서도 산만한 성품의 아버지 슬하에서 성장한 아들이 청출어람하여 아버지의 용모와 인품까지 바꾸어 놓았다는 반전 이야기일 것이다. 결과적으로는 그 아버지에 그 아들이라는 그림이 완성되었는데, 오늘날 세계사는 유럽중심적 보편사의 잔재를 털고 지구사와 사실상 별 의미 차이가 없는 동의어로 사용되고 있다. 다만 세계사라는 교과목이 그대로 명맥을 잇고 있는 중등교육과정에서는 세계사 혹은 '지구적 세계사(global world history)'란 명칭이 일반적이다. 그에 반해서 최근 학술적 연구성과를 적극적으로 반영하는 대학용 교과서에서는 지구사라는 표제가 지배적이다.[16]

세계사의 환골탈태를 주도하여 세계사와 지구사가 상호호환적으로 사용될 수 있는 기반을 마련한 과정은 세계사학회(World History Association)를 빼고 이야기하기 어렵다. 학회 명칭에서도 유추할 수 있듯이, 1982년 발족 당시의 목표는 지구사 연구 활동이 아닌 세계사 교육의 활성화에 있었다. 이후 세계사학회는 지구사 연구와 교육 분야의 구심점으로 급성장하였으며, 1990년에 〈세계사학보(Journal of World History)〉를 창간한 이래 새로운 논제를 발굴하고 새로운 연구 및 교육 성과를 전 세계적으로 확산하는 데 꾸준히 앞장서왔다.

그럼에도 표 1에 등장하는 세계사와 지구사뿐 아니라 '새로운'이라는 형용사가 붙는 변용어 그리고 이들과 등거리에 위치하는 보편사와 통합사 간의 관계가 정리된 것은 개념 전쟁이라 할만한 통과의례를 거친 이후였다. 전선의 선봉에 섰던 학자는 오랫동안 지구화 관련 학제간 연구를 이끈 MIT 역사학자 매즐리쉬(Bruce Mazlish)와 그의 뉴욕

주립대 동료 쉐퍼(Wolf Schäfer)였다. 통합사, 세계사, 지구사를 개념적으로 구분하여 사용하려는 매즐리쉬의 시도에 대해서는 미국에서 대체로 회의적인 반응이 더 많았지만,[17] 이러한 내홍은 이후 지구사가 이들 역사서술 컨셉들과 개념 및 용어적으로 자유로이 혼용되는 방향으로 일진보하는데 기여하였다. 또한 지구사가 여전히 낯선 우리 입장에서는 매즐리쉬와 쉐퍼가 치룬 개념 전쟁이 유용한 측면이 크다.

매즐리쉬는 누구나 관심을 가질만한 통합사, 세계사, 지구사 사이의 개념적 관계 규명을 시도했는데, 특별히 비영어권에 속한 우리의 관심을 끄는 것은 세계사와 지구사의 차이를 어원적으로 설명한 부분이다. 어원적으로 중세 영어에 뿌리를 둔 world는 '인간 존재(human existing)'를 의미하는데, 그 중심적 지시 대상은 그 위의 모든 것과 모든 사람을 포함하는 땅(earth)이다. 이처럼 세계는 그것의 인간중심적인 지시성으로 인하여 '세계관'이나 '내세'와 같은 말에서처럼 "현실이 한 개인의 인식에 따라 휘어지는 전적으로 주관적 영역"까지 지칭할 수 있는 개념이 된다. 또한 객관적 척도보다는 주관적 기준이 우선되기 때문에, 세계는 발전의 정도에 따라 제일, 제이, 제삼 세계 혹은 구세계와 신세계로 나뉘어질 수도 있다.[18]

그에 반해, 라틴어 globus에서 나온 글로벌은 '천체'와 같은 구형(球形)의 것을 의미하고 부차적으로만 땅을 가리킨다. 이러한 globus의 의미가 중요한 이유는 글로벌이 지구 바깥에 서서 '우주선 지구'를 바라볼 때 비로소 인지될 수 있는 하나의 나뉠 수 없는 통일체라는 감각을 전달한다는 데 있다. 이러한 우주적 시점에서 볼 때, 땅보다 물이 더 많은 지구를 Earth로 부르는 것은 명백한 오칭이다. 동일한 맥락에서

1492년의 신세계는 신지구로 대체될 수 없고, 제삼 세계도 제삼 지구로 대체될 수도 없다.[19]

매즐리쉬가 이처럼 세계사와 지구사의 개념 구분에 공을 들인 이유는 당시 세계사학회와 그 기관지 〈세계사학보〉가 적극 띄우기에 나섰던 아젠다 '세계 전체에 대한 전체 역사'의 시대착오성을 폭로하고 대안을 제시하기 위해서였다. 세계사학회는 지구화 시대의 세계사는 "인류 과거의 전체를 통일하고 시간과 공간에서 전체적, 지구적, 보편적"이어야 하고 인류사 전체를 관통하는 거대한 패턴과 과정을 규명해야 한다는 의미에서 세계사와 지구사를 처음부터 동의어로 사용하였다.[20] 매즐리쉬는 세계사학회의 세계사와 지구사의 인식 전제가 기본적으로 고대부터 실행해온 낡은 보편사적 전통에 기대고 있음을 역설하기 위해서 세계사, 보편사, 통합사의 동의어적 관계를 강조했다.[21]

매즐리쉬와 쉐퍼는 세계사학회가 이러한 하나의 세계와 그에 관한 통일된 이야기를 목적지로 삼아 표방하는 지구사란 고유명사로서의 대문자 지구사(Global History)에 해당한다고 주장하였다. 세계 전체, 인류의 과거 전체, 인류 전체를 포괄하려는 전통적인 세계사의 보편적 지향성을 그대로 계승하는 대문자 지구사는 그 자체가 미션 임파시블인 것은 물론, 오늘날 지식의 증대와 복합성의 증가 추세로 볼 때 전문학술 연구를 위한 적확한 컨셉이 될 수 없다는 것이었다. 특히 쉐퍼는 "전 세계 언어를 해독하고 전 세계의 문서보관소를 뒤지지 않고서 어떻게 세계사에 대해 전문적으로 서술할 수 있겠는가?"고 되묻는다.[22] 곧이어 그는 '거대 서사는 죽었다'는 료타르(Jean-François Lyotard)의 포스트모던 조건의 테제를 소환한다. 즉 대문자 지구사에서처럼 인류 전체를 유토피아적이고 우리 사회를 돌아보는 비판적 기능으로 사용하지 않고 실존하는 실체인 것으로 전제하고 대상화한다면, 우리는 "비판적 역사학이라는 열린 영토를 떠나서 형이상학적인 폐쇄성이라는 어둠의 영역으로 들어서게 될 것"으로 예견했다.[23]

사실 지구사의 하나의 세계에 대한 하나의 이야기를 지향하는 거대합명제적 아젠다는 처음부터 큰 논란의 대상이었다. 이에 미국역사학회는 일찍이 1987년에 대학과 중등학교 교사들을 대상으로 출간한 팸플릿 시리즈 『지구사와 비교사에 관한 에세이(Essays on Global and Comparative History)』의 편집 서언에서 새로운 버전, 즉 덜 전체적이고 상호작용에 더 집중하는 세계사를 제안하였다. '새로운 세계사'라는 또 다른 개념이 등판하는 순간이었다. 편집장이었던 아다스(Michael Adas)는 다음과 같이 말했다.[24]

> 지구사에 대한 최근의 관심이 세계사에 대한 이전 작업의 초점이 되었던 문화들을 가로지르는 인류 발전의 광범한 패턴에 대한 계속적인 열광을 반영해주고 있기는 하지만, '새로운' 지구사 혹은 세계사는 그의 선조들과 근본적으로 다르다. 새로운 지구사의 저자들은 인류 사건들의 연대기 전체를 제공하는 것이나 포괄성(comprehensiveness)에는 덜 관심을 갖는다. 그들의 저작들은 전쟁과 식민지화 같이 반복적인 과정들, 혹은 질병, 기술의 확산과 교역 네트워크와 같은 문화 횡단적(cross-cultural) 패턴에 주제별로 집중하는 경향을 보인다.

그러면 세계사학회의 세계사와 지구사의 거대합명제적 아젠다에 맹공을 퍼부었던 매즐리쉬 측은 어떤 대안을 제시하였는가? 매즐리쉬는 대문자 지구사 대신에 소문자의 총칭적인(generic) 지구사, 달리 말해서 일차적 경험연구 혹은 해석적 연구에 기초한 소규모 지구사를 총칭하는 보통명사로서의 지구사를 제시했다. 그는 이를 '새로운' 지구사(new global history)로 별칭했는데, 규모적 차원 이외에 인식론적으로도 현대사로서의 지구사를 천명하여 아다스 팸플릿의 새로운 세계사와 차별화하였다. 매즐리쉬는 제2차 세계대전 후 냉전과 함께 시작된 새로운 유형의 지구화에 힘입어 1970년대 이후로는 마침내 지구화 시대에 들어섰다고 보았다. 이러한 시대 구분 위에서 그는 현재의 지구화된 세계에 형상을 부여한 지구화의 구성인자와 과정들 - 전염병, 다국적 기업, NGO 활동, 통신 및 교통 기술발전, 문화적 정체성의 급변 등 - 을 역사적으로 추적하고 전문적으로 연구하는 학제간 연구 분야로서의 '지구화의 역사로서의 지구사'를 제안하였다.[25]

매즐리쉬와 쉐퍼가 새로운 지구사를 출범시키기 위해 시작한 개념 전쟁은 분명 급속히 부상하는 지구사 패러다임을 둘러싼 경쟁의 일환으로 치러진 면이 있다. 그럼에도 두 사람의 비판은 향후 세계사와 지구사가 하나의 연구 컨셉으로 진화해가는 데 결과적으로 큰 자양분이 되었다. 그들의 거대합명제 비판은 오히려 세계사와 지구사만이 제시할 수 있는 전체성의 비전과 아젠다의 필요성과 중요성을 다시 한번 확인하게 되는 계기로 작용하였고, 다른 한편으로는 전체성에 대한 지향성을 포기하지 않으면서도 이를 전문적으로 연구할 수 있는 방법론을 지속적으로 강구하도록 자극하였기 때문이다.

무엇보다도 매즐리쉬가 개발한 지구화의 역사로서의 지구사라는 새로운 지구사의 영역은 지구사 컨셉의 수용에 보수적이었던 독일에서 꽃을 피우는 성과로 이어졌다. 즉 라이프찌히 대학의 미델(Matthias

Middell)은 매즐리쉬의 지구화의 역사로서의 지구사 컨셉을 수용하여 '지구화의 단층지대(Bruchzone der Globalisierung)'라는 장기 프로젝트를 통해 전 세계가 하나로 연결되는 지구화 과정의 이면에서 급속히 동시 진행 중인 지역 분화와 그것이 낳은 불안정한 공간 구조로서의 단층지대의 급증 현상을 연구했다.[26]

세계사/지구사와 '새로운' 변용어 간의 개념 전쟁을 일단락하는 데 의외의 구원 투수로 등판한 것은 지구사 패러다임에 줄곧 비판적 거리를 유지해온 마르크스주의 역사학자 딜릭(Arif Dirlik)이었다. 그는 환경과 생태계 같은 문제의 경우 분명히 일상적 경험과 땅에만 속박된 분석만으로 부족하고 지구 전체에 대한 인식과 조망이 중요하지만, 이마저도 "땅에 속박되어 움직이는 증거들의 추적을 통해 확인되어야 할 역사학적 실행"의 범주를 벗어날 수는 없음을 예리하게 지적함으로써,[27] 지구사와 세계사 간의 개념 내전이 더 이상 소모전으로 치닫지 않도록 명쾌한 제동을 걸어주었다.

중요한 것은 세계사와 지구사의 사소한 개념적 차이에 매달리는 입씨름 대신에, 세계사든 지구사든 '새로운'이라는 수식어를 붙이든 않든 간에 전체를 포괄하는 과정에서 수반될 수 있는 문제점을 비판적으로 검토하는 일이다. 모두가 유럽의 보편사적 전통에서 나왔으니 유럽중심주의라는 원죄를 더욱 꼼꼼히 따져봐야 할 것이고, 지구사학자를 자칭하는 학자들은 자의적으로 설정한 보편적 기준에 따라 전 세계의 사회와 지역을 정렬시킴에 따라 지역사적 맥락을 왜곡하고 있지는 않은지 상시 되돌아보는 성찰을 지속해야 할 것이다. 딜릭의 시점에서 보면, 매즐리쉬의 새로운 지구사 역시 연구 초점을 거시적 대상으로부터 전문연구가 가능한 미시적 대상으로 옮겨왔을 뿐, 전지구적 과정을 파악하려는 관심에서는 다를 바가 없다. 오히려 역사적으로 존재했던 특수한 지구화 현상이 아니라, 현재 도처에 진행되고 있는 지구화 과정을 그 촉발 계기와 인자들에 대한 연구를 통해 총합적 양태의 지구성을 규명하고자 한다는 점에서 세계사나 대문자 지구사보다도 더 일반화된 지구사 서술로 귀착될 가능성도 커 보인다.

『글로벌 히스토리란 무엇인가』의 저자 크로슬리는 미국 바깥에 있는 우리에게 세계사/지구사 개념 전쟁이 어떻게 정리되어 일단락되었는지 한층 간명한 표현을 통해 알려준다. 세계란 개념은 처음부터 지구보다 훨씬 제한된 것을 의미하는 만큼, 목적론(teleology)적 서사를 초월하여 진정 공평하고 객관적이며 보편적인 서사를 성취하기를 열망하는 역사가들은 '거대한(great)', '거시적(macro)', '보편적'이란 표현과 더불어 '지구적'이란 용어를 선호하는 경향이 뚜렷하다는 것이다.[28] 필자가 지켜본 지난 10여 년간의 세계사/지구사의 출판시장도 유사한 추세를 가리키고 있다. 딜릭의 지적대로 인간의 모든 활동과 경험의 증거들이 모두 땅의 범주로 되돌아올 수밖에 없지만, 대립, 배제, 억압, 경계, 정체성, 타자화가 중심축을 차지해온 땅의 역사가 반지구적이란 것은 누구도 부인할 수 없을 것이다.

| 2 | 지구사의 아버지들: 슈펭글러, 토인비, 맥닐

세계사로부터 지구사로 이어지는 족보에서는 적통을 말하기 힘들 정도로 여러 시대, 다양한 국가, 다양한 학문 전통에 걸쳐서 아버지들을 찾을 수 있다. 18세기 계몽주의 영향 하에서 백과사전식의 역사 개요 수준에서 세계사가 서술되던 초창기뿐 아니라 하나의 전문연구 분야로 발전하는 단계에서도 비역사학자의 공헌이 지대했기 때문이다. 그러나 역사학계로 시야를 좁히면, 긍정적인 의미에서건 부정적인 의미에서건 슈펭글러, 토인비, 맥닐을 세계사의 아버지로 이해하는 것이 일반적이다.

서문에서 언급한 『세계사를 찾아서』라는 세계사 입문서를 쓴 매닝은 오늘날 지구사로 이어진 새로운 세계사적 해석의 깃발이 인류사 전체를 포괄하려는 거대합명제적 지향성에 있고, 슈펭글러, 토인비, 맥닐이야말로 하나의 합명제적 세계사의 분석과 서술을 가능케 할 틀을 마련한 학자들이었다고 평가한다. 흥미롭게도 유럽에서는 오히려 헤겔, 슈펭글러, 토인비를 낡은 세계사 서술의 전형으로 인식하는 경향이 강한데, 독일에서는 아예 세계사를 슈펭글러와 토인비 식의 세계사와 동일시하면서 1990년대에 들어와 새로이 일기 시작된 세계사 논의를 지구사로 인식하기도 한다.

그러면, 본 장에서 우리에게 위대한 학자들로 잘 알려진 브로델, 홉스봄, 월러스틴과 같은 학자들을 제쳐두고 이 세 명의 학자들을 세계사의 아버지로 꼽는 이유는 무엇인가? 세계사, 통합사, 보편사의 개념적 구분에 많은 노력을 기울였던 매즐리쉬가 정확히 지적했듯이, 이들 세 사람이야말로 서구 역사학의 오랜 통합사 서술 전통을 혁신적으로 계승하여 오늘날 지구사의 태동에 이바지한 학자들의 주된 계보를 잇고 있기 때문이다.[29] 통합사는 종교적 컨셉에 기초한 역사서술이지만, 본래 '통합적(ecumenical)'이란 형용사 자체의 어의는 이중적이다. 첫째 의미는 '인류의 거주 세계'를 뜻하는 그리스어 오이쿠메네(oikumenê), 즉 세계사와 지구사가 일반적으로 대상화하는 세계를 가리킨다. 두 번째가 오늘날 우리가 통상 이해하는 통합사의 근간을 이루는 뜻으로서 전 세계의 기독교적 통일을 의미한다. 예언적 논조, 역사의 종점 제시, 순환적 주기론은 이 기독교적 통일의 역사적 구현을 서술하기 위한 플롯 장치이자 통합사의 중요한 구조적 특징에 해당한다. 왕권신수설자 보슈에(Jacques-Bénigne Bossuet)가 신과 섭리를 가이드라인으로 삼아 서술한 『보편사 담론(Discourse on Universal History)』(1681)이 통합사의 대표적인 사례이다.

하지만 헤겔과 마르크스 그리고 슈펭글러와 토인비도 통합사적 서술구조를 따랐을 만큼, 통합사는 서양의 보편사 전통의 주축을 담당해왔다. 맥닐은 이러한 통합사의 종교적 색채를 털어내고 첫 번째 의미의 통합사로 세계사를 서술하고자 한 첫 세계사학자였다. 즉 맥닐은 정신적, 도덕적 기준이나 가치 지향성을 덜어내어 철저히 유물론적이고 진화론적 시각에 입각한 통합사의 비전을 제시함으로써, 향후 세계사와 지구사가 지향해야 할 보편성이란 어떤 보편성이어야 할 지에 관해 뚜렷한 준거점을 마련해주었다. 그런 의미에서 세계사와 지구사의 직계 아버지는 맥닐이라 할 수 있다. 이하에서는 슈펭글러, 토인비, 맥닐의 대표작을 중심으로 이들이 세계사와 지구사의 태동을 위해 남긴 유산과 공헌을 살펴본다.

먼저, 슈펭글러와 토인비의 대표작은 출간 당시 엄청난 센세이션을 불러일으킨 화제작이었지만, 역사학계에서는 전문연구로서 자격 미달이라는 평가와 함께 외면받았고 그 결과 거대합명제적 세계사라는 장르는 데뷔하자마자 소멸하는 기구한 운명을 맞았다. 이후 세계사의 주도권은 비역사학자들에게 넘어갔지만, 이들은 세계사적 시각을 유지하되 범위보다는 깊이에 집중하는 전략을 택했다. 이 단계에서는 프랑스 법사학자 피렌느(Jacques Pirenne)나 경제사학자 폴라니(Karl Polanyi)의 참여도 눈에 띄지만, 프로이드(Sigmund Freud)나 레닌(V. I. Lenin)으로부터 역사학자이기보다 정치가였던 윌리엄스(Eric Williams), 중국학자 라티모어(Owen Lattimore), 인류학자 크로버(Alred Kroeber)와 같은 비역사학자들의 활약이 돋보였다. 이들의 저작은 20세기 말 세계사 연구가 전문적 수준으로 발돋움하는 데 선구적 역할을 했고, 1960년대 브로델과 홉스봄과 같은 역사학자들은 물론 월러스틴(Immanuel Wallerstein), 스카치폴(Theda Skocpol), 무어(Barrington Moore)과 같은 사회학자들의 인상적인 초국가적 규모의 연구들에 풍성한 자양분을 제공했다.[30]

다시 슈펭글러와 토인비로 돌아와서 그들의 『서구의 몰락(Decline of the West)』 1권(1918) 및 2권(1922)과 『역사의 연구(A Study of History)』 총 12권(1934년~61년)[31]의 세계사적 의미부터 짚어보자. 두 저서 모두 제1차 세계대전이라는 파국에 대한 대응이라는 공통점을 갖는데, 이러한 배경과 통합사적 문제의식의 결합이야말로 세계사 장르의 탄생에 결정적인 동인이었다. 계몽주의 이래 인간 이성에 의한 자유의 확장과 역사적 진보에 대한 믿음이 지배적이었던 19세기적 세계관과 역사관에서 볼 때 제1차 세계대전은 설명 불가능한 괴이한 시스템 오류에 가까웠다. 당시 공론에서는 이를 정치지도자의 정책적 오류로 진단하는 시각이 지배적이었고 대중은 서구가 나머지 세계를 지배할 수 있는 우위를 상실한 데 절망했다.

슈펭글러의 판단은 달랐다. 그는 계몽주의 시대 이래의 합리적 인과론적 설명 방식을 떠나 통합사적 추론으로 옮아가, 제1차 세계대전을 인간 의지로 통제 가능한 시스템의 문제나 자유의 확장이라는 목적론적 역사발전의 산물로 설명할 수 없는 사건으로 규정했다. 이로써 그는 전통적인 진보사관 혹은 문명사관을 벗어나 세계대전에 이른 서구의 몰락을 개별 문명의 자체적인 생의 순환주기에 내재해 있는 생로병사 과정의 결과물로 간주하고, 운명에 맞선 투쟁보다 역사적 역할에 순응할 것을 제안했다.[32]

슈펭글러가 역사에서 어떤 의미나 발전, 목표, 미래적 비전을 부인했다고 해서 그의 유기체적 문화사관을 단순히 세기말적인 염세주의의 발로로 보아서는 곤란하다. 그의 사관은 독일 보수주의 전통에서 큰 줄기를 차지하고 있는 반근대적 세계관과 문화비판주의 사상에서 발원하였기에, 이러한 큰 맥락을 함께 보는 것이 중요하다. 그는 당시 '서구(Abendland) 담론'의 논리와 동일하게 서구문화의 합리주의와 기술적 우위를 하나의 문화가 생명을 다하여 몰락기에 접어들면 나타나는 문명 단계에 와있음을 알리는 징표로 해석했다.[33]

슈펭글러는『서구의 몰락』의 집필 목표를 역사의 목적지(telos)를 부정하고, 오로지 개별적인 역사의 구조와 과정에서 드러나는 형태들만을 비교하여 개별 문명의 생의 주기를 입증하고 운명적 전환점의 규칙성과 불가피성을 증명하는 데 두었다. 그는 문화형태학적 방법론에 따라 바빌론 문화로부터 서양문화까지 8개의 고도 문화(High Culture)를 비교하였는데, 여기서 세계사의 아버지로서의 위상과 관련하여 주목할만한 부분은 그가 설정한 8개의 고도 문화들 간의 관계성이다.

슈펭글러는 8개의 문화가 역사적 구조적으로 상동 관계에 있고 내용적으로는 절대적 고유성을 갖는다고 전제하면서, 비유럽 세계를 분석적으로 유럽과 동급 수준에 올려놓았다. 오늘날 지구사의 가장 대표적인 아젠다가 탈유럽중심주의임을 생각할 때, 그는 놀랍도록 일찍이 역사서술의 유럽 중심성을 간파하고 이를 거부하였다. 슈펭글러는 모든 과거가 근대 유럽인들을 중심으로 회전하는 역사의 '프톨레마우스(Ptolemaic)체제'를 비판하고, 이를 문명들 사이의 특권적 지위를 인정하지 않는 '코페르니쿠스적 체제'로 대체할 것을 주장했다. 분명 그는 세계를 유럽중심적이고 민족주의적인 관점에서 바라보았던 그의 편협한 동료들을 훨씬 앞서 있었다.[34]

과거를 영구한 변화의 조합으로 바라본 슈펭글러의 시선 역시 오늘날의 지구사가 전 지구적인 위기에 직면하여 끊임없이 자신의 서사 전략을 혁신해가야 할 과제와 관련하여 매우 시사하는 바가 크다. 오늘날의 지구사 연구와 서술은 정치, 군사, 교역의 광역적 네트워크와 같은 세부 주제를 중심으로 진행되긴 하지만 여전히 거대 구조와 발전 패턴, 장기적 과정, 거시 비교에 편향되어있다. 그 결과, 변화의 역동성과 그 주체로서의 인간의 역량에 충분히 주목하지 못하는 경우가 많다. 슈펭글러는 기본적으로 과거를 영구한 변화의 조합으로 보았기에, 역사적 과정의 가장 밑바닥에 위치하는 구조 대신에 가장 표피에 위치한 문화에 우선성을 부여하고 이를 역사적 과정과 구조의 가장 최종적이고 실제적인 형태로 간주하였다. 그에게 문화란 '종의 속성을 가진 살아있는 독립체(entity)'였기 때문에, 그의 최대 관심은 각 문화의 성장, 성숙, 사망을 생물학적 방식으로 기술하는 것이었다.[35] 오늘날 역사학의 '생물학적 전환'[36]이 새로운 혁신안으로 회자되는 맥락에서 볼 때, 슈펭글러의 『서구의 몰락』은 지구사의 아버지를 넘어서는 미래지향적 함의까지 엿볼 수 있게 한다.

영국의 사학자 토인비는 12권에 달하는 역작 『역사의 연구』에 빛나는 명성으로 세 사람 가운데 가장 독보적인 위치에 있지만, 세계사와 지구사를 태동시킨 계보에서 보자면 중간 교량자로서의 역할이 훨씬 돋보인다. 토인비는 슈펭글러의 문명적 통합사의 틀을 대체로 계승하면서 8개의 고도 문화를 21개 문명으로 확대하였다. 슈펭글러처럼 토인비도 문명들의 탄생, 부상, 몰락을 설명하는 데 집중했고 문명을 유기체로 간주했다. 그 또한 문명들을 역사 연구의 최소 단위로 삼아 민족적 경계와 유럽중심적인 근시안에서 멀리 벗어남으로써, 진정한 통합적인 역사 비전을 제시하는 데 기여하였다. 토인비의 『역사의 연구』 제1권에 등장하는 21개 문명(보편교회 제외)을 표로 정리하면 다음과 같다.[37]

[표 2] 토인비의 21개 문명

제1세대	제2세대	보편 교회	제3세대
미노스	헬라스 시리아	기독교 이슬람교	서구 정교 러시아 정교 비잔틴(동유럽) 이슬람(이란, 아랍)
중국(상 왕조)	중국(한 왕조)	대승불교	극동(중국, 한국 · 일본)
인더스	인도	힌두교	힌두
이집트		–	–
수메르	히타이트; 바빌로니아	–	–
안데스, 마야	유카텍, 멕시코	–	–

다만 연구방법론에 있어서 토인비는 슈펭글러를 큰 폭으로 개선하였는데, 슈펭글러의 생애 주기에 따른 결정주의와 그가 문명을 연구 단위가 아니라 단순한 해석 단위로만 사용한 것을 문제시하였다. 토인비는 "[슈펭글러]에 따르면, 문명들이 고정된 시간표에 일괄적으로 순종하여 일어나고 발전, 쇠퇴, 함몰했고 이들 단계에 대해서는 어떤 설명도 주어지지 않았다. 그것은 슈펭글러가 발견한 자연의 법칙일 뿐이었고 당신은 마스터를 믿고 받아들여야 한다"고 비판했다.[38] 즉 슈펭글러의 문화형태학은 직관적 뉘앙스에 의존하여 각 사회의 문화적 업적에만 집중할 뿐 그에 대한 그 어떤 실증적, 역사적 분석, 논증, 설명도 제공하지 않았다. 반면에 토인비는 유기체 문명들의 생로병사를 대상으로 하면서도 이를 분석하고 논리적으로 설명하는 데 역점을 두었다.

토인비의 이러한 접근 방식은 슈펭글러보다 문명 경계 밖의 영향들과 문명들의 상호작용들을 좀 더 고려하도록 만들었는데, 이것이야말로 토인비가 다음 세대의 맥닐에게 남겨준 가장 유의미한 유산이었다. 슈펭글러는 8개 문명을 역사적 상동 관계 속에 위치지었기 때문에, 상호고립된 폐쇄적 단위로 다루었지만, 토인비는 제한적이나마 몇몇 문명들의 상호소통 관계를 인정했다. 초반부 총서에서 문명사가 발생하고 방향 전환하는 과정에서 야만의 역할을 고려한 것이나, 후반부 총서에서는 문명들 간의 조우를 표명한 것이 여기에 해당한다. 특히 토인비는 문명적 조우를 설명하기 위해 본 절의 초반에 언급한 오이쿠메네 컨셉을 도입한다. 본래 오이쿠메네는 문명 지대와 야만 지대를 구분하기 위해 그리스 로마인들이 쓰던 말인데, 토인비가 인류의 거주

지 전체로 확대하여 사용한 개념이다.[39]

물론 맥닐의 저작에서처럼 중요한 위치에 있지는 않지만, 『역사의 연구』에서 오이쿠메네는 몇몇 문명들을 부정기적으로 연계하는 확장적 접촉 지역의 의미로 사용되었다. '시간적 조우'의 사례로는 고대 원전을 통해 문화적 부활을 이루어낸 유럽의 르네상스를 들면서 이를 역사상의 다양한 혁신 상황에 적용하였으며, '공간적 조우'는 다른 문명들에 대한 서구 근대의 영향을 설명하는 과정에서 집중적으로 언급하였다. 그럼에도 토인비의 오이쿠메네는 맥닐이 오이쿠메네의 영문 번역어 '에큐메네(ecumene)'를 사용하는 방식과 비교할 때 복합적인 문명 간의 상호작용보다는 강자의 약자에 대한 일방적인 영향을 설명하는 확산주의(diffusionism)적 컨셉에 가까웠다. 또한 문명의 발전상 특수하게 예민한 순간들을 제외하고는 슈펭글러처럼 문명 간의 의사소통이 불가능하다는 입장을 견지하였다. 무엇보다도 보편종교를 역사 진보의 필수조건으로 설정하고 신을 역사의 주체로 도입함으로써 토인비의 명성은 슈펭글러의 그것과 마찬가지로 갑자기 붕괴하였다.[40]

마지막으로 살펴볼 맥닐과 그의 대표작 『서구의 부상(*The Rise of the West*)』(1963)은 거대합명제적 세계사 서술 시대의 정점이자 세계사 연구가 가능하다는 새로운 시대의 개막을 알리는 징표였다.[41] 『서구의 부상』에 대한 북미 학계의 열광적인 호응은 그간 슈펭글러와 토인비로 인해 신뢰를 얻지 못했던 세계사 연구를 공인하는 첫걸음이 되었다. 『서구의 부상』은 토인비의 21개 문명을 크게 지중해, 중동, 인도, 중국으로 축소하여, 문명의 창조와 확산에 관한 도시 패러다임, 문명 간의사소통의 핵심 시기에 관한 통합 패러다임, 근대 세계의 창조 시기의 유럽팽창 패러다임, 20세기의 냉전 패러다임을 중심축으로 연대기적으로 구성되었다. 이러한 문명적 진화과정을 그가 직접 그린 그림 삽화로 보면 그림 1과 같다.

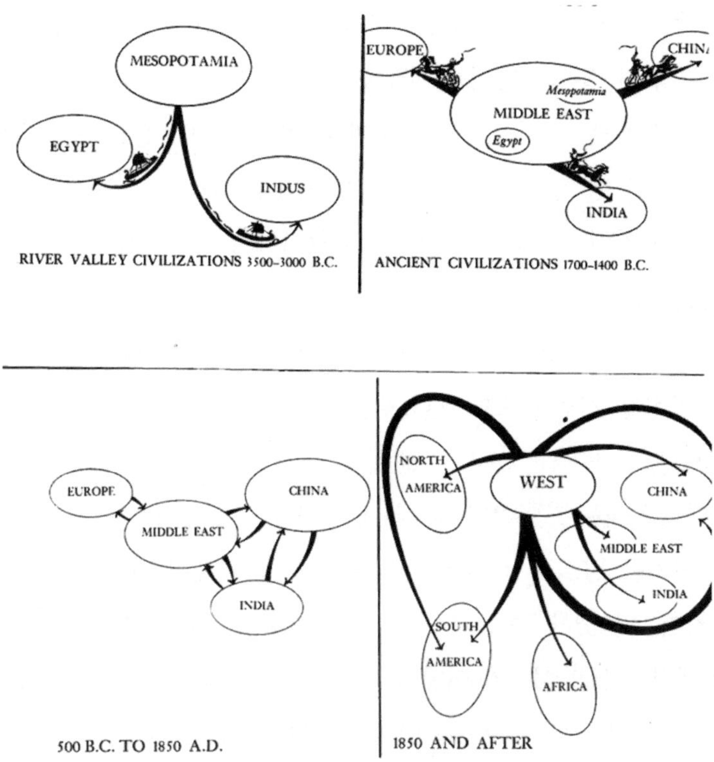

[그림 1] 구세계 문명들 사이의 관계와 서구의 부상

William McNeill, *The Rise of the West: A History of the Human Community*, Chicago: University of Chicago Press, 1963, p. 169, 727. © by the University of Chicago.

이 중 가장 주목을 받은 것이 유럽팽창 패러다임이었는데, 유럽의 근대적 부상과정을 좀 더 장기적인 차원에서 살펴서 세계사적 맥락 속에 위치시키는, 당시로서는 획기적인 시도를 하였기 때문이다. 무엇보다도 역사학계에서 유럽중심주의에 대한 비판이 본격화되기 전이었기 때문에 이러한 시도는 매우 신선해 보였다. 그러나 세계사와 지구사의 초석을 놓는데 맥닐이 기여한 것은 따로 있다. 그것은 토인비가 문명 발전의 예외적인 시기와 서구와 같은 진정한 문명의 경우로 한정했던 문명 간 접촉과 창의적 대응을 훨씬 상시적이고 전 지구적 현상으로 일반화했다는 점이다. 로마제국과 한 제국 간의 소통을 단순히 예외적 순간의 문명 간 조우가 아니라 반구간(transhemispheric) 접촉으로 분석한 것이 그 예이다. 맥닐은 유라시아의 개별 문명들이 그 시초부터 중요한 기술들을 서로 차용하고 자신의 전통적인 지식과 새로운 지식 간의 차이를 조정하여 발전해갔던 상호작용의 역사를 보여줌으로써 토인비를 개선하고자 했다.[42]

그럼에도 맥닐 스스로가 개별 문명적 발전사를 기준으로 상호작용의 사례에 주목하는 토인비의 저주하에 있었다고 후일 고백했듯이,[43] 상호작용 자체를 날실로 삼아서 개별 문명사를 전체적으로 엮는 데까지 나아가지는 못했다. 대신에 『서구의 부상』이란 표제에서도 드러나듯이 책의 핵심 관심은 서구가 어떻게 세계를 지배하게 되었는가를 설명하는 데 있었다. 서구의 부상을 세계사적 맥락에서 설명했지만, 그것은 어디까지나 유럽인들이 새롭고 '영구히 폐쇄적인' 에큐메네를 창조한 역사였고, 15세기부터 20세기에 이르는 세계사는 아니었다. 책의 전체 구성도 유럽사와 세계사 사이의 비동시성(asyncrony), 즉 유럽으로부터 시작하되 상당한 지체를 동반한 인과관계에 맞추어 이루어졌다.[44]

‘토인비의 저주’에 사로잡혀 집필한 『서구의 부상』을 벗어나기 위해 맥닐이 그의 아들 맥닐(John R. McNeill)과 함께 쓴 책이 『휴먼 웹(*Human Web*)』(2003)이다. 『휴먼 웹』은 그의 부제가 말해주듯이, ‘새의 관점에서 본 세계사(A Bird’s Eye View of World History)’이다. 유럽팽창 패러다임을 유라시아 기반의 ‘올드월드 웹’으로 대체하고 이것이 ‘월드와이드 웹’으로 확장되는 과정을 확장자, 즉 올드월드의 시선으로 설명하는 대목에서는 맥닐이 과연 토인비의 저주를 벗어났는지 의구심이 들지 않을 수 없다. 유럽이 유라시아 중심의 올드월드로 대체되었다고 해서 이전 『서구의 부상』의 확산주의적 서사 모델을 극복했다고 말하기는 어려울 것이다. 일례로 세계의 각 지역은 저마다 사회적, 생태적 특성에 따라 살아남기 위한 혁신을 했지만, 모든 혁신이 확산과 전파에 성공한 것은 아니었음을 설명하는 과정에서 올드월드의 동쪽 세계의 서술은 유럽의 뒷마당을 살피는 수준을 벗어나지 못한다.

『휴먼 웹』에서 맥닐 부자가 성취한 좀 더 특기할만한 역사서술적 변화는 전 세계적 상호작용의 큰 흐름을 진화론적 관점에서 패턴화한 데 있다. 이들은 15세기 이후 일어난 아메리카, 시베리아, 태평양, 남아프리카의 재앙에 가까운 웹 편입을 그야말로 하늘 높이 날아오른 새의 눈으로 설명하면서 통합 수준이 높아질수록 더 불안정하고 혼란스러운 질서가 산생하는 잔인한 진화 과정으로 재구성한다.[45] 그렇기에 『휴먼 웹』은 강제로 웹에 편입된 신세계의 하위주체성(subalternity)이나[46] 창의적 대응에는 무관심하다. 다만 생태계의 적자생존의 원칙을 세계사적으로 재현할 뿐이다. 그로 인해 『휴먼 웹』은 구세계, 특히 비유럽 세계에서 창발할 새로운 미래를 상상할 수 있는 여지를 충분히 제공하지 못하고 여전히 『서구의 부상』의 폐쇄적인 에큐메네의 확장판에 머무르게 되었다.

필자가 보기에 맥닐이 유럽팽창 패러다임을 충분히 벗어난 것은 오히려 『전염병과 인류의 역사(*Plagues and People*)』(1976)에서이다. 크로스비(Alfred Crosby)의 유명한 '콜럼버스 교환' 테제의 강력한 영향 하에 저술되었지만, 자연과 인간의 이분법적 전제에 균열을 내기 시작한 크로스비의 인식을 뛰어넘어 전혀 새로운 세계사 패러다임의 가능성을 보여주었기 때문이다. 이 책을 통해 맥닐은 유럽팽창 패러다임을 그가 궁극적 지향점으로 제시한 통합생태적 패러다임으로 완전히 대체할 수 있는 방법을 보여주었다.

『전염병과 인류의 역사』는 역자의 절묘한 표현대로 "전염병 역사적 에피소드로서의 전염병사를 쓴 것이 아니라 아예 전염병의 역사로 인류의 역사를 다시 쓴 것이다."[47] 맥닐은 토인비가 오이쿠메네 개념을 인류 거주지 전체로 확장하면서도 생물권보다 작은 범주로 제한했던 것과 달리, 인간의 존재를 호모사피엔스라는 종의 구성원을 넘어서 '지구 행성에 살고 있는 생명체 전체의 더 큰 DNA 공동체의 일원'으로 이해했다.[48] 이러한 맥락에서 맥닐은 전적으로 통합적이고 생태적인, 즉 인간뿐만 아니라 미생물까지 포함한 행성 전체를 대상으로 하는 새로운 종류의 세계사 패러다임을 출범시켰다.

그뿐 아니라 『전염병과 인류의 역사』는 『휴먼 웹』보다 일찍 저술되었음에도 후자의 발전주의에 경도된 진화론적 관점을 고차원적으로 비약시켜서 생태학적으로 열린 패러다임으로 나아갈 수 있는 단초를 보여주었다. 그는 전염병균과 인간 간의 미시기생과 전쟁과 식민화로 대변되는 인간 사회의 거시기생을 나란히 비교하면서, 역사시대 이래의 문명사회는 미시기생이 아니라 거시기생의 차원에서 생태학적 균형에 도달하지 못했다는 오늘날 읽어도 놀라운 결론에 도달한다.[49] 미생물과 인간의 관계를 인간의 사회적 관계와 하나의 통합적 관점에서 비교한다는 발상 자체도 당시로서 놀라운 것이지만, 오늘날 코로나19 팬데믹의 한 가운데에서 읽는 그의 결론은 더욱 의미심장하다. 우리는 전대미문의 속도로 코로나 백신을 개발하여 팬데믹의 파국을 가까스로 모면하는 모양새이지만, 팬데믹이 들춰내고 또 더 격화시킨 사회갈등과 글로벌 경제 불균등이 어떤 양상과 규모로 인류 공동체를 위협할지 그리고 통화팽창과 4차 산업혁명적 기술혁신 외에 어떤 대책으로 이러한 갈등을 봉합할 수 있을지 불확실하기 그지없기 때문이다.

| 3 | 지구사의 삼대 아젠다: 거대합명제, 탈유럽중심주의, 상호작용

지구사란 무엇인가의 질문에서 마지막으로 검토할 주제는 지구사가 내용적, 방법론적으로 추구하는 아젠다이다. 본 절에서는 지구사 개념과 계보를 통해 폭넓게 접근한 내용을 아젠다와 결합시켜 지구사란 무엇인가란 질문에 대해 좀 더 단도직입적인 답변을 시도해본다. 본 절에서 주목할 지구사의 삼대 아젠다는 거대합명제, 탈유럽중심주의, 상호작용이다. 이들은 말그대로 아젠다이기 때문에 지구사 서술을 통해 실제로 구현된 내용 이상의 지향성을 포함하는 의미로 이해되어야 할 것이다. 또한 이들은 각각의 아젠다의 한계성과 문제점을 보완하는 상보적 관계에서 다루어질 필요가 있다.

지구사 패러다임의 단연 제일 아젠다는 하나의 세계를 전제로 하는 지구사적 문제의식에 대한 다양한 비판에도 불구하고 거대합명제이다. 세계 전체를 역사적으로 하나의 덩어리로 파악하겠다는 야심찬 비전은 세계사학회가 내세우는 '세계 전체에 대한 전체 역사'로서의 세계사와 지구사라는 명제에서 가장 뚜렷이 드러난다.[50] 오랜 기간 세계사학보의 편집장을 지내며 세계사/지구사 패러다임의 확산을 위해 헌신했던 고대사학자 벤틀리(Jerry Bentley)는 세계사를 "작금의 통합적이고 상호의존적인 세계를 이해하기 위한 역사적 맥락을 정립하려는 과거와 현재의 대화"로 정의하였다.[51]

그러나 누구보다 거대합명제적 지구사 패러다임을 최대규모로 구상한 것은 지구사의 아버지 맥닐이었다. 일찍이 문명의 주기적 패턴에 대한 토인비적 관심과 결별한 그는 '트랜스문명적 조우(trans-civilizational encounters)'로 관심을 옮겼고 그 결실은 아들과 함께 집필한 『휴먼 웹』을 통해 잘 확인될 수 있다. 그는 지구사가 가장 포괄적인 수준의 인간 경험을 중심으로 구성되어야 한다고 믿었는데, 그것은 "문명화 혹은 비문명화된 종족들이 매우 이른 시기부터 비교적 원거리에 걸쳐 의사소통했고 멀리서 유입된 매력적이거나 위협적인 새로움과 조우하면서 가끔 자신의 행동방식을 바꾸었다는 사실"이었다.[52]

모호하기 짝이 없게 들리는 주장이지만 기저에 있는 맥닐의 확신은 비교적 단순하다. 역사적 변화란 대체로 새로움을 차용하거나 저지하려는 노력을 동반하기 마련인 낯선 것들과의 조우로 인해 발생한다는 것이었다. 그의 안목의 특별함이 돋보이는 곳은 이러한 인간의 새로움과의 조우를 생태학적인 유기적 진화와 문화적 진화 과정으로 나누고 양자를 통합적으로 이해하려 했다는 것이다. 그가 에큐메네라고 불렀던 이러한 통합적 전체에 대한 인식은 오늘날의 빅히스토리나 깊은 역사를 위한 선구적 유산이 되었다. 맥닐이 크리스천의 시도를 극찬하면서 『시간의 지도(*Maps of Time. An Introduction to Big Hisory*)』(2005)에 추천사를 실은 이유도 여기에 있다.[53]

거대합명제로서의 지구사 아젠다는 다시 공간, 시간, 주체라는 세 가지 차원으로 나누어 확장성을 매개로 설명될 수 있다. 이 중 지구사 패러다임의 가장 뚜렷한 차별성은 단연 발상의 공간적 전환이다. 근대 민족국가의 형성과 함께 근대 역사학이 부상하면서 민족사 패러다임은 19세기 이래 줄곧 주류 패러다임으로 군림해왔다. 그러나 1990년대 동구권 붕괴에 따른 국경선의 대규모 변화가 민족사 패러다임의 영토 결정주의적 역사인식에 근본적인 타격을 가하였다. 그 결과로 기존의 역사학에서 상대적으로 간과되어온 공간 축에 대한 성찰이 심화되면서 '공간적 전환(spatial turn)'으로 축약되는 사회과학 이론과 연구를 수용, 적용하려는 움직임이 급속히 활발해졌다.[54]

공간적 전환의 이름 아래, 기존의 세계사 서술에서 중심적 서사 축을 차지해온 대륙, 문명권, 제국, 국가와 같은 전통적인 공간, 제1, 2, 3세계와 같은 지역연구에서 만들어진 냉전주의적 공간, 그리고 동양과 서양과 같은 오리엔탈리즘적 공간 개념이 본격적으로 비판적인 해체의 대상으로 논의되기 시작했다. 정체적이고 고정된 공간 개념을 파괴하고 횡단적, 투과적, 중첩적, 탈경계적인 공간을 발굴하는 차원에서 유라시아, 연안(rim), 변경과 같은 새로운 공간을 발굴하는 혁신적 연구들 역시 공간적 전환의 중요한 성과이다.

1절에서 언급한 빅히스토리와 깊은 역사는 공간적 전환의 새로운 프론티어에 해당한다. 인간 중심의 세계와 지구를 뛰어넘어서 빅히스토리는 우주권과 지질계로까지, 깊은 역사는 생물권과 지구생태계로까지 공간적 범주를 확장했을 때 어떠한 새로운 이야기가 가능한지 보여준다. 이러한 수준의 공간적 전환이 지구사 패러다임에 당장 적용되기는 어렵겠지만, 공간과 경계에 대한 한층 확장적 사고를 자극할 것임은 분명하다. 이미 시작된 포스트코로나와 기후위기의 시대가 인간을 포함한 지구생태계 전체의 상호연결성을 디폴트 옵션으로 적용하기 때문이다.

역사학에서 압도적인 중심축을 담당해온 시간 축 역시 크게 확장되어야 한다는 주장이 꾸준히 제기되고 있다. 근대 역사학이 '문서 없이는 역사도 없다'는 역사주의적 슬로건 하에서 제외시켰던 선사시대로 적극적으로 진출하려는 시도들도 이미 시작되었다. 이러한 움직임을 주도하며 시간 축 확장의 필요성과 가능성을 가장 성공적으로 입증한 대표적인 사례 역시 빅히스토리와 깊은 역사에서 찾을 수 있다.

1989년 호주 맥콰리 대학의 역사입문 강의로 개발된 빅히스토리는 우주적 규모에서 시작하기 때문에 일견 공간 축의 확장에 포커스가 맞추어진 것 같지만, 빅히스토리의 형용사 '빅'의 진짜 무게 중심은 시간 축의 확장에 있다. 근대사 연구에 치중해온 근대 역사학은 말할 것도 없고, 지구사라 하더라도 기껏 수천 년 정도의 인류 문명사를 연구하는 데 그친다면 진정한 의미의 전체의 역사로 볼 수 없다는 것이 빅히스토리의 핵심적 인식 전제이다. 빅히스토리가 우주로 간 이유는 현대 인류의 달 탐사나 우주개척사업을 역사서술에 포함시키기 위해서가 아니라 인류사의 기원을 '거대한 시간적 규모'에서 탐구하기 위해서였다. 마찬가지로 깊은 역사는 인류사를 260만 년 전 인류의 조상 호미닌이 지구상에 출현하는 시점부터 서술할 것을 제안한다. 빅히스토리가 인류의 시간 축을 빅뱅의 순간으로까지 연장하여 지구상에서 진행되는 모든 현상을 우주적 기원과 연결하려 한다면, 깊은 역사는 그보다 훨씬 짧은 인간 중심적인 시간계를 대상으로 한다. 그럼에도 혹은 바로 그 때문에 깊은 역사가 지구사에게 줄 수 있는 시사점이 더 크다고 할 수 있다.

마지막으로 주체의 확장을 통한 거대합명제의 지향이다. 근대 역사서술에서도 역사적 진보를 주도하는 주체의 범주는 끊임없이 확장되어 왔다. 즉 지배층 중심의 역사서술로부터 자유주의 사관과 마르크스주의의 혁명 사관으로 나아가면서 시민과 노동자계급의 혁명적 역량이 높이 평가되었고, 포스트모던 역사학에 와서는 근대 국민국가의 부상과 사회구조적 변동의 주도층이나 수혜층에 속해 있지 않았던 여성, 소수자, 유색인종, 식민지인, 그 외 문화적 타자들로 주체의 범주가 다시 한번 크게 확장되었다. 특히 포스트모더니즘의 영향 하에서 성장한 포스트식민주의가 주체의 확장에 기여한 바가 큰데, 이에 대해서는 포스트식민주의의 아래로부터의 지구사 패러다임을 살펴보는 2장의 3절에서 다루기로 한다.

최근의 기후변화를 위시한 환경 위기의 급속한 진전은 훨씬 업스케일의 주체 확장을 요구하고 있다. 즉 역사의 주체로서 인간을 말할 때 종으로서의 인간 전체를 주체로 고려해야 한다는 새로운 도전이 인류세 담론과 함께 제기된 것이다. 종으로서의 인간의 주체성 문제를 본격적으로 역사학적 논제로 제기한 것은 우리에게 『유럽을 지방화하기(*Provincializing Europe*)』(2000)로 친숙한 포스트식민주의 역사학자 차크라바티(Dipesh Chakrabarty)의 논문, 「역사의 기후(The Climate of History)」(2009)이다.[55] 그는 인간의 주체성 문제를 종적인 차원으로 접근함으로써, 자연사와 인류사의 구분, 자유주의적 전제, 인간 경험의 연속성을 전제로 한 근대 역사학의 해체 가능성을 타진하였다. 「역사의 기후」는 인류세의 위기를 자초한 인간 주체성을 전면적으로 재고할 것을 주장하여 당시 역사학계에 신선한 충격을 던져주었다. 지금도 차크라바티의 논문은 인류세 시대와 담론에 대한 역사학의 본격적인 대응과 참여를 이끌어내는 중요한 회전문의 역할을 하고 있다.

그러나 인류세 담론은 차크라바티가 제기한 인간 종으로서의 주체성을 뛰어넘어 인간과 비인간의 이항대립적 전제 자체에 대해 문제를 제기하고 있다. 인류세의 관점으로 보면, 인간은 지구생태계 전체에 영향을 미치는 지질적 행위자이다. 기존 역사학의 이해에서 인간의 주체성은 자연적 힘이나 혹은 사회구조적 추동력을 넘어설 수 없고 그 절대적 영향 하에서 그 힘의 일부를 대리 실행하는 행위자(agent)의 수위를 넘어설 수 없는 것이었다. 그러나 새로운 시대적 조건으로서의 인류세는 이제 종으로서의 인간 스스로가 지구의 물리적 과정을 바꿀 수 있는 거대한 동인(agency)이 되었다는 사실을 천명하기에 이르렀다.

이는 곧 인간의 영향력이 지질적 규모로 업그레이드됨에 따라 동등한 수위의 상호작용 관계에 있게 된 생물계와 지질생태계 역시 이제는 역사의 '움직이지 않는 배경'이 아니라 인간 역사를 주도하는 동인으로 부상했음을 의미한다. 즉 역사적 과정은 이 모든 행위성이 함께 뒤엉켜 움직이는 공진화의 과정으로 재해석되어야 하는 것이다. 현재 과학기술학 분야에서 가장 왕성한 활동을 펼치고 있는 철학자 라투르(Bruno Latour)는 한 걸음 더 나아가 인간이 만들어낸 과학기술까지 동등한 수준의 행위성으로 고려할 것을 주장한다.[56] 21세기 인류세의 도전은 지구사의 거대합명제 아젠다를 새로운 수준에서 재구성할 것을 요청하고 있음이 분명하다.

지구사 패러다임의 두 번째 아젠다인 탈유럽중심주의는 미국과 유럽은 물론이고 국내의 세계사/지구사 논의에서도 가장 많은 관심과 토론이 집중되었던 의제이다. 국내의 경우, 세계사/지구사 패러다임에 대한 본격 논의가 유럽중심주의 문제로 대체되었다고 할 정도로 후자의 논의는 폭발적이었다.[57] 하지만 유럽중심주의는 누구나 지적하기는 쉬워도 극복하기는 쉽지 않은 문제이다. 우선, 진정한 일반화가 부재한 연구 분야에서 유럽중심주의는 일정한 의사(擬似) 일반화 기능을 수행해왔기 때문이다. 또한 18세기와 19세기의 유럽 패권은 실제로도 보편적인 현실이었고 유럽 지배와 그 결과는 지난 500년간의 인류 경험의 내용이기도 했다. 따라서 근대 세계체제를 자본주의 세계경제로 규정하고 그 기원을 장기 16세기 유럽에서 찾은 월러스틴은 유럽중심주의의 극복을 오히려 거부했다.[58]

유럽중심주의는 북서유럽과 북미의 특징에 기초한 '일반적인' 역사발전에 관한 역사철학적 가정으로서, 그 뿌리를 헤겔로 대표되는 유럽

철학사에 두고 있다. 역사서술에서 유럽은 모든 사회의 역사와 형태를 측정, 평가하는 기준이 되는 모델로 작용해왔다. 그 결과로, 차크라바티가 '유럽의 지방화' 테제를 통해 명징적으로 지적했듯이 비유럽 사회들의 역사적 차이와 특수성은 '결핍의 언어'로 기술되어왔다. 반면에 자유주의적 견지에서든 근대화이론에서든, 혹은 급진적인 마르크스주의적 진보이론에서조차 서구의 발전 경로는 보편사적으로 해석되어왔다. 유럽이 현대 세계에 이르는 토대를 창출한 유일한 역사의 주체이고 유럽팽창과 제국주의적 지배 및 산업화가 낳은 엄청난 부작용에도 불구하고, 근대화하는 것이 근대화하지 않는 것보다 낫다고 가정된다. 동일한 맥락에서 화석에너지 경제에서 탄소제로 경제로 전환해야 할 문명사적인 전환기인 21세기에도 근대화로 상징되는 발전과 성장은 여전히 포기할 수 없는 가치로 여겨지고 있다.

유럽중심주의는 그 전형적인 형태에서 두 가지 가정에 기초한다. 하나는 근대중심주의이다. 이는 근대사를 유럽적 내지 서구적 성취물들 – 자본주의, 국민국가, 이를 뒷받침하는 제도와 문화 – 의 확산 과정으로 기술함으로써 세계의 유일하게 상상 가능한 미래를 서구화로 상정하는 서술 패턴으로 완성된다. 근대는 영어적 표현 modern이 현대와 근대를 모두 지칭하는 의미를 갖는다는 사실에서도 잘 드러나듯이 현대의 직접적인 뿌리에 해당하기에, 이러한 근대 인식보다 더 강력한 유럽중심적 인식은 없다.

다른 하나는 유럽적 발전이 전적으로 유럽의 전통과 역사 내에서 설명될 수 있는 자생적인 경험으로 이해되는 내재적 발전주의이다. 유럽과 그의 '타자'는 유럽적 진보의 결과물이 수출되기 이전에는 상호

독립적으로 발전되었다는 사실을 전제로 삼기에, 이러한 가정에 입각한 근대화 역사는 확산의 역사, 즉 (북서)유럽의 핵심부로부터 주변부와 제3세계로 진보적 문화와 기술이 일방적으로 전이되어온 역사로 해석될 수밖에 없다. 결국, 두 가지의 가정을 합산해보면, 근대성이란 철저히 서구가 주체가 되어 만들어낸 서구의 독점물이고, 비유럽 세계는 근대의 태동 및 형성과 근본적으로 무관하다.

이러한 두 가정에 기초한 유럽중심주의의 지배력은 특히 교과서에서 뚜렷한데, 학계의 가장 평균적인 지식을 대변하는 공공 텍스트이자 교육 매체로서 교과서가 갖는 성격을 고려할 때 그 함의는 가볍지 않다. 국내의 세계사 교과서나 미국의 대학용 지구사 교과서를 막론하고 근대를 다루는 장들은 하나같이 시민혁명, 산업혁명, 민족운동, 제국주의를 축으로 회전하는 내용 구조를 갖고 있다. 근대사에 관한 한 세계사는 곧 서양사이고, 비유럽 세계는 철저히 서구적 근대성을 추수하거나 그에 반응할 뿐이다. 페어뱅크(John Fairbank)의 '서양은 영향을 미치고 아시아는 반응한다(Western impact, Asian response)'는 고전적 프레임은 결코 명을 다하지 않았다.

동일한 동전의 이면과도 같은 것이지만, 비서구의 근대 세계가 조명을 받는 곳 또한 철저히 민족과 국민국가 형성과 관련된 역사적 과정을 다루는 '제국주의의 침략과 민족운동'과 같은 단원에서이다. 항상 전면에 배치되는 내용은 식민지인들의 반제국주의적 민족독립 운동이지만 이러한 서사를 이끌어가는 진짜 주체는 식민지인이나 비서구 세계가 아니라, 서구의 제국주의적 지배의 역사이다. 식민지인들은 제국주의 지배에 대응하고 저항할 뿐이다. 따라서 서구적 근대 세계 밖으로부터 발신되는 역방향의 피드백은 무시될 수밖에 없다. 그러나 서구의 영향권에 휘말려 들어가는 곳마다 존재했던 수용과 거부의 이중적 각인, 예외, 역류는 프랑스 혁명 이념을 좇아 아이티 혁명이 발발한 것 이상이었고, 산업혁명이 러시아와 일본으로 확산한 것 이상이었으며, 제국주의 침략에 대응하여 반식민적 민족독립운동을 펼친 것 이상의 이야기들을 품고 있다. 현대 세계의 갈등과 분쟁은 결코 서양 근대성의 전 지구적 확산만으로는 이해될 수 없는 다양하고 깊은 뿌리를 갖고 있다.

그러나 역사서술에 깊숙이 착근해 있는 유럽중심주의적 인식소보다 유럽중심주의의 극복에 더 방해가 되는 것은 유럽중심주의 극복이란 아젠다 자체를 교조적으로 이해하는 태도이다. 그 극단적인 사례를 보여준 것은 아이러니하게도 가장 대표적인 지구사학자 중 하나인 벤틀리이다. 그는 상호교류와 글로벌 네트워크에 집중된 지구사 컨셉의 확산을 위해 헌신하다가 단명한 훌륭한 학자이지만, 유럽중심주의 극복의 아젠다에 대한 접근에서만큼은 경직된 태도를 보였다. 벤틀리는 유럽적 기원을 갖는 근대, 봉건, 서구, 산업화 등의 개념들을 폐기하고 진정한 지구사로 나아가기 위해서 근대성을 아예 역사학에서 제거하는 '반근대중심주의'를 제안했다.[59] 위에서 기술한대로 유럽중심주의가 근대중심주의의 가정에 기초해있는 것은 사실이지만, 이는 근대의 해석 문제이지 결코 근대 개념의 폐기로 해결될 수 있는 문제는 아니다.

따라서 그의 반근대중심주의는 그것의 실현 가능성은 차치해두고라도 오히려 세계 현실을 왜곡하는 결과를 낳을 수 있다. 자본주의 질서가 전 지구적으로 관철된 오늘날의 세계는 표면상으로는 탈중심적이고 탈유럽적인 용모를 띄고 있을지 모르지만, 본질적으로는 유럽 근대성이 완성한 불균등 발전, 불평등한 권력 관계, 식민적 근대성의 유산을 영속화하고 있다. 따라서 "유럽적 근대성의 지구적 영향력의 물리적 이데올로기적 결과를 지우는 것은 비역사적일 뿐만 아니라 유럽중심주의를 극복하기 위해 그렇게 할 필요도 없다"는 딜릭의 주장은 매우 적실하다.[60] 전 지구적 자본주의의 폭압적 관철을 드러내는 세계사를 쓰기 위해서라면 유럽중심주의를 해체할 것이 아니라 오히려 더욱 강조해야 할 것이다. 바로 이것이 유럽중심주의 극복의 아킬레스건이다.

마지막 아젠다, 상호작용은 앞의 두 아젠다를 관통하여 보완하고 지탱해주는 방법론적 성격이 강하여 변용, 확장될 수 있는 범위가 넓다. 따라서 여기서는 상호작용의 아젠다적 대의에 대해서만 소략하게 다루고 그 구체적인 변용에 대해서는 다음 장의 지구사 패러다임 경쟁을 살펴보면서 상론하겠다. 상호작용 아젠다의 가장 큰 의의를 꼽자면, 지구사의 거대합명제 아젠다를 위기에서 구출해낸 것이라 할 수 있다. 1절에서도 언급했듯이, 지구사 패러다임의 거대합명제적 전제는 세계사학회 출범 직후부터 논란의 대상이었고 1990년대 초반 매즐리쉬와 쉐퍼와의 지구사 개념 전쟁을 촉발한 도화선 격의 논제이다. 특히 쉐퍼는 세계사학회의 회원 초대장 문구를 근거로 세계사학회에서 추구하는 패러다임을 '세계 전체의 전체 역사(total history)'로서의 대문자 지구사로 규정하였다. 그는 폴리비우스와 헤로도트로부터 슈펭글러와 토인비에 이르기까지의 세계사가 증언하듯이, "가능했던 세계사는 결코 전 지구적이지 않았고, 가능한 지구사는 전체성을 희생해야 할 것"이라는 날카로운 일침을 날렸다.[61]

30여 년의 세월을 지나 매즐리쉬와 쉐퍼와의 개념 전쟁을 돌아볼 때 지구사는 얼마나 지구적인가와 같은 근본적인 문제제기에 여전히 취약하지만, 거대합명제적 비전을 폐기하는 방향으로 가닥을 잡지 않았다. 오히려 지구사 패러다임은 전체사 비판에도 불구하고 연구 대상을 미분하여 각각의 고유한 자율적인 미시세계를 복원하려는 포스트모던 역사학과는 반대의 비전, 즉 '실제의(real)' 통일된(unitary) 세계의 재구성에 도전하는 '전체론적(holistic)' 비전과 방법론을 고수하였다. 전체성, 통일성, 패턴, 연결성과 같은 핵심어들은 오늘날 지구사라는 브랜드의 대표어가 되었다.

현실 세계의 요청과 별개로 이것이 학문적으로 가능했던 것은 1987년 아다스의 팸플릿을 통한 새로운 세계사/지구사의 선언 이래, 방법론적으로 상호작용, 상호융합, 상호교환, 상호의존성에 집중하는 '상호 접근법(inter-approach)'으로 뚜렷이 선회한 덕분이었다.[62] 상호작용에 착목하는 방법론은 전체성과 전문성의 두 마리 토끼를 모두 잡을 수 있게 해주었는데, 서로 다른 지역 혹은 문화권을 연결하는 교역, 전쟁, 외교, 기술전이 등의 비교적 작은 연결점(node)에 해당하는 주제를 발굴하고 이에 대한 전문 연구를 바탕으로 전체성에 단계적으로 다가가는 점근법적 방식이기 때문이다.

이로써 세계의 전체성은 헤로도토스의 『역사』나 사마천의 『사기』에서처럼 선험적으로 위 혹은 외부의 시선으로부터 부과되어 물화(reify)될 이상적인 것이 아니라 안과 아래로부터 발견되고 스스로 발생적으로 구조화할 무엇으로 이해되었다. 이처럼 전체성에 대한 유물론적(materialist)이고[63] 귀납적 접근이라 할만한 상호작용 아젠다는 지구사 패러다임이 보편사적 전통을 그대로 계승하고 있다는 매즐리쉬와 딜릭의 날선 비판을 극복하는 데에도 크게 기여했다. 물론 지구상 전 지역과 시간대에 걸친 연구가 '충분한' 수준에서 이루어질 수 없는 한, 하나의 세계, 통합, 전체성, 혹은 상호작용에 의한 연결조차도 선험성을 결코 완전히 탈피할 수 없기에 비판적 문제제기는 계속될 것이다. 그러나 베케트의 『지구사, 전 지구적으로』가 보여준 것처럼 이러한 문제제기는 지구사 연구 수준을 내용적, 방법론적으로 더욱 높이도록 독려하는 채찍 역할을 해줄 것이다.

상호작용 아젠다는 상술한대로 실증적 수준에서 세계 전체에 접근할 수 있는 구체적인 길을 내는 방법으로서 주로 논구되지만, 상호작용을 의미론적으로 확장하여 물리적인 접촉과 교류 차원 이상의 통섭적이고 통합적 차원에도 충분히 적용할 수 있다. 가령 헤게모니와 같은 권력의 불평등성 역시 상호작용으로 설명될 수 있다. 역사적 헤게모니의 대표적인 사례인 유럽중심주의 역시 마찬가지이다. 방법으로서의 상호작용 아젠다는 유럽중심주의 문제에 교조적으로 접근하는 대신에, 실제 지구사적 현실을 복원하는 데 유럽중심주의를 거꾸로 활용함으로써 훨씬 효과적으로 극복할 수 있는 길을 열 수 있다. 모든 중심주의는 실제 역사를 왜곡할 수 있는 폭력성과 함께 중심과 주변의 헤게모니적 상호관계성과 상호작용을 가장 극명하게 드러낼 수 있는 잠재력을 갖고 있다. 중요한 것은 헤겔의 주인과 노예의 비유에서처럼 주인의 폭압적 중심성만이 아니라 주인도 노예도 자율적인 중심이 아니라는 것을 보는 것이다. 중심을 해체주의적으로 읽는 것은 항상 비판적 역사학의 중요한 논제를 담당해왔다.

그러나 진정한 중심의 해체나 극복은 탈중심주의나 다중심주의의 선언으로 손쉽게 대체될 수 없다. 중심으로 직진하여 중심의 메커니즘과 그 헤게모니적 관계성을 낱낱이 분석하는 작업 없이는 불가능하다. 유럽중심주의의 경우, 중심의 메커니즘을 중심부와 주변부 간의 관계를 통하여 가장 치밀하고 체계적으로 분석한 성과로는 세계체제론을, 헤게모니적 관계성을 분석하여 중심을 내파(implode)한 성과로는 포스트식민주의를 꼽을 수 있겠다. 이어지는 장에서는 이들을 포함하여 지구사의 하위 패러다임들에 대해 논의해보자.

2 장

지구사 패러다임 경쟁: 글로벌 네트워크, 세계체제론, 포스트식민주의

미국 조지메이슨 대학에서 오랫동안 세계사를 교수해온 스턴스(Peter Stearns)는 다른 학자들과 달리 세계사를 "세계가 어떻게 오늘날의 세계에 이르게 되었는가에 대한 연구"로 정의했다.[1] 세계사와 지구사에 대해 객관성을 강조하는 역사주의적 정의 대신에 세계사에 대한 우리의 현재주의적 관심을 강조한 것이다. 일찍이 크로체가 '모든 역사는 현대사'라고 선언한 바 있지만, 세계사 혹은 지구사는 왜 우리의 현 세계를 이해하는 문제와 특별히 더 밀착해있는가?

일단, 우리가 전례 없을 정도로 전 세계가 하나로 긴밀하게 얽혀있는 복잡계 속에 살고 있다는 현재 세계의 특수성을 이야기할 수 있다. 복잡성이 증가할수록 작은 변화에도 구조적으로 취약해질 수밖에 없기에, 개별 공동체 단위 역사발전을 살필 때에도 전 지구적 상호연계성과 전체 패턴에 대한 종합적인 지식이 중요해질 수밖에 없다. 우리의 운명은 더 이상 각자가 일차적으로 속해 살고 있는 작은 공동체의 내적 동학에 의해서만 좌우되지 않는다. 나의 노후 연금이 태평양 건너편 미국의 금리 인상으로 영향을 받는 시대이고, 한반도 지정학적 리스크가 러시아-우크라이나 전쟁을 계기로 증폭될 수 있으며, 기후 위기의 미래에는 역세권 대신에 몬순 변화나 엘니뇨 현상을 고려하여 거주지를 결정해야 할 수도 있다. 문제는 이러한 전 세계적 연계성 전체에 대한 역사가 이제 막 쓰여지기 시작했고, 글로벌 전체성을 파악하게 해줄 지구사 패러다임에 대한 기대는 높아도 진정 보편적이고 포괄적이며 객관적인 패러다임은 아직 존재하지 않는다는 사실이다.

역사적 과정으로서의 근대화와 근대화 이론을 별개로 나누어 생각해야 하듯이 세계사와 지구사에서도 역사와 담론 간의 구분은 필수적이다. 20세기 들어와 뚜렷해진 동아시아의 부상과 동구권 붕괴 이후 세계 패권 구도의 변화로 비로소 유럽중심주의의 극복 논의가 본격화되었던 것처럼, 앞으로 한 세기 후의 세계사/지구사에서는 전혀 다른 문제가 중요해지거나 새로운 지역이 핵심부로 부상할 수도 있다. 그렇다면 22세기에는 전혀 다른 중심주의에 의한 지구사 서술이 힘을 얻을지도 모른다.

역사 담론은 역사적 변화를 실시간으로 반영하기 어렵고 시간적으로 지체될 수밖에 없다. 우리가 세계 전체에 대한 이해를 추구한다고 해서 하나의 보편적 패러다임을 찾아야 한다고 생각한다면 이는 고대 보편사로 되돌아가는 길이다. 이러한 맥락에서 "세계가 지구적 전체로 인식되기는 하지만, 그 전체는 다양한 관점에서 다양하게 보인다"[2]는 중국사학자 덜릭의 지적은 지구사 패러다임을 이야기할 때 꼭 기억해야 할 사실이라 할 수 있다. 지구사는 하나의 세계를 전제로 하지만 이를 복원하는 방식은 그 하나의 세계를 바라보는 관점에 따라 복수적일 수밖에 없고 심지어 이들은 매우 상호경쟁적인 세계관에 입각해 있을 때가 많다.

본 장에서는 지구사라는 새로운 패러다임을 둘러싸고 현재 가장 치열하게 상호경쟁하면서도 상호협력할 가능성을 아울러 배태하고 있는 세 가지의 인식론 및 방법론적 하위패러다임 내지 모델들, 즉 글로벌 네트워크의 지구사, 세계체제론의 지구사 그리고 아래로부터의 지구사를 검토해 보고자 한다. 개념 논쟁에 이어 패러다임 경쟁 구도를 통해서 우리는 지구사적 서술의 방법들과 각각의 문제점을 좀 더 구체적으로 살필 수 있을 것이다. 이 중 마지막으로 살펴볼 아래로부터의 지구사는 포스트식민주의의 영향 하에서 내용과 방법론적으로 통합보다 분열과 해체를 지향하기에 이를 과연 지구사 패러다임으로 나란히 놓고 비교할 수 있을 것인가에 대해서는 이견이 있을 수 있다. 그러나 포스트식민주의의 풍부한 철학적 깊이를 고려할 때 아래로부터의 지구사는 전혀 다른 층위에서 지구사 패러다임의 지평을 확장시켜줄 잠재력이 매우 크다고 판단하여 포함시켰다.

이들 하위패러다임 모두가 매우 상이한 세계관에서 출발하고 있는 만큼, 개별 하위패러다임에 대한 논의는 지구사 패러다임이 인식론적으로 얼마나 넓은 스펙트럼 위에서 가능한지 확인해줌과 아울러 지구사 패러다임 자체가 그 이름값과는 달리 얼마나 특정한 인식론적 내지 이데올로기적 편향성에서 자유롭지 않은 지식체계인지를 동시에 드러내 줄 수 있을 것이다.

| 1 | 글로벌 네트워크의 지구사

가장 먼저 살펴볼 하위패러다임은 전 지구적 상호작용, 접촉, 교류의 네트워크를 통하여 거대한 규모의 역사적 과정과 패턴을 파악한다는 전략을 핵심으로 삼으며, 국내외적으로 지구사 패러다임을 대표하는 모델이다.[3] 상기의 핵심어들 가운데 어느 것을 대표어로 삼아도 상관없겠지만, 인류 사회에서 발생하는 모든 상호작용의 움직임을 물화하여 대상화할 수 있다는 측면에서 네트워크 개념은 탈신화화적 잠재력을 갖고 있다. 즉 네트워크 개념은 이주, 기술 전이, 문화교류, 교역, 전쟁, 전염병 확산 등 사람, 상품, 바이러스, 문화의 움직임을 포착할 수 있는 광범한 적용력을 자랑한다. 본 절에서는 상호작용의 지구사 혹은 보다 간명하게 상호역사(inter-history)의 지구사라는 표현도 자주 쓰겠지만, 이들은 모두 방법론적으로 글로벌 네트워크를 주축으로 삼는 하위패러다임을 가리킴을 밝혀둔다.

지구사 논의의 진원지인 미국에서 교수 분야로 먼저 급성장한 다음에 학술성과를 내기 시작했던 것처럼, 국내에서도 지구사는 역사교육학자들에 의해 세계사 교육과정 개편을 위한 교육 컨셉으로 먼저 소개되었다. 특히 벤틀리 등의 상호작용 및 상호관련성 연구가 국내의 세계사 교육 개혁을 위한 유용한 지구사적 컨셉으로 주목받았다.[4] 이러한 국내의 지구사 수용과정을 추수하여 서양사학계의 지구사 논의도 문화접촉, 상호교류, 글로벌 네트워크의 규명에 치중하는 지구사 패러다임을 주요 논의대상으로 하여 시작되었지만, 그 이상의 다양한 논의로 나아가지는 못했다.

네트워크 중심의 판세는 미국에서도 크게 다르지 않다. 슈펭글러나 토인비 식의 세계 전체를 포괄하는 세계사와 유럽중심주의적 잔재와 결별하고 중심과 경계를 넘어서 일어난 상호작용을 확인할 구체적인 주제에 집중하는 연구방법론은 1987년 아다스 팸플릿에서 처음 제안된 이래로 세계사학회 내에서 지구사 패러다임의 전략적 전환을 견인할 주전(主戰)으로 떠올랐다. 상호작용과 그 네트워크에 주목하는 서술전략은 세계사적 중심으로부터의 확산적 역사전개를 중시하는 거대서사 대신에, '다중심적인 상호작용'을 전문적으로 연구할 수 있는 작은 주제에 집중하여 인류사 발전을 견인해온 원동력으로서의 상호작용과 교류를 세계사적으로 규명하는 것을 목표로 삼는다.

이로써 상호작용의 지구사는 지구사 패러다임이 학문적으로 인정받는 과정의 가장 큰 걸림돌을 제거했다. 주목할만한 사실은 상호작용의 전문연구를 위한 토대가 1장 1절에서 언급한 1980년대 중반 이래의 문화전이 연구와 교차역사를 통하여 유럽에서 먼저 축적되고 있었다는 것이다. 문화전이는 본래 프랑스 특유의 공화보편주의와 문명론의 지배적인 영향 하에서 서술되어온 프랑스 국사 패러다임을 반성하기 위해 고안된 컨셉이었다. 문화전이 연구는 사회사적 토대 위에서 담지집단과 제도가 문서로 증명될 수 있는 특정 문화전이 과정을 사회적 기능과 결합하여 분석하였다. 그 결과, 기본적으로 전수인-수용인을 중심으로 이해하는 단순 모델에서 출발했음에도 특정 내용의 문화전이의 발생 배경, 전제, 형태, 선별성, 과정, 담지자, 장기적 결과를 전문적으로 분석할 수 있는 틀과 방법론을 구축할 수 있었다.[5]

그러나 서로 국경을 맞대고 천 년 넘게 접촉, 교류해온 독일과 프랑스

간의 문화적 상호작용에만 매몰되어 연구가 진행되었기에, 민족적으로 정의된 사회와 문화 개념을 벗어나지 못하고 독일과 프랑스의 민족적 정체성을 규명하는 수준에 머무는 근본적인 한계점 또한 드러냈다.[6] 교차역사는 바로 이에 관한 프랑스사학계의 자성 과정에서 부상한 컨셉이다. 문화권 간의 문화적 수입과 수출 과정에 주로 초점을 두었던 문화전이 연구와 달리 교차역사는 민족사 패러다임의 극복에서 한 걸음 더 나아갔다. 즉 여전히 독일과 프랑스에 주로 연구가 집중되기는 했지만, 이러한 문화교류를 통하여 서로가 서로를 조건 짓는 양방향적인 과정을 구체화하고 장기 변동과 '혼합성(métissage; Vermischung)'을 좀 더 적극적으로 고찰하는, 즉 한층 역동적인 비교사를 향한 걸음을 시작한 것이다.[7] 이로써 교차역사는 상호역사의 지구사가 지향해야 할 좀 더 고차원적인 방향성과 논제까지 미리 제시해주었다. 즉 교차역사에 오면, 당초 규명 대상으로 삼았던 독일과 프랑스의 고유한 정체성이란 사실상 실체 없는 허구에 불과하고 복잡한 혼합만 존재할 뿐이라는 결론에 도달하게 된다.

이러한 유럽의 문화전이 연구와 교차역사의 성과가 얼마나 상호역사의 지구사 패러다임으로 유입되었는지 혹은 오히려 후자가 유럽학계에 거꾸로 결정적인 영향을 주었을지도 모르지만, 분명한 것은 대서양 양안에서 이미 유사한 방향의 시도들이 이루어졌고, 독일과 프랑스 간의 상호작용에 대한 관심이 전 지구적 차원의 상호작용에 대한 관심으로 확대되었다는 것이다. 상호역사의 대표자 격인 벤틀리는 이제까지 세계사 서사의 중추를 차지해온 문명, 제국, 민족이 아니라 글로벌 네트워크가 세계사적 변화와 혁신의 동인이었던 동시에 그 변화의 산물이었음을 선언했다. 더 나아가 그러한 네트워크를 통한 교차문화적(cross-cultural) 상호작용, 의사소통, 교환이야말로 인간 경험의 결정적인 맥락임을 주장하였다.[8] 이러한 상호역사의 지구사는 과연 상호적 문화접촉과 조우 경험 자체가 지구사의 진정한 주제인가라는 세계사학회 내부의 근본적인 문제제기에도 불구하고, 인간 문화의 무한한 다양성과 우리 모두가 하나의 지구에서 하나의 역사를 경험한 하나의 종이라는 기본적인 통일성을 모두 동시에 입증할 수 있는 가장 유망한 전략으로 평가받고 있다.[9]

다양성과 통일성 어느 쪽에 더 상호작용의 지구사의 무게중심이 기울어있느냐를 가름하는 것은 무의미하지만, 한 가지 짚고 넘어가야 할 문제는 있다. 상호작용의 지구사는 거대 합명제적 포괄성, 전 인류의 과거에 대한 통일적인 비전, 하나의 세계와 하나의 인류라는 보편사적 컨셉의 포기가 아니라 오히려 이를 실행하는 전략으로서 기능하고 있고, 여기서 새로운 문제점이 발생한다는 점이다. 즉 다중심주의를 통해 다소 완화된 얼굴을 보인다고 해도, 통합적 보편성의 아젠다에 기초한 상호작용의 지구사는 여전히 중심부의 거대역사를 암묵적인 전제로 삼거나 그로 인해 장기적인 역사과정에 참여한 작은 중간 참여자들의 기여에 대해 정당한 몫을 할애하는 데 인색할 수 있다.

동아시아사를 세계사적 차원에서 연구해온 콜럼비아 대학의 글럭(Carol Gluck)은 이를 누구보다도 날카롭게 지적한다. 세계사적 상호작용을 지나치게 강조하다보면, 문화적 확산에 과장된 역할을 부여하게 되고, 이는 확산 과정에 참여했던 중간자들에 의한 변형과 혁신을 간과하는 결과를 낳을 수 있다는 것이다.[10] 우리는 그 실례를 바로 한반도와 같이 대국 사이에 끼어있는 문명권에 대한 미국 중등교육과정 세계사 교과서의 시선에서 확인할 수 있다. 해당 교과서는 미국의 세계사교육 국가표준의 출간을 주도했던 세계사학자 던(Ross Dunn)이 전 세계적 상호작용을 잘 드러낸 우수 교과서로 지목했던 교과서인 『세계사: 상호작용의 패턴들(*World History: Patterns of Interaction*)』(2003)이다.

교과서의 부제에서도 뚜렷하듯이 전 지구적 상호작용에 큰 강조점을 둔 내용 구성이 돋보이지만, 한국과 같은 세계사적으로 약소국이자 주변국에 관한 서술에서는 오히려 다른 교과서들보다도 오류가 심각하다. 한국사의 경우 전근대사 서술 대부분이 고려사에 할애되는데, 이유는 분명하다. 고려사는 진정한 의미의 유라시아사의 지평을 엶으로써 이상적인 지구사적 주제로 부상한 몽고 제국사와 직접 맞닿아 있기 때문이다. 고려 이후의 한국사는 아예 주변의 강대국 역사의 일부로 편입되어있다. 500년 이상 지속된 조선왕조사는 청조 중국사에 편입되어 병자호란 위주로 서술되고, 조선 말기부터 식민지 시대는 한국 근대사에서 분리되어 일본의 근대화와 제국주의적 팽창에 관한 장 속에서 다루어진다.[11] 적극적인 문화적 교량으로서의 한국의 입지가 미국 세계사 교과서 내에서 제대로 부각, 평가된 적도 없었지만, 『세계사: 상호작용의 패턴들』에서는 상호작용을 강조한다는 미명 하에 오히려 개악된 형태로 서술되는 것이 아이러니하다.

상호작용의 지구사 패러다임의 또 다른 인식론적 문제는 발전론에 경도되어있는 세계관이다. 상호접촉과 상호작용의 네트워크 분석에서 역사적 헤게모니의 문제나 권력의 불평등한 관계가 논의되는 일이 드물고, 발전주의적 역사에 대한 지향성도 뚜렷한 편이다. 이 중 불평등 논의의 결핍은 상호역사가 방법론적으로 크게 의존하는 네트워크 개념이 연결성만 부각시키는 피상적 수준 이상으로 활용되지 않는 탓이 크다. 네트워크 개념은 경계와 문화를 가로지르는 행위자 간의 관계를 구상화해줌으로써 선험적 개념으로서의 집단이 아니라 현실에서 작용하고 있는 관계들을 선명하게 드러내 준다는 장점을 갖고 있다. 따라서 글로벌 네트워크는 하나의 세계 혹은 인류 공동체로 대변되는 세계사의 추상적인 전체성을 실제 접근 가능한 대상으로 만들어준다. 그러나 사회과학자들이 지적하듯이 많은 네트워크 기반 연구들은 이를 구성하는 관계들의 질적 성격에 대한 논의는 건너뛴 채 다수의 결절점들을 잇는 수평적 연결성에만 초점을 맞추는 경향이 있다.[12] 네트워크의 산물이자 생산자로서의 상호작용 이상을 말해주지 못하는 지구사는 자본주의가 지구화되면서 교역과 접촉의 불평등성이 극명하게 증폭되어간 근대 이래의 지구화 과정을 세계사적으로 규명하는 데 있어서 치명적인 맹점을 가질 수밖에 없다.

상호작용과 글로벌 네트워크의 지구사의 발전주의적 시각은 근대화론과 친화성이 강하다. 맥닐로부터 포메란츠(Kenneth Pomeranz)에 이르기까지 발전주의적 지향성은 그것이 진화론적 서사를 통해서 변주되든 혹은 제국주의적 식민주의를 유럽돌파의 결정인자로 강조하든 서사의 공고한 기축을 담당하고 있다. 1960년대의 치열한 논쟁을 살아남은 근대화론은 더 이상 자유민주주의, 자본주의, 서구적 생활양식 등에 대한 노골적인 이데올로기적 전제들을 고집하지 않는다. 대신에 "덜 발전된 사회들이 보다 발전된 사회들이 공통적으로 갖는 특징들을 획득해가는 사회적 변화과정"을 근대화로 규정하는 유연한 개념으로 거듭난 지 오래이다.[13] 발전주의는 근대화론의 순화된 부드러운 표현에 다름 아니다.

이러한 차원에서 지구사 패러다임이 근대화론과 같은 유럽중심적 목적론의 극복을 내세우지만 여전히 발전 개념을 시간적으로는 진보, 공간적으로는 지구화로 이해함으로써 목적론적 사유방식에 갇혀 있다는 딜릭의 비판에 귀기울일 필요가 있다.[14] 유럽중심주의를 극복한 지구사 서술의 혁신적 전형을 보여주었다는 평가를 받았던 포메란츠의 『대분기(The Great Divergence)』(2001)나 웡(Bin R. Wong)의 『중국의 변형(*China Transformed*)』(1997)도 유럽패권이 세계사적 서사의 목적론적 기준으로 전제되어있다. 동양은 왜 유럽의 길을 가지 않았는가 내지 동양은 언제부터 유럽에 뒤처지게 되었는가가 궁극의 관심사이기 때문이다.[15] 유럽중심주의의 극복을 아젠다로 내우세우면서 부상한 지구사가 유럽중심주의의 대표 이론에 해당하는 근대화론을 인류 사회 전체의 시공간을 대상으로 재생산하고 있음은 아이러니라 하지 않을 수 없다.

그러나 최근 복잡계 연구가 폭발하면서 네트워크 논의 자체는 크게 진화하고 있다. 우리의 맥락에서 흥미로운 사실은 2000년대 초반부터 활발히 논의되기 시작한 '무척도 네트워크(scale free network)'의 개념인데, 이는 멱함수적 분포(power-law distribution)를 따르는 네트워크를 의미한다. 이러한 패턴의 네트워크상에서는 한 변과 면적의 관계처럼 양자의 초기 규모와 무관하게 한쪽의 양이 다른 한쪽의 힘에 따라 달라지는 방식의 연결선 수(degree)의 분포가 나타나는데, 이는 곧 과독점적 허브의 존재를 의미한다. 더 흥미로운 것은 고속도로 연결망, 항공망, 홈페이지 네트워크, 혹은 단백질 네트워크 등 우리의 거의 모든

현실 세계 네트워크가 이러한 허브 구조로 이루어져 있다는 사실이다.[16]

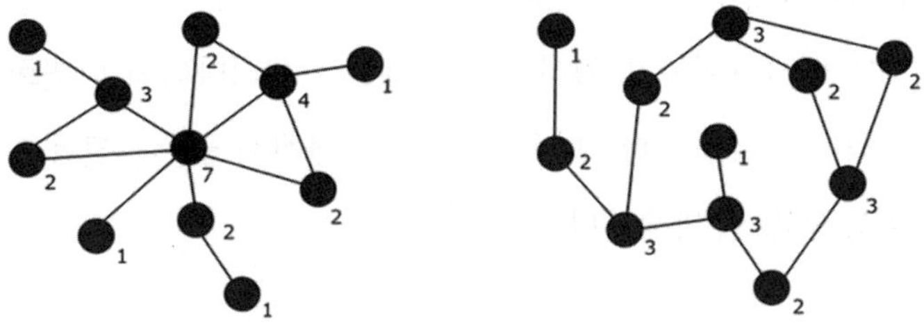

[그림 2] 무척도 네트워크와 무작위 네트워크.

각 결절점(結節點) 아래 숫자는 연결 횟수를 의미한다.

Katy Vandereyken et al., "Hub Protein Controversy: Taking a Closer Look at Plant Stress Response Hubs," *Frontiers in Plant Science*, 9, 2018, p. 3.

DOI: 10.3389/fpls.2018.00694

이러한 네트워크의 속성에 좀 더 주의를 기울인다면, 글로벌 네트워크의 지구사를 통해서 발굴될 수 있는 실체는 지배적 중심부를 해체하는 다중심적 상호작용이 아니라 오히려 세계사적 핵심부가 만들어지는 역사적 메커니즘일 것이다. 실제로 최근에 출간되는 네트워크 관련 서적들은 네트워크를 통해 형성되고 강화되는 권력의 불평등 구조를 더 많이 이야기하고 있다.[17]

분명 글로벌 네트워크의 지구사는 네트워크 개념의 다양한 잠재력을 충분히 소진하고 있다고 보기 어렵다. 네트워크 개념은 대표적인 가치중립적 방법론으로서 훨씬 다양한 맥락과 방향으로 적용될 수 있다. 즉 네트워크의 연결성은 실증주의적인 전문연구를 통하여 주로 민족, 문명, 제국 중심의 거대 서사를 수평적으로 해체 혹은 보완하는 맥락에서 주목을 받아왔지만, 거꾸로 민족과 제국보다 높은 층위에서 작동하는 헤게모니체제에 접근하는 사다리 역할을 해줄 수도 있다. 이러한 방식으로 글로벌 네트워크를 선구적으로 재구성하여 일국적 생산관계와 계급투쟁에만 매몰되어있던 자본주의 개념을 유연하게 확장한 것은 역사사회학자 월러스틴이 지구사 패러다임의 다변화를 위해 남겨준 최대의 유산이다. 다음 절에서는 세계체제론을 활용한 지구사 서술 가능성을 탐색해본다.

| 2 | 세계체제론의 지구사

세계체제론은 분명 맥닐이나 그에 못지않게 일찍이 세계사 강의를 개발하는 데 앞장 섰던 스타브리아노스(Leften Stavrianos)가 제시한 형태의 전체사적이고 포괄적인 세계사 해석을 지향하지 않는다. 따라서 세계체제론을 지구사가 아닌 거시사(macro-history)로 구분해서 보려는 시각도 없지 않지만,[18] 오늘날 거시사와 지구사를 구분하기는 세계사와 지구사를 구분하는 것보다 어려워 보인다.

상호역사로서의 지구사와 마찬가지로 세계체제론 역시 글로벌 네트워크의 연결성과 근대 세계의 통합적 발전을 중시한다. 전 지구적 정치경제라는 거시적 틀 속에서 세계체제론자들은 근대 세계를 구성하는 사회, 문화, 정치, 경제적 구조 및 상호작용에 대한 전체론적 시각과 설명을 추구해왔다. 세계체제론의 설계자 월러스틴의 정의에 따르면 세계체제란 "하나의 노동분업체제와 다수의 문화적 정치적 체제들을 갖춘 단위체"이다.[19] 전 지구적 노동분업체제 혹은 오늘날 21세기적 용어로 말하자면 글로벌 가치사슬의 근간을 구성하는 세계시장의 경제적 교환관계가 이 체제의 핵에 해당한다.

그러나 세계체제론이 던지는 진짜 화두는 세계 경제의 교역 네트워크나 전 지구적 상호작용 자체가 아니라, 글로벌 네트워크를 지배하는 불평등한 권력 관계의 구조와 전 세계의 위계적 통합이다. 최근 수 세기 동안 세계가 고도로 상호의존적으로 발전한 것은 사실이지만, 한국과 같은 예외적인 경우를 제외하면 세계 경제 속 약소국들의 위치와 힘은 지속적으로 하락해왔다. 이를 명시적으로 표현한 것이 월러스틴에게 많은 영향을 끼친 프랑크의 '저발전의 발전' 개념이다. 16세기 유럽에서 태동한 근대 자본주의 세계체제는 세계적 규모로 자원과 노동을 착취할 수 있는 '독점'이라는 경제적 계서제를 기반으로 자본의 끊임없는 자기 확장 자체를 목적으로 추구하는 체제이다. 따라서 이 체제의 근본적인 속성은 식민주의적이다.

월러스틴의 세계체제론이 구축될 수 있었던 바탕에는 자본주의를 시장경제 위에 형성된 상부구조로 본 브로델의 자본주의에 대한 혁신적 이해가 있었다. 마르크스는 자본주의의 본질을 생산에서 찾았지만, 브로델의 유명한 삼층도식 모델은 자본주의의 본질을 세계 경제 차원의 독점을 향한 경쟁으로 봄으로써 자본주의의 팽창적이고 식민주의적 면모에 주목했다. 월러스틴이 근대세계체제의 정치경제적 특징으로 꼽았던 국가간 체제와 전 지구적 기축적 노동분업에 기반한 교역 네트워크는 모두가 단 하나의 목적, 즉 부등가 교역을 통해 잉여가 주변부에서 핵심부로 이전되는 동력의 극대화에 봉사한다. 이로써 전 세계 지역 국가들은 각각의 국가 기구의 힘에 따라 핵심부–반주변부–주변부라는 위계적 통합 질서 속에 정렬된다.[20]

세계체제론은 1970/80년대에 근대화이론을 대체할 수 있는 대안으로서 많은 각광을 받았지만 소련 붕괴 이후로 더 큰 주목을 받았다. 월러스틴은 그의 사회주의에 대한 믿음과 별개로, '본래 사회주의 체제는 없었다'고 주장하며 사회주의 세계를 독자적인 제2세계가 아니라 자본주의 세계체제의 일부로 보았다. 따라서 자본축적의 압력 아래에서 움직이면서 자본주의 세계체제의 공고화에 일조하는 사회주의 경제의 실체를 누구보다도 정확히 꿰뚫어 보았다.[21] 생산과 계급투쟁이 아니라 교역에 의해 추동되는 노동분업체제와 그에 따른 전 세계적인 상호연계성을 통해 자본주의를 분석한 세계체제론의 가치는 글로벌 경제위기가 닥칠 때마다 재차 주목을 받았다. 지구사 담론에서도 세계체제론은 특히 근대 이래의 세계가 어떻게 하나의 체제로 연결, 통합되어갔는지 그 역사적 과정을 정교하게 체계적으로 설명할 수 있는 거의 유일한 모델로 평가되어왔다.[22]

다만, 월러스틴의 세계체제론은 역사 시대 전체가 아니라 1460년대 이후의 역사를 주된 대상으로 집중하고 있기에 세계체제 모델을 곧바로 지구사의 하위패러다임으로 간주할 수 있는가에 관한 의구심은 원론적으로 타당하다. 지구사학계에서 정신적 지주의 위치에 있는 맥닐의 입장이 대표적인데, 그는 세계체제론의 포부와 도구적 가치를 높이 평가하면서도 끝까지 회의적 거리감을 유지했다. 맥닐의 『휴먼 웹』은 세계체제론과 마찬가지로 전 세계적 웹(world-wide web)의 등장 시기를 1450년대로 잡고 웹의 팽창 과정에서 발생한 불평등, 재앙, 혼란, 긴장을 강조하면서도, 자본주의 개념 자체는 철저히 배제하였다. 맥닐에게 자본주의는 인간의 진화과정 전체를 포괄하기에 지나치게 편협한 경제적 범주에 불과하기 때문이다. 그는 유럽 중심의 자본주의 세계체제가 어떻게 세계를 통합해갔는가에 관심을 갖기보다 유럽과 아시아를 하나의 웹(old world web)으로 묶어 조망하고 이것이 전 세계 웹(world- wide web)으로 확산, 팽창, 조밀화. 복잡화해가는 역사적 과정을 추적하였다. 시베리아인들이나 태평양 지역 민족들의 웹 편입이 재앙에 가까운 것이었음에도 종으로서의 인간의 생존과 진화가 가능했던 것은 바로 이러한 전 세계적 웹 속에서였으며, 그런 의미에서 그는 전 세계 웹을 분열과 파괴뿐 아니라 창조와 변용도 촉진할 수 있었던 상호작용의 공간적 계기로 파악하였다.[23]

맥닐의 초거시적 차원의 문제제기에도 불구하고, 자본주의 지배가 전일화된 오늘날의 문제의식에서 볼 때 지구사 패러다임 논의가 자본주의와 세계체제론을 논외로 삼고 진행되기는 힘들다. 월러스틴 자신은 세계체제론을 다른 역사 시대에 적용하는 데 회의적이었지만, 아부-루고드(Janet Abu-Lughod)와 프랑크(Andre Gunder Frank)는 세계체제론을 각기 다른 방식으로 시대적으로 확장 적용하였다.[24] 월러스틴, 아부-루고드, 프랑크 세 사람의 세계체제는 생산 관계보다 교역 관계에 주목하는 공통성을 보이지만 내용적 차별성도 뚜렷한데, 이는 각각의 세계체제의 영어적 표현에서 더 명료하게 확인될 수 있다. 즉 월러스틴의 세계체제의 영어적 표현이 world-systems이라면 프랑크와 아부-루고드의 세계체제는 각각 a world system과 world systems으로 표현될 수 있다.

먼저 월러스틴의 세계체제론의 역사적 복합성은 바로 세계와 체제를 연결하는 하이픈에 있다고 해도 과언이 아니다. 그는 근대세계체제를 인류가 구축한 유일한 세계체제가 아니라 18세기까지 존재했던 세계 제국을 비롯한 수많은 역사적 체제들의 한 변종으로 간주했다. 그러나 월러스틴의 방점은 공존성보다 이들 체제 간의 차별성에 있다. 근대세계체제는 세계 경제보다 제국 정책적 기제를 우선시했던 세계 제국과 달리 끊임없는 자본축적의 구조적 압력을 동력으로 삼는데, 바로 이러한 특성 덕분에 다른 역사적 세계체제들을 파괴하고 단일 세계체제의 시대를 열 수 있었다. 이는 곧 근대 이전에 각각 문화적, 정치적으로 독자적인 자율성을 유지한 채로 서로 느슨하게 연결, 접촉, 교역하던 다중심적 세계의 종막을 의미한다. 이처럼 월러스틴의 세계체제론은 16세기에 유럽에서 태동하여 점차 전 지구적 패권을 차지하게 된 필연적 역학과 구조를 규명하기 위한 이론으로서 역사적 단절성을 전제로 삼기에, 당연히 유럽중심주의를 비롯하여 많은 역사학적 비판을 불러일으킨다.

아부-루고드가 월러스틴 세계체제론의 근대중심주의와 유럽중심주의를 극복하는 방식은 세계-체제를 '세계체제들'로 대체하는 것이었다. 아부-루고드의 비판의 핵심은 근대세계체제가 월러스틴의 주장대로 유럽에 의해 창출되지 않았음은 물론이고 유럽 사회의 내부적 특성에 기인하지도 않았음을 규명한 데 있다. 2000년 전 로마제국과 한제국이 상호작용하는 초보적 세계체제가 출현한 이래로 다시 8개의 하위체제로 구성된 거대한 규모의 세계체제가 등장한 것은 13세기에 이르러서였다. 14세기 초에 전성기를 구가한 13세기 세계체제는 인도양 교역을 축으로 중국의 조공무역과 이슬람 교역이 느슨하게 연결되는 평화적 교역체제였다. 근대세계체제는 바로 이 13세기 세계체제를 기반으로 삼되 새로운 규칙, 즉 그의 표현에 의하면 '약탈을 동반한 교역'을 더하여 부상하였다. 그럼에도 아부-루고드는 분절적 경제 관계에 기초한 전자본주의적 세계체제가 자본주의적 세계경제에 흡수되는 것을 필연적 과정으로 보았던 월러스틴과 달리 13세기 세계체제가 인도양 세계의 내부 동력에 의해 14세기에 쇠퇴하기 시작한 것으로 보았다. 흑사병 발발, 인구 감소, 내륙지향적 제국의 부상, 정화원정 중단, 티무르 제국의 중앙아시아 통일 등을 그 요인으로 언급되었다.[25]

아부-루고드의 소위 '13세기체제론'은 세계체제론을 전혀 다른 역사적 시공간에 직접 대입한 무리한 시도라는 비판에 직면해 있기는 하다. 그럼에도 13세기의 다중심적 세계체제, 16세기의 유럽 세계체제 그리고 21세기에 태동 중에 있는 새로운 세계체제를 상호단절성이 아니라 상호연관성, 중첩성, 누적성의 시각에서 이해하고자 한 아부-루고드의 시도는 세계체제론의 역사적 확장 가능성과 지구사적 재구성의 길을 모두 보여주었다. 마르크스주의 중국사학자 딜릭은 아부-루고드의 구상을 계승하여 지구사를 유라시아적 근대성, 유럽적 근대성, 전지구적 근대성을 세 개의 시간 축으로 삼는 지구사 패러다임을 제안하였다.[26] 이러한 연속적 관점의 중요성은 매즐리쉬 식의 지구주의적 관점과 달리 1970년대 이후를 전혀 새로운 '지구화 시대'로 규정하기보다 유럽적 근대성의 뿌리를 거대한 유라시아적 근대성에서 발원한 것으로 이해함과 아울러 현재의 전 지구적 근대성의 식민주의적 뿌리를 함께 지적한 데 있다.

아부-루고드보다 더 과감하게 세계체제론을 전 역사 시대로 확장하고자 한 것은 종속이론가 프랑크였다. 그는 월러스타인이 근대자본주의 세계체제를 규정했던 특징들, 즉 끊임없는 자본축적, 중심-주변 구조, A/B사이클(즉 팽창기/수축기) 국면, 헤게모니 경쟁이 5천 년 전부터 지속적으로 존재해온 세계체제에서도 발견된다는 이유에서 단일 세계체제(a world system)를 주장하였다. 프랑크의 단일 세계체제는 사실상 맥닐의 유라시아 중심의 구세계 웹과 일치되는 공간이다. 요컨대, 프랑크는 5000년간의 유라시아의 원거리 무역망과 16세기 이래의 기축적 노동분업체제에 기반한 부등가 교역망 사이의 질적 차이를 부정하고 5000년 세계 경제의 주기적 변동 속에서 근대세계체제의 출현과 작동을 설명하였다.[27]

그러나 월러스틴의 비판을 좇아서 프랑크가 자본주의 개념을 폐기하였으며 "어느 시기든 자본주의의 등장 같은 것이 없었다"[28]고 주장한 것으로 보는 것은 오해의 소지가 있다. 정확히 말하자면, 프랑크는 아리기(Giovanni Arrighi)가 자본주의 세계경제의 구조변화의 지표로 언급한 금융확대, 재구조화, 재편성이 "유럽의 차원에서만 일어난 것이 아니라 하나의 전체로서 전세계적으로 일어났다"고 주장하였다.[29]

월러스틴은 프랑크뿐만 아니라 유럽과 동아시아 전역에서 스미스적 성장이 진행되고 있음을 확인한 포메란츠식의 유럽중심주의 비판도 '반유럽중심주의적 유럽중심주의'로 분류하였다. "근대 유럽의 행위를 유라시아 단일세계의 것으로 돌리다 보면, 유럽중심주의의 기본적인 이데올로기적 논의, 즉 근대성 혹은 자본주의는 놀랍고 멋진 것이라는 주장을 용인하는 셈이고, 단지 모두가 이미 이런저런 방식으로 자본주의적이었다는 점을 거기에 덧붙일 뿐이다"는 이유에서였다.[30] 월러스틴의 우려는 분명하다. 이런 논리는 유럽의 공적을 부인함으로써 유럽의 책임까지 부정하는 결과를 낳는다는 것과 새로운 자본주의 세계체제가 16세기에 시작된 것이 아니라 수천 년간 이어진 유라시아 세계 전체의 합작품이라면 21세기에 종말을 맞이할 필요도 없다는 결론을 도출하게 하기에 위험하다는 것이다.

유럽중심주의를 비판적으로 해체하는 데 앞장서온 캘리포니아 학파의 일원으로서 프랑크는 19세기 초까지 대등한 수준의 발전 상태에 있었던 동아시아의 경제적 위상을 복원시키는 데 주력해왔다. 그 연장선에서 그의 『리오리엔트』가 동아시아의 재부상이라는 또 다른 근대주의적 틀에 갇힌 논지를 전개하며 '세계자본주의가 추구하는 성장지상주의에 근거한 중국중심주의'로 귀결되는 모습을 보인 것도 사실이다.[31] 그러나 월러스틴의 세계체제론이 유럽중심적 자본주의 질서를 이야기한다고 해서 유럽패권을 정당화하거나 찬양하기 위한 틀이 아닌 것처럼, 맥닐부터 아부-루고드와 캘리포니아 학파까지 한목소리로 지적하는 자본주의의 글로벌 기원론은 물론 프랑크의 중국중심적 세계체제론도 동일하게 이해할 필요가 있다. 물론 캘리포니아 학파 주장의 경우 아시아의 과거 영광을 복원하는 것을 넘어서 미래의 아시아 중심적 세계질서에 대한 기대감이 다소 노골적인 것을 부인하기 힘들다. 그러나 이러한 사실 외적인 욕망, 믿음, 기대를 한층 걷어내고 역사적 사실로서의 자본주의의 기원에만 집중한다면 우리는 자본주의 세계질서에 대한 더욱 풍성한 논의로 나아갈 수 있을 것이다.

자본주의적 세계체제는 월러스틴의 주장처럼 유럽 내부의 체제적 특징에 의해 독립적으로 발생하지 않았다. 수많은 지구사학자들이 공통으로 이르고 있는 결론은 거꾸로 유럽이 세계 경제에 참여함으로써 유럽 내부의 체제적 준비가 시작되었고 자본주의적 세계경제의 여건이 마련되었다는 것이다. 자본주의를 서구의 독점적 전유물로 바라보는 시각과 문제의식만으로는 브로델이 '괴물'에 비유한 자본주의를 이해하거나 극복하는 것은 요원할 일이 될 것이다. 월러스틴 스스로 임종 직전까지 전 세계 노동자들의 연대로 자본주의 세계체제의 근본적인 변혁을 염원했던 만큼, 이러한 전 세계적 계급투쟁의 전망을 위해서라도 자본주의의 뿌리에 대한 이해 또한 전 세계적으로 확장될 필요가 있다. 자본주의의 좀 더 보편적인 기원과 발전과정에 대한 인식이 없다면 제1차 세계대전의 발발을 목전에 두고 제2인터내셔널이 민족주의와 애국주의 앞에서 스스로 무너졌던 것과 같은 일은 언제든 반복될 것이다. 자본주의에 대한 책임은 결코 유럽에만 물을 수 없다.

딜릭은 오늘날의 전 지구적 근대성이 몇몇 지구론자들이 주장하듯 전혀 새로운 것이 아니라, 유럽 근대성의 식민주의적 유산을 토대로 성장한 것임을 적시해주었다. 무엇보다도 식민주의적 유럽 근대성의 유산은 폭력적으로 강제되지만 않았고 현재까지도 날로 세련된 방식으로 앞다투어 재생산되고 있다. 월러스틴은 유럽이 저지른 죄를 덮어주는 우를 범하지 않기 위해서라도 비유럽의 주체성(agency)을 지나치게 강조하지 말아야 한다는 언급도 불사하였다.[32] 그의 목적론이 아무리 정당한 것이라 할지라도, 무엇보다도 오늘날의 복합적인 현실 읽기를 위해서라면 더더욱 서구중심적 자본주의적 근대성을 뛰어넘고 근대 세계체제를 거대한, 즉 유라시아적 상호작용의 맥락 속에 위치시킴으로써 자본주의의 장기지속적 발전에 대한 좀 더 보편적인 책임을 물을 수 있는 길을 모색해야 할 것이다.

| 3 | 아래로부터의 지구사

다음으로 살펴볼 하위패러다임은 '아래로부터의 지구사'라는 차별적인 명칭 하에 부상하고 있는 시도들이다. 그러나 앞의 두 모델에 비하면 여전히 지구사 담론에서 주변적 위치를 벗어나지 못하는 것이 사실이다.[33] 지구적 구조물에 대한 대립 개념으로서의 미시적 차원을 지칭하는 '아래'를 다시 전 지구적 차원과 연결시키는 것이 방법론적으로 모호하고 까다로울 수밖에 없기 때문이다. 그럼에도 세계구조를 개인과 로컬 차원과 연결해야 한다는 당위성이 워낙 커서 포기하기도 어려운 모델이다. 그렇지 않을 경우 지구사 패러다임에서 개별 주체들이 말소되는 것은 물론이고 동질적 거대 서사에 의한 타자화가 더욱 심화될 것이다.[34] 이러한 문제의식 속에서 아날학파, 긴츠부르크(Carlo Ginzburg)의 미시사, 톰슨(E. P. Thompson), 독일 일상사로 이어지는 아래로부터의 역사학의 오랜 전통은 오늘날 지구사 패러다임을 좀 더 아래로 확장하려는 노력과 새로이 합류하고 있다. 흥미롭게도 이러한 새로운 융합의 연결고리를 담당한 것이 문학비평이론 포스트식민주의인데, 그 이론적 기여에 대해서는 아래에서 다시 언급하겠다.

그러나 모든 거대서사를 거부한 데리다의 포스트구조주의를 이론적으로 계승하는 포스트식민주의와 여전히 거대합명제적 전망을 기반으로 하는 지구사 간의 인식론적 편차를 생각할 때, 아래로부터의 지구사가 하나의 통합적인 패러다임의 내용과 외관을 갖출 것으로 기대하기는 어렵다. 포스트식민주의의 대표적 학자 스피박(Gayatri C. Spivak)은 포스트식민주의론 자체가 다양한 담론을 종합할 수 있는 어떤 통일적인 형식으로 이해될 수 없다고 밝힌 바 있다.[35] 따라서 아래로부터의 지구사는 다양한 로컬의 관계들이 어떻게 지구적으로 형성되고 동시에 지구적 차원의 일들이 로컬한 차원에서 어떻게 재구성되는가를 규명하려는 문제의식에 기초한 하위패러다임 정도로 이해되는 것이 적절하겠다.[36]

두 번째로 지적할 수 있는 걸림돌은 바로 포스트식민주의적 인식틀 자체에 대한 논란이다. 지구사 주류 담론 측에서는 문화접촉 연구의 대표자 벤틀리가 포스트식민주의는 전 지구적 연결성과 상호작용이 아니라 특정 식민지의 특수한 조건과 상황의 자율성 및 독립성에 매몰된 논지를 전개하기 때문에 지구사적 패러다임의 인식과 맞지 않다고 비판한 바 있다.[37]

그러나 포스트식민주의에 대한 거부감은 좌익계열에서 가장 맹렬하게 표출되었다. 포스트모더니즘과 마찬가지로 포스트식민주의 역시 강한 문화 편향적인 성격으로 인하여 실재로서의 전 지구적 자본주의를 분석에서 제외시키거나 적어도 정치경제적 분석과 결합시키는 데 실패했다는 이유에서이다. 실제로 포스트식민주의는 전 지구적 노동분업체제를 전제로 할 뿐 이를 직접적인 분석대상으로 삼지 않는다. 따라서 포스트식민주의에는 물질적 토대를 소홀히 하고 문화적 관계들에만 관심을 두는 '문화주의'라는 꼬리표가 따라다닌다. 특히 처음부터 집중포화를 받는 대목은 포스트식민주의가 이제까지 제국주의, 신식민주의, 세3세계 논의의 기축을 담당해온 식민 지배자(colonizer)와 식민지인(colonized) 사이의 선명한 경계를 없애기 때문에 정치적으로 모호한 주장을 남발한다는 것이었다. 비판자들은 그 연장선에서 포스트식민주의의 포스트를 식민주의의 종결을 '경축'하는 의미로 해석하

였다.[38]

좌우 진영의 협공 속에서도 본래 문학 이론으로 출발한 포스트식민주의가 오늘날 새로운 지구사적 인식을 자극하는 전위로 부상하고 있다면, 우선 이것이 어떻게 가능했는지부터 살펴볼 필요가 있다. 포스트식민주의와 지구사 패러다임의 결합은 서발턴 연구라는 우회로를 통해서 그 첫걸음을 떼었다. 서발턴 연구는 영국의 식민통치를 경험한 인도사를 기존의 민족주의적 서사나 마르크스주의 역사학적 서사와는 차별적인 방식으로 접근하여 식민지 역사서술의 새로운 지평을 열었고 이는 전 세계적 주목과 반향으로 이어졌다.

톰슨의 아래로부터의 역사학의 지대한 영향을 받은 서발턴 연구는 계급의식도 형성되지 못한 사회 최하층을 가리키는 그람시의 서발턴 개념을 빌려와 계급, 카스트, 연령, 젠더, 직위 등 모든 측면에서 종속적인 위치에서 주변화되고 억압받는 인도의 사회계층의 목소리 복원을 목표로 삼았다. 18세기 영국의 노동계급이 그랬던 것처럼 이들은 종족, 종교, 영토, 카스트 의식 등이 파편적으로 접합된 '전근대적이고 후진적인' 봉기 의식에 머물러 있었기에, 이들의 목소리는 기존의 민족주의적 서사나 마르크스주의적 서사를 통해서는 대변될 수 없었다. 서발턴 연구의 창시자 구하(Ranajit Guha)는 서발턴의 문제를 서구적 개념과 범주로는 다룰 수 없다는 판단에서 보편적인 자본의 역사에서 분리시켜 권력과 지식 관계를 심문하는 과정에서 다룰 것을 주장하였다.[39]

이처럼 서발턴 연구가 처음부터 물질적 토대 연구가 아니라 문화적 담론 분석으로 가닥을 잡게 된 것은 인도 서발턴 대부분이 문맹이어서 스스로 기록을 남길 수 없었기에 이들의 목소리는 지배 집단이 남긴

기록을 결을 거슬러 읽는 방식을 통해 접근될 수밖에 없었기 때문이었다. 구하는 인도 서발턴의 생활세계가 식민통치와 교육에 의해 가장 적게 각인되었으므로 농촌의 피억압 계층들이야말로 제국주의에 저촉되지 않은 고유하고 자율적인 목소리들을 가진 진정한 독립 주체라는 가정에서 출발했다. 이러한 가정의 오류를 폭로한 것이 스피박의 유명한 논문 「서발턴은 말할 수 있는가」(1988)이다.

스피박에 의하면 서발턴의 목소리는 지배 담론의 덧씌움 때문에 결을 거스르는 읽기를 통해서도 제대로 드러날 수 없고 흔적만 남기고 다시 지배 담론 속으로 사라질 수밖에 없다. 따라서 우리는 발화가 아니라 오히려 침묵에 주목해야 한다.[40] 그는 '침묵의 여정'이라는 이름 하에서 서발턴의 목소리들이 식민 지배자뿐 아니라 역사학자와 지식인에 의해서도 어떻게 특정 정치적 목적을 위해 '묘사'가 아니라 '대변'되는지를 분석함으로써, 재현(representation)의 문제가 서발턴 연구의 핵심이 되어야 함을 분명히 하였다.[41] 이러한 스피박의 비판은 서발턴 연구가 포스트모더니즘과 포스트구조주의를 이론적으로 계승한 포스트식민주의와 긴밀히 연대하게 된 직접적인 계기가 되었다.

포스트식민주의의 최대 공적은 서발턴 연구가 먼저 제기한 식민지 피지배층의 주체성, 즉 하위주체의 문제를 좀 더 본격적으로 정교하게 논의할 수 있는 이론적 지평과 도구를 제공했다는 데 있다. 포스트식민주의의 '창립선언서'로 꼽히는 사이드(Edward Said)의 『오리엔탈리즘』은 제국주의와 식민주의의 본질을 실재로부터 재현의 문제로 옮겨놓았지만, 하위주체의 문제는 철저히 건너뛰고 오직 식민 지배자의 주체성에만 집중하였다. 이러한 맥락에서 『오리엔탈리즘』의 저수지에서 발원한 포스트식민주의의 가장 큰 공적은 식민지 피지배층의 주체성을 식민 지배자의 그것과 대항 구도가 아니라 관계적 구도에서 파악했다는 데 있고, 이는 바바(Homi Bhabha)의 '식민주체(colonial subject)' 개념으로 완성되었다.

식민주체 개념은 바로 모든 근대 지식체계가 크게 의존하고 있는 이항대립적 가정을 해체한 데리다의 포스트구조주의적 시각을 원용하여 탄생하였다. 데리다는 방법론적으로 기호학적인 언어분석을 사용하여 '차연(différance)'이라는 새로운 핵심 개념을 만들어냈다. 프랑스어 동사 'différer'는 '다르다(to differ)'와 '지연시키다(to defer)'를 모두 의미하는데, 차연은 데리다가 단지 차이만을 뜻하는 'différence'와 구분하기 위해서 이 두 가지 의미를 모두 담아 만들어낸 신조어이다.

차연은 모든 언어의 기호들이 서로의 흔적을 안고 정렬된 관계에 있을 뿐 그들 각자의 본질적인 의미는 존재할 수 없는 언어 체계의 근본적 구조를 증언해준 개념적 도구이다. 텍스트 저자의 죽음의 선언이나 "흔적이 실재보다 먼저 존재한다"는 주장은 모두 이러한 차연적 언어 이해 위에서 비로소 가능해진다.[42] 절대로 해체 불가능해 보이는 식민 지배자와 식민지의 이항대립 역시 포스트구조주의적 렌즈를 통과하면 각 항의 정체성을 다른 항과의 차이에 기댈 수밖에 없는 차연의 관계에 있을 뿐이고 각 항이 주장하는 유구한 본질적 내용은 허구에 불과하게 된다.

무엇보다도 식민주체 개념은 포스트구조주의적 주체의 해체('주체의 죽음')를 통하여 유럽중심주의를 내파하고 피지배층의 주체성을 복원하는 데 기여하였다. 데카르트 이래 서양 철학은 근대적 주체의 구성을 중심으로 전개되었는데, '생각하는 나는 방법론적 회의 너머에 존재하며 모든 인식 행위의 출발점을 이루기 때문에 통합적 주체(unitary subject)이어야 한다. 앞서 데리다를 통해 언급했듯이 포스트구조주의자들은 통합된 주체를 근대 형이상학이 만들어낸 환상으로 비판하며 이를 관계적, 분열적 주체 개념으로 대체하였다.[43]

제국주의와 식민주의 서사에서 주체의 자리는 늘 어김없이 식민 지배자들의 차지였지만, 바바의 식민주체 개념은 식민 지배자와 식민 지인을 하나의 관계적 주체 개념으로 포괄함으로써 식민 지배자의 주체성을 식민지인과의 관계 속에서만 제대로 파악될 수 있는 것으로 바꾸어놓았다. 실제로 식민지배의 경험은 식민제국의 사회들에서도 흔적을 남겼고 19세기 중심부 시민문화의 형성에 결정적으로 기여했다. 근대적 계획도시, 신분증 제도, 보건위생시스템 등 유럽 근대화의 많은 성과가 사실상 식민지에서 먼저 기획, 실험되고 식민지 모국에 도입되었음을 규명한 '근대의 실험실' 테제는 유럽적 근대의 식민적 뿌리를 역설한 좋은 사례이다. 이를 바탕으로 근대성 개념 자체를 식민적 근대성이라는 관계적 개념으로 재정의해야 한다는 주장도 같은 맥락에서 가능하다.[44]

그러면 포스트식민주의적 지평은 어떻게 전 지구적 차원으로 확장될 수 있고 지구사 패러다임에 어떤 새로운 층위를 더해줄 수 있는가? 사실상 전자의 질문은 가능성의 문제이기 이전에 필연성의 문제이다. 포스트식민주의 입문서로 유명한 영문학자 간디(Leela Gandhi)에 의하면, 전 지구화에 직면하여 민족적 경계들이 무용지물이 되어가고 있는 현 상황 자체가 포스트식민주의적인 시각의 접목을 불가피하게 만든다. 식민주의야말로 전 지구적 근대성의 역사적 선발 주자에 해당하기 때문이다. 제국주의와 식민주의는 예전에 비교적 상호독립적으로 분리되어 있었던 자율적 문화들 사이의 접촉을 가속화하고 격화시켜서 다양하고 상호적대적인 민족들 간의 필연적인 중첩과 혼합을 강화시킴으로써, 왜곡된 방식으로나마 전 지구적인 연계성의 물꼬를 터주었다.[45] 바바는 한 걸음 더 나아가, 식민지 경험의 유무를 떠나서 근대 민족국가의 형성 자체가 내부적 식민화를 수반하였고 또 지금도 계속되고 있다는 의미에서 그의 식민주체 개념을 모든 시민으로 확장하였다. 이로써, 바바는 포스트식민주의의 보편적이고 지구사적 맥락을 더욱 강화할 수 있는 추가적인 교두보까지 제시하였다.[46]

식민통치의 경험이 제3세계 민족주의를 자극하여 근대적 독립운동을 확산시킨 결정적인 계기였음을 부정할 수는 없다. 거의 모든 종류의 역사서술에서 식민 지배자와 식민지인 사이의 관계가 민족주의적, 적대적 대결로 해석, 서술되어왔고, 실제로 반식민 민족주의는 탈식민화 역사의 주동력이었다. 하지만 포스트식민주의는 이러한 민족주의적이고 적대적인 대결이 필연적이었다고 해도 임시적이고 과도기적인 계기에 불과하다고 보고, 식민 지배자와 식민지의 피지배층의 뒤엉킨 관계에 관한 한층 깊은 층위의 해부를 촉구하였다. 이들의 관계를 단순한 정치적 지배종속과 경제적 수탈 관계 이상으로 이해했기 때문이다. 포스트식민주의자들이 양자의 깊은 뒤엉킴을 들여다보기 위해 선택한 창은 문화적 관계였다.

1970년대까지 지구상의 모든 식민지가 독립함으로써 공식적 제국이 소멸했음에도 불구하고 레닌과 로자 룩셈부르크의 예언과 달리 서구 자본주의체제가 본질적인 손상을 입지 않고 그 제국적인 지배를 공고히 지속할 수 있는 비결은 무엇인가? 또는 신식민주의의 근본 문제의식처럼 오늘날 근대 산업체제가 보편적으로 관철되었음에도 불구하고 지구의 대부분은 여전히 후진적인 수준에 머물고 있는 이유는 무엇인가? 포스트식민주의자들은 그 원인 규명에서 핵심부의 주변부 이윤 수탈 및 착취의 구조보다 제국의 지배와 비대칭 관계를 재생산하고 고착시키는 문화적 관계를 더 중시하는데, 그람시의 헤게모니론의 긴 그림자가 엿보이는 대목이다. 식민주의적 흔적을 담고 있는 문화적 인식소(episteme)는 문학, 영화, 예술, 학문 등 거의 전 분야의 유통망을 통하여 오늘날의 우리에게도 상식 수준으로 체화되어있다. 바로 이러한 문화적 관계야말로 자본주의 세계체제의 물질 세계를 떠받치고 있는 물 밑의 기둥에 해당한다면, 포스트식민주의가 제국주의와 식민세계의 연구에서 도외시되어온 문화적 관계를 다시 중심 무대에 올린 것은 매우 중요한 기여라 할 수 있다.

그러나 포스트식민주의적 지구사 패러다임이 열 수 있는 새로운 지평은 따로 있는데, 상론한 식민주체 개념을 통해 드러난 관계적이고 분열적이며 혼성적인 주체성을 토대로 한층 고차원적인 보편에 도달할 가능성이다. 오늘날 현실 세계의 표준은 분명히 유럽 근대성에 기초한 것이지만, 이를 관철한 주체는 유럽만이 아니다. 스피박이 주장한대로 지배적인 근대 주체 속에 복속되어있는 하위주체성은 그것이 제대로 복원되더라도 결코 지배적 주체성과 동일시될 수 없고 때로 그것은 주체 효과로 읽어야 정확할 역사적 맥락이 존재한다. 그럼에도 오늘날의 포스트식민 세계를 주조한 책임을 유럽적 주체성에서만 찾는 것은 역사적 사실에 부합하지도 않고 바람직한 미래적 전망을 제공해주지도 않는다. 한국의 식민지 근대화론 논쟁에서도 확인되듯이 제국주의 지배 하의 식민지 사회경제에 관한 서사는 대부분 서구 제국주의 지배와 식민지 국가들의 저항, 근대 제국주의 경제와 식민지의 전통적 경제를 양분하는 인식틀에 갇혀 있다.[47]

그런 의미에서 중국, 인도, 유태인 공동체들의 오랜 네트워크가 제국주의 조건 속에서도 성공적으로 살아남았음을 입증한 아부-루고드 이후의 인도양 무역체제 연구들의 학술적 가치는 독보적이다. 유동적인 아시아 상인공동체가 제공한 금융 및 마케팅 서비스가 없었다면, 유럽의 자본이 이 지역의 내륙지방까지 침투하기 어려웠을 것이다. 20세기에 들어서서 이들은 아프리카 남부와 동남아시아로까지 네트워크를 확대시켰을 뿐만 아니라, 그들 스스로도 근대적 사업가 내지 산업자본가층으로 성장하여 식민지 경제를 독립 이후의 국민경제와 오늘날의 세계 경제로 통합해내는 데 중요한 일익을 담당했다.[48]

월러스틴은 민족주의적 서사의 '내재적 발전론'과 같은 논리의 '반유럽중심적 유럽중심주의'를 우려하며 현대 자본주의 세계체제의 역사적 책임을 유럽에 묻는 것을 자신의 세계체제론의 근본 목표로 삼았지만,[49] 원죄를 규명하는 것만으로는 세계체제의 극복이 가능하지도 극복 이후가 보장되지도 않는다. 프랑크의 중국중심적 세계체제는 분명 진정한 세계체제의 극복 대안이 될 수 없다. 한때 유럽적 근대성의 최대 희생양이었던 중국이 시진핑 정권 이후 추구하는 세계 패권의 중국몽은 두아라(Prasenjit Duara)가 유럽 제국주의의 진화형으로 파악한 '내셔널 제국주의(national imperialism)'[50]와 크게 다르지 않다. 유럽적 근대성에만 책임을 묻는 태도는 21세기 인류세의 책임 공방에서도 그대로 반복되고 있다. 전 지구적 위기의 시대에 살고 있는 우리에게 필요한 것은 유럽과 비유럽을 나누는 이항대립적 사고에서 벗어나 우리 모두가 유럽인이라는 공동의 책임 의식이다. 이러한 비판적인 공동의 책임 의식을 더욱 고양하는 데 포스트식민주의는 유용한 이론적 지평을 제공해주었다. 스피박의 말처럼 "포스트식민주의에서 가장 좋은 것은 자기비판적이라는 점"이기 때문이다.[51]

| 4 | 복수의 지구사를 위한 교차 교배

글로벌 네트워크의 지구사, 세계체제론의 지구사, 아래로부터의 지구사는 모두가 기존의 폐쇄적이고 결정주의적인 공간 이해를 파괴하려는 관심에서 출발한다. 이들은 문명, 제국, 민족과 같은 단일한 통합적 범주를 중심으로 서술되어온 세계사를 투과적, 중층적, 혼종적으로 다시 쓰는 데 앞장서온 대표적인 서사 모델들이다. 하지만 각 모델이 서로 차별된 인식론에 토대를 두고 있는 만큼 각각 중점을 두는 층위도 다양하다.

글로벌 네트워크의 지구사는 일찍이 맥닐이 '다양한 문화의 인간들 간의 상호작용'으로 명제화했던 세계사 정의를 출발점으로 삼는데,[52] 이는 현재 세계사학회에서 가장 폭넓은 지지를 받고 있는 지구사 모델이기도 하다. 그에 반해 세계체제론자들은 글로벌 네트워크의 지구사와 마찬가지로 상호작용의 전체사적인 패턴 규명을 추구하면서도 그것의 질적인 측면으로서의 세계체제 구조화 과정, 불평등한 권력 관계,

갈등과 충돌의 역사를 규명하는 데 치중한다. 마지막으로 살펴본 아래로부터의 지구사는 포스트식민주의의 영향 하에서 전체사적인 서사틀 자체를 거부하고 지배적인 주체성 하에서 침묵하고 있는 흔적을 통해 접근될 수밖에 없는 하위주체성을 식민주의의 보편적 역사를 통해 드러내는 데 초점을 둔다. 그러나 포스트식민주의적인 아래로부터의 지구사에서 특기할만한 점은 식민지인의 하위주체성을 독립적이고 자율적인 주체성이 아니라 식민 지배자의 주체성과의 혼종적 상호작용 속에서 드러내고자 한다는 데 있다. 그런 의미에서 아래로부터의 지구사야말로 세계사학회에서 지구사 패러다임의 중핵 컨셉으로 내세운 상호작용을 가장 깊이 이해하여 개개인의 정체성 수준에까지 미분하여 적용한 모델에 해당한다.

이처럼 각각의 하위패러다임의 인식론적 전제와 관심이 다른 만큼 그에 따른 문제점들도 다양하지만, 이는 오히려 어느 하나의 모델만으로는 결코 충분히 조망하거나 가늠할 수 없는 지구적인 차원의 넓이와 깊이를 방증한다. 맥닐, 벤틀리, 커틴(Philip D. Curtin)과 같은 대표적인 지구사학자들이 추구했던 글로벌 네트워크형 지구사 모델은 다중심적인 상호작용에만 초점을 둘 뿐 지배, 착취, 갈등의 구조를 충분히 규명하지 못했고 인식론적으로 발전주의적 지향성을 벗어나지 못했다는 점에서 중요한 쟁점들과 보완 연구의 필요성을 제기하였다.

세계체제론의 지구사에서 중시하는 자본주의의 기원 분석 역시 인류사 전체를 재단하기에는 지나치게 편협하고 결정론적일 수 있다는 비판에 취약하다. 전 지구적인 노동분업체제는 분명 오늘날 인류의 생존 조건을 규정하는 중요한 요소이기는 하지만, 인간의 다양한 경험과 문화적 행위성은 분명 자본주의적 산물 이상이기 때문이다. 아울러 월러스틴의 세계체제론이 유럽중심주의에 대해 보여준 발상의 전환은 매우 적실한 것임에도 이항대립적 인식론에 갇혀 있는 한계성 또한 간과하기 어렵다.

이러한 맥락에서 포스트식민주의적 아래로부터의 지구사 모델은 혼종적 식민주체 논의를 통하여 세계체제론적 문제의식을 한층 승화된 차원에서 계승할 수 있는 방향을 제시해주었다. 그러나 포스트식민주의가 여전히 서구적 주체와 근대성을 준거점으로 삼아 식민주체와 식민적 근대성을 이야기하고 있다는 점에서, 그들이 극복하고자 하는 유럽중심주의를 사실상 뒷문으로 재입장시키고 있다는 날선 비판을 완전히 피하기는 어렵다.[53] 무엇보다도 유럽중심주의를 문화적, 이데올로기적 문제로 보고 여기에만 주목하여 유럽중심주의가 다른 종족중심주의와 달리 획득한 물리적 헤게모니를 논외로 삼는 것이 일반적으로 거론되는 포스트식민주의의 최대 약점이다.[54] 자본주의를 인류사의 가장 핵심적인 사건으로 규정하려는 입장에서 보자면, 글로벌 네트워크의 지구사는 물론 포스트식민주의적 지구사 역시 자본주의의 헤게모니를 공고화하고 신성화하기 위해 공모하고 있을 뿐이다.

국내에서도 『지구사란 무엇인가』의 번역으로 인지도가 높아진 크로슬리는 지구사가 안고 있는 가장 큰 난제로서 어떻게 탈중심적인 이야기를 할 것인가를 꼽았다.[55] 이 난제에 대한 해답이 본 장에서 살펴본 지구사 패러다임의 어느 한 가지 서술전략만 고집해서 모색될 수 없음은 그들이 각각 안고 있는 문제점을 생각할 때 자명하다. 그러나 가장 난감한 난경은 크로슬리 본인이 직접 고백하고 있다. 그는 탈중심적인 지구사 서술을 핵심 난제로 제시하면서도 지구사가 무한히 다양한 인간의 관점과 경험에 대해 보편적인 설명을 제공하려는 불가능한 목표에 도전하고 있다고 진단한다.

> 서사적 목적론을 초월할 진정 공평하고 객관적이며 보편적인 서사는 아직까지 [...] 성취되지 못했는데, 아마도 역사란 알다시피 언어, 대체로 단선적이고 독자와 저자의 인식에 종속되는 산문(그림, 공식, 춤, 멜로디 선율과 대조되는)으로 서술되기 때문일 것이다.[56]

실제로 서술 가능한 지구사는 기존의 문화적 인식 경계나 근대와 같은 강력한 구심력을 발휘하는 목적론을 완전히 떠난 무중력의 상태에서 창출될 수 없다. 현재 지구사 패러다임 내에서 각기 인식론적으로 다른 층위에서 상호경쟁하는 세 가지 하위패러다임과의 씨름을 통해 모색하는 것이 가장 현실적이고 효과적인 방안일 것이다. 우리 모두가 하나의 지구에서 하나의 종으로서 하나의 시간대를 살아온 것은 사실이지만, 인류 경험에 관한 이야기는 하나일 수 없다. 스토리텔링 자체가 이미 화자의 시각에서 해당 경험을 '구성'하는 행위이기 때문이다. 결국, 지구사 패러다임의 완성도를 높이기 위해서는 지구사의 이 세 가지 하위패러다임 간의 교차 교배를 통해서 해당 주제나 시대에 따라서 더욱 다양한 서술전략을 무한배수로 개발하는 데 중점을 둘 수밖에 없다.

이처럼 지구사에 대한 고정된 이상형을 포기하고 좀 더 절충주의적인 태도를 수용한다면, 크로슬리가 완전히 떠나야 할 대상으로 규정하였던 문화적 경계나 근대와 같은 목적론적 개념도 쓰기에 따라서는 지구사적인 전체성에 접근할 수 있는 빠르고 안전한 길을 안내해 줄 수 있다. 이미 포스트식민주의적인 아래로부터의 지구사는 편협해 보이는 특정 문명권의 하위주체 문화에 집중해서 그 속에서 일어난 문화적 경계 밖의 외부자와의 소통, 거래, 번역과 그 산물들을 밝힘으로써, 지배적 주체 하에 감추어진 하위주체에 성공적으로 접근하였다. 그런 의미에서 '벵갈적 근대성'은 전 지구화된 유럽적 근대성이라는 지배문화에 대한 대안적 차원과 지배문화와의 상호작용 그리고 헤게모니 모두를 보여주었다. 지구사의 문제가 경계 자체에 있거나 규모의 문제만은 아닌 것이다. 지구적 전체는 '다양한 관점에서 다양하게 보인다'는 본 장의 모두에서 언급했던 딜릭의 지적은 몇 번이고 곱씹을 만한 가치가 있다.

지구사는 인류사 전체의 무제한적인 정보를 대상으로 삼고 인식론적으로도 중심을 설정하지 않는 모든 것의 합으로서의 보편을 지향하고자 하는 오랜 유럽중심적인 보편사의 전통에서부터 출발하였다. 그러나 전례 없는 규모와 속도로 세계를 점차 하나의 세계로 긴밀히 연결해가는 오늘날의 지구화는 분명 지구사의 계기를 바꾸어 놓았다. 글로벌 네트워크의 지구사가 슈펭글러나 토인비식의 세계사를 떠나서 대상의 크고 작음과 무관하게 인류사의 모든 단위체 간의 상호작용을 통하여 전체성을 파악하려는 방향으로 선회한 데서 뚜렷이 드러난 것처럼, 상호작용은 지구화 시대의 지구사에서 가장 중요한 핵심어가 되었다. 특히 우리가 직면해있는 전 지구적 변화라 할 수 있는 4차 산업혁명, 기후 위기, 신냉전의 부상, 사회적 불평등의 폭증과 같은 문제들을 생각할 때 상호작용의 무게감을 더욱 진지하게 받아들일 필요가 있다.

단적인 예로, 오늘날의 팬데믹 상황은 모든 것은 모든 것과 연결된다는 근대 환경운동의 아버지 커머너(Barry Commoner)의 제일 생태학 법칙을 재차 확인시켜주고, 기후변화의 시대적 상징어로 떠오른 인류세는 인간을 사회적 존재가 아니라 지질적 힘으로 재정의하기에 이르고 있다. 1장에서 언급한 빅히스토리의 급속한 부상은 역사기록에 의존하는 6000년 역사를 아는 것만으로는 21세기 인류 미래의 도전에 결코 응전할 수 없다는 위기의식의 직접적인 방증이다.

연결성의 규모를 인간 사회와 역사를 넘어서 생태계 전체로까지 확장하여 인간 존재를 모든 생명체의 복합적인 상호작용의 패턴 속에 위치지어 재해석할 수 있는 생태주의적 지구사 패러다임의 필요성은 이미 1990년대 말부터 제기되어왔다.[57] 맥닐은 이보다 20년 이상 앞서서 통합생태학적 관점을 지구사 패러다임의 진정한 지향점으로 천명한 바 있다. 하지만 그로부터 30여 년이 지난 현재 생태주의적 관점은 지구사 패러다임 내로 수렴되기보다는 빅히스토리, 깊은 역사, 환경사, 기후사와 같은 새로운 장르를 통하여 글로벌 차원을 뛰어넘어 지질적, 우주적 차원으로까지 진화하고 있다. '글로벌'은 모두가 형용사적으로 공유하는 최대공약수처럼 사용될 뿐이다.

앞장의 1절에서 환경사, 깊은 역사, 빅히스토리를 지구사와 공생관계에 있는 개념군에 포함시켜 살펴보았지만, 향후에는 오히려 지구사가 빅히스토리, 깊은 역사, 기후사의 종속 변수로 편입될 가능성도 없지 않다. 인간 존재에 속박된 world를 뛰어넘는 globe를 내세웠다고 해도 지구사가 인간중심적 시각에서 벗어나 인간과 비인간 간의 상호작용에까지 관심의 경계를 넓힌 적은 없었다. 그럼에도 지구사가 천착해온 전 지구적 전체성, 연결성, 상호작용은 생태주의적 패러다임들과의 접점을 넓혀가는 데 중요한 고리가 될 것이 틀림없다. 기후와 같은 환경적 동인조차 Earth history로서의 지구의 역사에서 독립된 상수로 작용한 적이 없었기 때문이다. 인류 전체의 전 지구적 이주, 교역, 정보교환은 늘 지구생태시스템을 구성하는 가장 강력한 인자 중의 하나였다.

전 지구적 상호작용은 이미 오래전부터 인간 삶의 모든 국면을 연결해왔고 그 연결의 층위와 결과는 우리의 상상력을 넘어서는 수준임이 다양한 연구성과와 이론적 논의들을 통하여 드러나고 있다. 1970년대를 기점으로 삼는 지구화의 시대구분에 굳이 동의하지 않더라도 오늘날의 전 지구적 연결성과 그로 인한 후폭풍들이 우리는 누구인가, 더 나아가서 지구상에 인간으로 살아간다는 것은 무엇을 의미하는가와 같은 존재론적인 질문에 더욱 해체주의적이고 관계적인 관점에서 접근하도록 거세지고 있음은 부인하기 어렵다.

오늘날 우리가 지구적 혹은 탈경계적 시각을 필요로 하는 근본적인 이유는 단지 지구표면 상의 상호작용이나 네트워크의 증가 때문만이 아니라, 신조어 '혼성정체성(hybridentity)'이 지시하는 포용적인 복수의 정체성의 문제의식이 날로 중요해지고 있기 때문이다.[58] 따라서 경계를 가진 본질적 단위들의 합이 아니라 마치 산호초처럼 공생하는 연결체로서의 지구적 전체성에 한 걸음 더 접근하기 위해서는 지구사의 왕도를 찾기보다 복수의 지구사를 위한 실험에 매진해야 할 것이다.

3 장

트랜스내셔널 히스토리: 패러다임인가 방법론인가?

트랜스내셔널 히스토리는 복수의 지구사를 위한 방법론적 진입로를 넓히는 데 크게 기여한 대표적인 컨셉이다. 지구사가 반드시 지구 전체는 물론 광역적인 공간을 대상으로 할 필요가 없으며, 하나의 국가사를 대상으로 삼더라도 지구사를 서술할 수 있는 방법을 제시했기 때문이다. 중요한 것은 규모가 아니라 접두어 '트랜스'로 대변되는 탈경계, 상호작용, 상호변형의 움직임 그 자체이다. 이 같은 동적인 문제의식 덕분에, 트랜스내셔널 히스토리는 인식적 관심이 다른 여러 진영과 학문 분야에서 사랑받는 연구 컨셉으로 자리 잡았다. 지구사 담론의 일환에서 경계를 뛰어넘기 위한 방법론적 컨셉으로 논의되기도 하지만, 포스트민족주의를 비롯해서 '포스트' 문제의식을 대변하는 컨셉으로 이해되기도 한다. 따라서 트랜스내셔널 히스토리는 하나의 독자적인 인식론을 갖는 패러다임으로 보아야 할지 가치중립적인 방법론으로 보는 것이 바람직할지 판단하기가 애매한 성격의 연구 컨셉이기도 하다. 트랜스내셔널 히스토리를 앞 장의 지구사 하위패러다임으로 묶어서 다루기보다는 별도의 장을 통해 다루는 이유가 여기에 있다.

트랜스내셔널 히스토리는 여러 학문 분야에 걸쳐있는 복합적 특성 때문에 이를 정의하기가 쉽지 않다는 문제점을 안고 있다. 국내에서 10년간 '트랜스내셔널 인문학' 프로젝트를 진행한 한양대학교의 비교역사문화연구소가 내놓은 결과물을 통해 가장 명확하게 확인된 것은 아이러니하게도 트랜스내셔널 히스토리 개념에 대한 합의가 여전히 부재하다는 것과 연구 주제가 디아스포라나 이주와 같은 특정 주제의 범주를 벗어나지 못하고 있다는 편향성이었다.[1]

지구사 연구가 가장 활발히 진행되고 있는 미국에서는 트랜스내셔널 히스토리가 대상으로 삼는 공간적 규모를 기준으로 지구사의 하위 혹은 특수 개념으로 분류하여 이해하려는 경향이 강하다.[2] 지구 온난화, 팬데믹, 유례없는 규모의 국제적인 인구이동, 기술전이, 국제 교역과 자본주의 세계체제, 국제적 사회운동, 문화, 사상, 이념, 기술의 확산 등이 견인해온 지구 전체의 역사 속에서 민족사를 재위치시켜 서술하는 것은 이미 상식이 되었다.[3] 따라서 트랜스내셔널은 전 지구적인 것으로 나아가기 위한 기본 전제와 같고, 이때의 트랜스내셔널은 주로 일국사 패러다임의 극복을 의미한다. 이러한 이유에서 매즐리쉬는 지구사를 본질적으로 트랜스내셔널 히스토리로 이해하였다. 독일의 지구사학자 오스터함멜(Jürgen Osterhammel)이 유럽사를 좀 더 광대한 지구사로 나아가기 위한 전초기지의 의미에서 트랜스내셔널 유럽사를 이야기한 것 역시 이러한 일반적인 이해를 좇은 것이었다.[4]

그럼에도 민족국가의 위치와 영향력과 관련해서는 미국 지구사학계 내에서도 의견이 갈린다. 매즐리쉬의 경우처럼 민족사를 세계사적 맥락에서 재고해야 하지만, 국제무대의 주인공인 민족국가의 위상은 불변할 것이므로 거꾸로 민족사를 통해 세계사적 변화와 패턴을 재고하는 작업 역시 필수적이라는 주장이 있다.[5] 그러나 또 다른 시점에서 보면 민족이란 지구적인 것을 구성하는 최소 단위가 아니라, 오히려 지구적인 것에 대한 제대로 된 접근을 방해하는 걸림돌이다. 문화접촉 연구로 유명한 벤틀리는 민족사를 건너뛰고 지구사적 패러다임으로 직행할 것을 가장 적극적으로 주장한 지구사학자들 가운데 하나이다. 그는 국가, 문화, 혹은 문명이 아니라, 교역과 기술혁신이 세계사적 변화를 결정한다고 보고, 문화접촉의 빈도와 성격에 따라 시대를 구분하고 물적, 생물학적, 문화적 상호교류를 기준으로 공간적 단위를 새로이 세울 것을 제안하였다.[6] 지구사 부상에 중요한 역할을 담당했던 국제관계사학자 이리에 역시 인류적이고 지구적 규모의 문제를 연구하기 위해서는 일국적 틀에서 벗어나서 지구화의 산물로서의 세계 공동체를 대안적 연구 틀로 삼아야 한다고 역설하였다.[7]

이들과는 달리, 포스트민족주의적 관심에서 출발하여 트랜스내셔널 히스토리 고유의 날카로운 논리적 잠재력을 극대화하고 트랜스내셔널 히스토리를 혁신적인 패러다임이자 방법론으로 논의하려는 움직임도 뚜렷하다. 이러한 트랜스내셔널 히스토리 관심 역시 미국에서 시작되어 독일이나 국내의 트랜스내셔널 연구에 영향을 미쳤다. 특히 한양대 비교역사문화연구소에서 진행한 트랜스내셔널 인문학 프로젝트의 경우도 이러한 포스트민족주의적 비전과 문제의식을 뚜렷이 하고 있다.[8]

포스트모던 역사학의 세례를 받은 포스트민족주의는 민족사 패러다임의 인식소적 폭력성을 드러내고 과거사의 억압된 목소리들을 복원하는 데 주관심을 둔다. 포스트민족주의는 지구사 패러다임과 달리 민족의 외부와 상위 차원에서 민족사를 교정하기보다는 내부와 아래로부터 민족적인 것을 파편화하고 민족사 패러다임을 인식적으로 해체하는 데 궁극적 관심을 둔다. 포스트민족주의는 기본적으로 민족을 개인의 정체성, 힘, 자유를 한정하는 일원적인 권력구조로 보고, 근대 민족과 민족국가에 대한 대안 즉 국가가 아닌 시민사회 차원의 지구적 네트워크를 지향한다. 앤더슨(Benedict Anderson)이 문화적 조형물로서의 민족적인 것을 강조하면서도 근대 민족주의를 대체할만한 다른 통합 이데올로기의 가능성을 부인한 것과 달리 포스트민족주의자들은 복수의 대안적 통합 경로와 미시정치학을 추구한다.[9]

이처럼 트랜스내셔널 히스토리는 한편으로 지구사적 광역주의, 다른 한편으로 포스트민족주의적 해체주의 사이를 오가는 역동적이고 양의적인 진자와 같기에 뚜렷한 담론의 경계를 갖고 있지 않다. 그럼에도 트랜스내셔널 히스토리의 고유한 무게중심과 그 힘이 '트랜스'가 아니라 '내셔널'에서 나온다는 사실은 분명히 하고 들어갈 필요가 있다. 트랜스내셔널 히스토리가 특별한 이유는 내셔널을 품고 있기 때문이지 트랜스를 앞세우고 있기 때문이 아니라는 뜻이다. 트랜스내셔널이 넘어서고자 하는 내셔널이야말로 트랜스내셔널이란 화두의 당위성을 보장해주고, 벤틀리나 이리에처럼 건너뛰기가 능사가 아니라는 지적을 뒷받침하는 원동력이다. 내셔널로 대변되는 민족/국민국가 형성은 유럽 근대성뿐 아니라 글로벌 근대성의 핵심적 화두였고, 지금도 세계 곳곳의 분쟁과 갈등이 이것의 결핍, 불안정, 팽창때문에 끊이지 않는다.

분명 민족사 패러다임은 학문적으로는 포스트모던 역사학의 격렬한 비판으로 인해, 현실적으로는 21세기에 들어와 본격화된 지구화의 맹공으로 인해 오늘날 말기암 환자처럼 보이지만, 민족국가가 가까운 장래에 완전히 해체될 것으로 예측하는 역사학자는 아무도 없다. 이러한 맥락에서 1장에서 언급한 게이어와 브라이트가 동구권 붕괴 이후 시작된 지구화 시대의 벽두에 내놓은 예측은 지구화 시대에 갖는 민족국가의 의미를 이분법적 문제의식을 떠나 새로운 각도에서 생각해보도록 자극한다. 기실 인류역사상 지구화는 호모사피엔스가 동아프리카를 떠난 이래 지속되어온 현상이다. 우리 시대 지구화의 차별성은 그 어느 때보다 빠르게 통합의 증가와 차이의 증가가 동시 진행되면서 불균형이 폭증하고 이것이 지구 곳곳의 폭력 증가로 연결될 가능성 또한 빠르게 증가한다는 데 있다. 최근의 아프가니스탄 사태나 우크라이나 전쟁은 이러한 글로벌 긴장의 현주소를 소름 끼칠 정도로 뚜렷이 확인시켜준다.

게이어와 브라이트는 지구화의 긴장을 단순한 지구적 차원과 지역적 차원 간의 변증법이 아니라, 사람, 상품, 사상, 이미지의 이동과 확산이 전 세계적 규모에서 진행되는 이탈(unsettlement) 과정과 이를 다시 정착(settlement)시키려는 민족적, 지역적, 지구적 차원의 필사적인 노력들 사이에서 나온 것으로 파악하였다. 그들의 표현에 의하면, 민족(국가)[10]은 이러한 지구화 긴장의 '패러다임적 경합장 중의 하나'이다.[11] 민족(국가)의 지구화 과정 속 좌표에 대해 이보다 날카로운 지적을 할 수 있을까? 이러한 민족(국가)의 함의와 기능까지 포괄하는 트랜스내셔널 히스토리는 어떻게 가능할까? 이를 위해서는 일국사 패러다임을 극복하는 것이 중요한가 민족사 패러다임 그 자체를 넘어서는 것이 더 중요한가? 이하에서는 게이어와 브라이트가 꿰뚫어 본 글로벌 속의 내셔널의 위치값을 염두에 두면서 우리보다 트랜스내셔널 히스토리 논의를 먼저 시작한 미국과 독일의 트랜스내셔널 히스토리 담론을 중심으로 트랜스내셔널 히스토리 논의의 지형도를 그려본다.

| 1 | 트랜스내셔널의 두 갈래 길

모두에 언급했듯이 트랜스내셔널 히스토리는 여러 가지 인식론적 아젠다를 그 안에 포괄할 수 있는 복합적인 연구 컨셉이기에, 이를 하나의 독자적인 패러다임으로 보아야 할지 방법론으로 보아야 할지에 대해서도 보는 시각에 따라 다른 답변이 나올 수 있다. 본 절에서는 트랜스내셔널 히스토리 개념의 모호성을 결핍으로 간주하기보다는 민족적인 것을 넘어설 다양한 경로를 상상하게 해주는 긍정적인 계기로 삼고자 한다. 이를 위해 트랜스 접두사 자체가 갖는 양방향적 의미를 기점으로 삼아서 개념적 지평을 확장함으로써 트랜스내셔널 히스토리 논의로 들어가는 입구를 넓혀보고자 한다.

트랜스내셔널 히스토리의 개념적 불명확성은 접두어 트랜스가 함축하고 있는 광대한 공간성과 전 방위적인 유동성에 기인하는 측면이 크다. '트랜스'는 공간을 관통하거나 선을 넘어 움직이는 것뿐만 아니라 경계 양편 혹은 중간에 거치는 대상의 성질을 변화시킨다는 변동적인 의미까지 함께 갖는 복합적 의미의 접두사이기 때문이다.[12] 그럼에도 트랜스내셔널의 이해에서 전자의 이동적 의미, 즉 경계의 위, 아래, 안팎으로 운동하는 차원에 주안점을 두고 바라보는 시점이 좀 더 일반적이다. 이렇게 된 것은 트랜스내셔널 히스토리가 지구사 패러다임을 통해 담론적 영토를 크게 늘려간 발전경로와 상관성이 높다. 트랜스의 이동성의 관점에서 볼 때, 트랜스내셔널 히스토리는 공간에 대한 닫힌 이해로부터 전 지구적으로 연결된 공간 이해로의 전환(spatial turn)과 그러한 공간 속의 탈경계적 상호작용을 중시하는 지구사와 가까울 수밖에 없다.[13]

트랜스내셔널 미국사 연구로 유명한 호주 사학자 타이렐(Ian Tyrrell)은 트랜스내셔널 히스토리를 "민족적 경계들을 횡단하는 사람, 사상, 기술, 제도들의 움직임"에 관한 역사라고 정의하고, 그 지리적 초점이 대서양 세계와 같은 지역적 차원과 이를 넘어선 전 지구적 차원을 모두 포괄하는 다층적인 것이라고 덧붙인다.[14] 오스터함멜 역시 트랜스내셔널 개념을 지나치게 '인터내셔널'과 선명하게 구분하지 말 것을 제안하면서 '민족이란 건물을 떠난 사회사'와 '수상(Kanzler)의 자율성 혹은 우위를 더 이상 믿지 않는 국제사'가 서로 만나는 지점으로서 트랜스내셔널 히스토리를 제시한다.[15]

국내 학자들의 이해 역시 크게 다르지 않다. 트랜스내셔널 히스토리는 "국가 간의 관계(인터내셔널)나 다국적적 상황(멀티내셔널)을 넘어서는 새로운 현실을 표상하고자 하는 시도에서 만들어진 것,"[16] "국민국가적 경계를 넘어서지만 국가 대 국가로서의(international) 시각으로 관찰하지 않는 관계의 역사"로서[17] "국경선을 넘어서는, 역사 현상의 공간적 확장"에 도전하여 "지역적 · 국가적 · 문화적 경계선을 넘어서는 어떤 관계들이나 그 비교에 대한 관심과 더불어, 보다 큰 지구적인 연관성을 역사학에서 새로이 조명하고 의미화하고자 한다"[18]고 주로 이해되고 있다.

그에 반해 후자의 변동적인(transformative) 의미는 트랜스의 대상인 민족 자체를 횡단, 거래, 번역, 위반 가능한 것으로 바라볼 수 있는 틈과 아울러 분석 범주로서의 민족(국가)에 대한 근본적인 성찰의 지평을 열어준다. 즉 변동성의 트랜스는 민족(국가)의 실재성이 아니라 그것의 변동 가능성과 허구성으로 관심의 축을 옮겨준다. 이러한 트랜스의 변동적 함의가 가장 뚜렷하게 힘을 발휘하는 곳은 현재 트랜스내셔널 히스토리의 대표적인 연구 분야로 자리 잡은 이민사 연구이다. 이민사 연구에서는 트랜스내셔널을 적어도 둘 이상의 국가가 관련되었을 때 나타나는 현상으로 간주하면서, "그것이 조직화된 집단이든 국경을 뛰어넘은 개인들의 네트워크이든 비제도권 행위자들에 의해 주도되고 유지되는 활동들"로 정의한다.[19]

이민사 연구의 아래로부터의 시각은 비국가적인 트랜스내셔널 연결이 국가 행동과 전 지구적인 정치적 상호의존 방식을 급진적으로 변형시킬 수 있는 가능성을 크게 열어놓았다. 이러한 풀뿌리 트랜스내셔널리즘 시각은 이민자 모국과 정착국가 간의 정치, 경제적 맥락에 대한 분석을 통해서 민족사의 컨텍스트을 넓히는 데 일차적으로 도움을 주었다. 특히 국제관계 이해에서 지배적인 국가 중심적 시각을 뒤집고 기존의 민족사 패러다임 하의 이민사를 다시 쓸 수 있는 대안적 사고를 크게 자극하였다. 기존의 인터내셔널과 차별적인 트랜스내셔널 차원은 미국의 유명한 정치학자 나이(Joseph S. Nye, Jr.)의 아래 다이아그램을 통해 시각화해볼 수 있다.

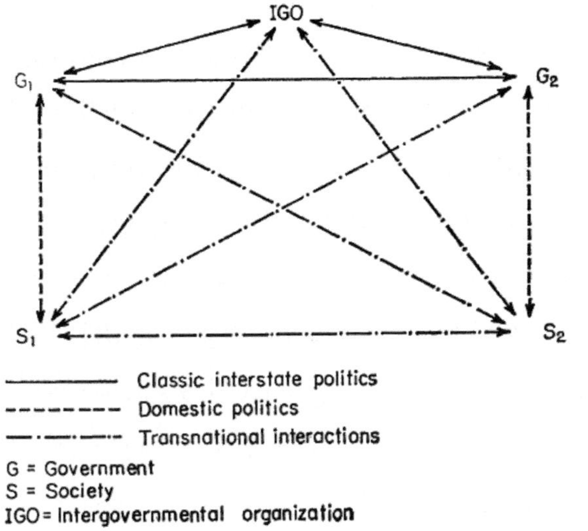

[그림 3] 트랜스내셔널 상호작용과 국가간 정치

Joseph S. Nye, Jr. and Robert O. Keohane, "Transnational Relations and World Politics: An Introduction," *International Organization*, 25(3), 1971, p. 334.

포스트식민주의 연구에서도 변동성에 방점을 둔 트랜스내셔널 히스토리가 활발히 회자되고 있다. 마르크스주의 사회학자 홀(Stuart Hall)은 '포스트식민적'이란 개념을 설명하면서 식민화를 "본질적으로 트랜스내셔널하고 트랜스문화적인 지구적 과정의 일부"로 새롭게 해독하고 민족 중심의 제국사를 다시 쓰도록 도와준다고 주장했다.[20] 이때 트랜스내셔널의 의미는 민족국가 경계를 뛰어넘는 이동과 접촉을 넘어서서 식민지 지배국과 식민지국 사이의 상호변형적이고 상호번안적인 관계까지를 지시하고 있다. 선명히 구분된 내부와 외부 사이의 틈을 내는 '이중 각인(double inscription)'을 강조하는 포스트식민주의자들이 즐겨 사용하는 문화적 번안으로서의 'translation'과 'transculturation'은 바로 트랜스의 변동적인 의미를 대표하는 개념들이다. 이는 transculturation을 'acculturation'과 비교할 때 더욱 선명해진다. acculturation이 다른 사회와의 접촉, 이입에 의한 문화 변용을 의미하는 데 반해서, transculturation의 경우에는 문화의 전수자와 수취인 양편 모두를 변화시킴으로써 양자 간의 이항대립적 경계 자체가 성립될 수 없게 된다. 동일한 관계성의 논리가 민족(국가)의 실재성을 뒷받침해주는 최종 근거로서 자주 언급되는 민족적 정체성에도 적용될 수 있다. 즉 민족 정체성 역시 실재하는 동질성에 대한 있는 그대로의 '묘사(re-presentation)'가 아니라 대내외적 권력 관계가 복잡하게 얽히면서 만들어진 내용의 '대표(representation)'에 불과하게 된다.[21]

그러나 트랜스내셔널 히스토리 담론을 후자의 변동성에 방점을 찍고 포스트민족주의적으로 해석하는 데 대한 경계심도 크다. 보수적인 뮌헨대학의 역사학자 파텔(Kiran K. Patel)은 포스트식민주의 문화연구(cultural studies) 쪽에서 트랜스내셔널을 해방적이고 전복적인 의미에서 사용하는 것을 두고 도덕적인 가치판단이자 트랜스내셔널한 과정의 다양성에 대한 시각을 왜곡하는 것이며 트랜스내셔널 히스토리에 대한 정확한 이해가 될 수 없다고 선을 그었다.[22] 그러나 이는 트랜스가 품고 있는 변동성의 반면을 간과하거나 곡해한 입장이라고밖에 볼 수 없다.

이처럼 트랜스내셔널 히스토리 연구는 트랜스 접두어가 가리키는 두 가지 의미 가운데 어느 쪽에 방점을 두느냐에 따라 컨셉을 적용할 주제와 방식 그리고 연구 아젠다 자체가 상당히 달라질 수 있다. 이하에서는 본 절에서 살펴본 트랜스내셔널의 개념적 지평을 발판 삼아서 트랜스내셔널 히스토리 연구를 이끄는 크게 두 가지의 상호중첩적이면서도 서로 다른 아젠다를 살펴보고자 한다. 요컨대, 하나는 개별 민족들의 위, 아래, 내부와 외부에서 역사를 서술할 수 있는 대안적 역사서술의 컨셉과 범주를 모색함으로써 '민족적인 것의 폭정'을 거부하는 것이고,[23] 다른 하나는 민족(국가)의 중심성에 대한 민족국가 안팎의 도전에 직면해서 민족 이외 층위와의 연관성을 높이는 데 트랜스내셔널 히스토리를 이용하는 것이다. 이어지는 두 장에서는 편의상 전자를 포스트내셔널 아젠다, 후자를 재맥락화 아젠다로 지칭하겠다.

이들 아젠다는 트랜스 접두어의 두 가지 함의의 연장선 위에 있지만, 상호중첩성이 전혀 없지 않다. 즉 포스트내셔널 아젠다라해서 민족국가의 존재 자체를 원천 부정하거나 물리적 해체를 목표로 삼는 것은 아니며, 재맥락화 아젠다라해서 민족국가의 탈중심화를 논외로 하거나 그 방법론적 모색을 외면하는 것도 아니다. 미국과 독일의 논의들을 바탕으로 판단하건대, 양 아젠다는 거의 동시에 부상했지만 재맥락화 아젠다가 트랜스내셔널 히스토리 연구를 주도하는 모양새이다. 본 절과의 부드러운 연결을 생각하면 트랜스의 이동성에 무게중심을 두고 출발하는 재맥락화 아젠다부터 다루는 것이 순서이겠지만, 각 아젠다가 부상한 시간 순서를 고려해 포스트내셔널 아젠다부터 살펴본다.

| 2 | 민족으로부터 역사 구하기

트랜스내셔널 히스토리의 두 가지 아젠다는 지구화 시대가 본격화되던 벽두에 역사학적 대응을 모색하는 차원에서 거의 동시에 경쟁적으로 부상하였다. 굳이 기원을 찾자면, 포스트내셔널 아젠다는 1980년대 이래 포스트모던 역사학에서 줄기차게 제기해온 근대 민족이란 틀에 대한 거부와 비판에 뿌리를 두고 있고, 재맥락화 아젠다는 1990년대 지구사 패러다임의 부상과 함께 동력을 얻었다. 트랜스내셔널 히스토리의 포스트내셔널 아젠다는 미국사학자 딜런(David Thelen)을 주축으로 4년간 진행된 프로젝트의 결과물을 실은 1999년의 *The Journal of American History* 특집호에서 구체적인 윤곽을 드러냈다.

물론, 딜런은 민족(국가)에 대한 대안을 모색한다는 목표를 프로젝트의 절대 원칙으로 내세우지는 않았다. 대신에 처음부터 트랜스내셔널 히스토리의 특정 이해로부터 출발하기보다는 민족(국가)을 넘어설 수 있는 다양한 길들의 명칭을 트랜스내셔널로 부르자는 합의를 출발점으로 삼았다. 덕분에 동일 현상이 서로 다른 민족국가 내에서 어떻게 서로 다르게 경험될 수 있는지를 트랜스내셔널 비교사적으로 연구함으로써 민족국가 개념의 해체 가능성까지 포용하는 열린 전제에서 출발할 수 있었다. 이러한 맥락에서 미국의 대표적 이민사 연구자 가바치아(Donna R. Gabaccia)는 민족 형성과 관련해서만 서술해온 이민사를 신랄하게 비판하여 이민을 인간 삶의 보편적이고 일반적인 측면으로 강조하면서도, 근대적 이민에 관한 트랜스내셔널 히스토리에서 민족(국가)가 여전히 중요한 구성요소이자 설명요인임을 강조하는 유연하고도 균형감 있는 주장을 펼쳤다.[24]

그럼에도 딜런 프로젝트의 포스트내셔널 아젠다 지향성은 민족국가가 사람들의 완전한 인간성을 표출하는 데 제약을 가하고 삶과 역사를 이해하는 것을 방해하는 인위적인 장벽은 아니었는지와 같은 질문을 던져 민족사의 폭정에 주목하고, 이민자, 혼혈인, 크리올인 등의 정체성을 재위치시키며 흑인, 여성, 아메리칸 인디언, 이민자와 같이 완전한 시민권을 인정받지 못했던 사람들의 이야기를 제대로 하기 위해서는 민족(국가)을 대신할 컨셉과 범주가 필요하지 않는가와 같은 근본적인 질문들을 던진다는 점에서 뚜렷하다.

방법론적으로도 딜런 팀은 "어떻게 사람, 사상, 제도, 문화가 민족국가의 위, 아래, 주변, 내부로 움직이고 통과하는지 그리고 민족적 경계가 사람들이 역사를 경험하는 방식을 어떻게 제한하거나 잘 설명해주는지"와 같은 문제를 탐구하기 위해서는 위와 주변, 즉 국제적 현상이나 변경에만 집중해서는 불충분하다고 보고 아래와 내부로부터의 재검토를 동시에 추진했다.[25] 이하에서는 딜런 프로젝트가 민족(국가)을 해체주의적으로 이해하고 대안적 지평을 모색하기 위해 제안한 크게 두 가지의 방법론적 시선, 즉 위와 주변의 시선과 아래와 내부의 시선을 나누어 관련 연구성과를 통해 살펴본다.

우선, 민족(국가) 간의 경계를 뛰어넘을 때 민족사로 환원될 수 없는 제3의 소통공간, 의미영역, 고유한 역학이 생성되는데, 이 제3의 공간을 활용하여 민족사를 해체하고 대체하려는 연구들이 제국, 이산, 경계지(borderland) 같은 키워드를 중심으로 활발하다. 여기서는 딜런 프로젝트에도 참여한 가바치아의 연구를 통해 그 일각을 들여다 볼 수 있다. 가바치아가 그의 동료 오타넬리(Fraser Ottanelli)와 함께 진행한 대규모 국제프로젝트, '도처의 이태리인들(Italians Everywhere)'은 이태리 노동자라는 이민자 개인들의 이주, 정착, 통합, 소외, 정체성을 연구대상으로 삼아서 민족국가의 경계를 여러 가지 방향에서 넘어설 수 있는 길들을 보여주었다. 무엇보다도 이들의 연구는 미국사 서술에서 절대적 인식 전제로 군림해온 '미국 예외주의'를 트랜스내셔널 히스토리의 관점에서 해체하는 데 크게 기여했다.

미국사의 소위 '이민자 패러다임'은 해외 출신 이민자의 통합이 곧 미국 민주주의의 업적과 희망을 상징하는 '이민자 민족'으로서의 미국을 정의하는 데 이바지해왔다. 이에 맞서서 가바치아 팀 연구는 미국이 이태리 노동자 이주의 수많은 행선지 중의 하나에 불과했고 미국 사회에서의 통합도 이민자 패러다임에서 주장해온 것처럼 '단선적 동화'의 형태로 이루어지지 않았음을 증명했다. 연구팀은 트랜스내셔널 히스토리의 관점에서 볼 때 미국이 갖는 진짜 예외주의는 오랜 노예제 역사로 인하여 이민자 패러다임과 같은 상징을 절실히 필요로 할 만큼 뚜렷했던 미국의 민족적 분열이라고 결론지었다.[26]

기존의 민족사 서술에 트랜스내셔널 히스토리를 첨가할 수도 있겠지만, 근본적으로 인류사 대부분을 민족사라는 좁은 패러다임 속에 끼워 맞추기는 어렵다. 우리가 가바치아 연구를 통해 배울 수 있는 것은 트랜스내셔널 히스토리의 학문적 실천의 의미이다. 그는 "민족사 서술 바깥에 존재하는 삶의 주변성을 상쇄하는 일"을 강조하며, "역사적으로 규정 불가능한 곳(historical nowhere)과 인간들이 민족과 그 국가의 위와 아래에서 점령해온 수많은 세계들"을 독자적인 공간으로 재정의하는 것을 진정한 의미의 트랜스내셔널 히스토리 과제로 간주했다.[27] 21세기에 들어와 아프간 사태를 계기로 또 다른 폭발적 전기를 맞고 있는 국제 난민의 이주 행렬은 트랜스내셔널 히스토리의 실천적 의미를 더욱 진지하게 숙고해야 할 이유를 제공해준다.

『민족으로부터 역사를 구출하기』(1995)로 유명한 두아라(Prasenjit Duara)는 만주라는 경계지를 통해 민족(국가)를 해체적으로 이해하고 횡단할 수 있는 가능성을 보여주었다. 그는 어떤 역사적 현상이나 사건의 의미를 완벽하게 이해하려면 민족이나 그 외의 단일 단위에 고정된 관계로부터 해방시켜서 트랜스내셔널 히스토리의 관점으로부터 접근해야 한다고 주장한다. 그러면 "민족적인 것이 만들어지는 중심 한가운데에서 트랜스내셔널한 것을 볼 수 있게 된다"는 것이다.[28]

그러나 두아라의 트랜스내셔널 히스토리로서의 민족사는 유사하게 들릴 수도 있는 또 다른 주장, 즉 민족의 경계가 지역과 세계 안보, 경제적 경쟁, 인구변화 등에 따라 결정되므로 모든 민족은 트랜스내셔널 역사적 과정의 산물이라는[29] 해석과는 다르다. 두아라의 관심은 민족적인 것이 트랜스내셔널 과정을 거쳐 만들어졌다는 현재완료적 사실, 즉 과정은 트랜스내셔널 했을지라도 현재는 엄연히 일원적 통일성을 담지하고 있는 민족(국가)의 실재성을 확인하는 차원에 머물지 않기 때문이다. 민족 담론의 역사화에 앞장서온 두아라의 트랜스내셔널 히스토리는 민족주의 이데올로기의 근간을 이루는 민족적 실재성이 얼마나 허구적인가를 드러내는 것을 목표로 한다.

향토문학, 인문지리, 민족지학 등의 학문적 연구에 힘입어 지방적인 것과 지방적 정체성은 불변의 민족적 실재성을 체화하는 자세포와 같은 지위와 역할을 담당해왔다. 하지만 두아라는 만주사 연구를 통해 지방적인 것을 민족의 한 고정 부분이 아니라 트랜스내셔널한 과정이자 그것이 낳은 산물로 해방시켰다.[30] 그는 만주사를 1911년-1949년, 1932년-1945년, 1949년-1978년과 같은 기존의 시대구분과 국경을 가로질러 위치시킴으로써 청조, 일본제국, 중화인민공화국과 같은 다양한 세력들이 어떻게 만주 공간을 민족, 제국 혹은 트랜스내셔널 지역으로 실재화하고 자연화했는지를 보여주었다. 그는 경계를 닫지 않고 역사를 서술할 수 있는 세 가지 구체적인 방법으로서, 첫째 근대의 영토경계선들이 역사들을 분리시켜 유지하는 환상의 방편이자 잘못된 경계들임을 깨닫고 국경을 초월한 역사서술을 시도할 것, 둘째 계속 경계를 개방해나가는 역사(ever-opening history)를 위한 새로운 질문들을 개발할 것, 마지막으로 민족 개념이 인과론적 분석으로는 파악하기 힘든 실재성의 상징에 심하게 의존해 있으므로 소설이나 일기를 포함한 다양한 사료들을 활용할 것을 제안했다.[31]

민족적인 것의 폭정을 철저히 '아래'와 '안'으로부터 드러내고 거부함으로써 민족적인 것의 경계를 해체하고자 한 작업도 진행되었는데, 프로젝트를 주도한 딜런 자신의 연구가 그 대표적인 사례이다. 딜런이 로젠즈바이크(Roy Rozenzweig)와 진행한 공동 연구는 사적인 경험의 영역을 의미와 정체성이 끊임없이 교환되고 상호 교환과 자유로운 흐름이 발생하는 하나의 경계지로 설정하고, 이러한 경계지를 기점으로 민족사적 서사의 규율 권력을 벗어날 수 있는 청사진을 제공하였다.

이들은 1453명의 보통 미국인들이 삶의 모든 단계에서 경험한 역사에 대한 사적인 경험에 관해 인터뷰한 결과를 토대로 교과서와 학교에서 교수된 민족 중심의 역사서술과는 매우 다른 모습의 '가족적이고 사적인 과거'를 발굴하였다. 그 결과에 의하면, 대부분의 보통 미국인들은 "학교에서 외우고 재생산해야 했던 민족 중심의 설명들을 거부"했고, 대신에 그들 자신이 과거를 이해할 수 있는 이야기 방식과 패턴

으로 커다란 사건들을 사유화하고 있었다.[32]

딜런은 이 같은 '대중의 역사 만들기 패턴들'을 과감하게 수용하여 미국 예외주의에 기반한 민족 중심적인 서사를 대체할 것을 주장하였다. 역사학자들이 민족국가의 권위를 뒷받침하는 데 집착하는 사이에 "전 세계의 사람들이 자신들 고유의 근본적인 역사적 발전을 만들어가고 있는" 또 다른 현실도 고려할 가치가 있다는 이유에서였다. 이를 위한 방법으로는 '하위민족적인(subnational)' 정체성과 더 친밀한 일반인들이 어떻게 "텍스트, 산물, 제도들을 수용, 형성, 거부하고 재형성"했는지와 관련한 중요한 질문들을 활용하는 것이 제안되었다.[33] 다만 딜런은 논의를 민족국가의 바람직함을 따지는 격론으로까지 몰고 가는 것에 대해 선을 그으며 민족 자체에 대한 질문과 민족의 저편에 무엇이 존재하는가를 묻는 문제제기에 집중할 것을 제안했다.[34]

포스트내셔널 아젠다의 트랜스내셔널 히스토리가 추구하는 민족(국가)이란 범주의 경계를 궁극적으로 넘어서려는 역사인식과 비전은 엄연히 현존하는 민족국가의 주권을 생각할 때 자칫 소모성의 논쟁에 빠지거나 절충점을 찾기 어렵게 만드는 걸림돌로 작용할 수 있다. 딜런이 민족 담론의 재상산에 대해 분명히 선을 그은 가바치아와 달리 신중한 태도를 취한 것도 논의가 지나치게 추상화, 정치화되는 것을 우려해서였을 것이다. 따라서 생산적인 논의를 위해서는 포스트내셔널 아젠다에 있어서 민족적인 것의 폭정을 거부한다는 의미를 물리적인 차원이 아니라 인식적이고 반성적 차원에서 이해할 필요가 있다. 포스트식민주의자로서 포스트민족주의적 문제제기를 공유하는 차크라바티도 근대를 단순히 거부하는 것은 많은 상황에서 정치적으로 자살이 될 것이라고 경고한 바 있다.[35] 근대의 가장 핵심적인 산물이 민족국가임은 말할 필요도 없다.

이처럼 논의의 본질이 비판적 문제의식의 극대화에 있다면 포스트내셔널 아젠다의 트랜스내셔널 히스토리가 민족사의 대체와 해체를 말할 때 의미하는 바는 현존하는 민족(국가)의 현실정치적 부정이나 대체가 아니라 그것의 인식적 해체에 있다. 해체란 2000년대 초반 임지현의 '국사 해체론'을 둘러싼 논쟁에서 여실히 드러났듯이, 해체 대상이 되는 중심 컨셉의 폐지나 소멸이 아니라, 오히려 중심 컨셉이 감추고 있는 은폐와 억압을 드러내서 그것을 탈중심적으로 확장하는 것을 목표로 한다. 포스트내셔널 아젠다의 해체주의적 지향성은 일부 학자들에게 있어서 민족(국가) 자체를 연구 범주로서 포기하려는 시도로 오해되거나 트랜스내셔널 히스토리와 전혀 상반된 방향에 이르게 하는 것이라는 거부감을 낳기도 한다.[36] 그러나 두아라나 딜런 팀의 연구들이 분명하게 보여준 것은 민족(국가)을 역사학 연구범주로서 포기하는 것이 아니라 그의 폭력성과 허구성을 드러내기 위하여 오히려 이를 더욱 철저한 분석 대상으로 삼아 집중하는 모습이었다.

| 3 | 민족적인 것의 재발견

본 절에서 편의상 재맥락화 아젠다로 분류한 트랜스내셔널 히스토리 연구 역시 민족(국가)의 중심성을 문제 삼아 이를 탈중심화하고 좀 더 중층적으로 파악해야 할 방법을 찾는다는 점에서 앞 절에서 살펴본 포스트내셔널 아젠다와 기본적 문제의식을 함께 한다. 재맥락화 자체는 민족(국가)의 위, 아래, 안, 밖과 같이 다양한 방향에서 추구될 수 있지만, 재맥락화 아젠다의 트랜스내셔널 히스토리는 민족(국가)을 주로 지구적이고 세계사적인 맥락 속에 재위치 지음으로써 탈중심화하는 방식을 택한다. 따라서 포스트내셔널 아젠다와 달리 재맥락화란 트랜스내셔널리티의 맥락 속에서 민족(국가)을 '재발견'하는 것을 의미하며, 민족(국가)을 인식적으로 전복하거나 해체하는 선택안을 추구하지 않는다. 즉 '민족으로부터 역사 구하기'나 '민족적인 것의 폭정 거부'와 같은 슬로건과는 거리가 멀다.

재맥락화에 방점을 둔 트랜스내셔널 히스토리 컨셉이 그 명확한 윤곽과 문제의식을 드러낸 것은 뉴욕 대학의 미국사학자들이 지구화 시대에 민족(국가)의 역사성을 재고하고 미국사를 재맥락화하기 위해 2000년도에 진행한 '라피에르타(LaPierta) 프로젝트'를 통해서였다. 라피에르타 팀은 4년간의 연구 결과를 정리한 결과보고서에서 미국사의 교수와 연구를 국제화할 것을 제안하였는데, 출간과 동시에 쏟아진 보수진영으로부터의 엄청난 포화 덕분에 오히려 큰 주목을 받았다. 1996년도 국가교육표준을 무력화시켰던 보수진영은 라피에르타 보고서에 대해서도 민족국가의 정치적 가치에 대한 회의심과 반서구적 다문화주의를 결합하여 전통적인 역사수업을 위협한다는 맹공을 퍼부었다. 라피에르타 보고서의 제안이 역사수업의 중요한 기능인 미국 헌법에 기초한 자유민주주의 제도들을 존중하는 건강한 애국심 배양을 심각하게 방해할 수 있다는 것이었다.[37]

그러나 보수계의 선동적 우려와 달리 라피에르타 보고서의 진짜 초점은 민족국가의 정치적 가치를 의심하는 데 있지 않고 오히려 지구화 시대에 학생들이 "미국의 특수성과 예외성을 더 잘 평가할 뿐 아니라 미국 민족 형성의 역사적 성격을 더 잘 이해"할 수 있도록 미국사를 전 지구적 규모에서 재맥락화하는 데 있다. 따라서 재맥락화된 미국사를 가르치는 방법으로 제안된 것은 미국사를 세계사 과목으로 통합하거나 지구사의 우산 하에서 가르치는 것이 아니라, 지구적 시각이 적합한 문제에 한해서 미국을 지구적 규모로 맥락화하고 트랜스내셔널 연관성을 확장하는 비교사였다.[38] 물론 프로젝트 내부에는 민족을 주된 범주로 삼기보다는 지역, 광역, 대륙, 지구적 과정들 사이의 중간지점에 위치하면서 아주 가끔씩 결정적으로 개입한 역사적 행위자 정도로만 민족을 부각하자는, 즉 '한층 공격적으로 세계화된 미국사 과목'을 제안하는 목소리도 있었다.[39]

결국, 라피에르타 프로젝트의 핵심은 미국사를 담는 그릇으로서의 민족 개념을 하위민족적, 트랜스내셔널, 지구적인 과정과의 중층적 관계 속에서 수정하는 것이었다. 전 세계 지역이 빠르게 연결되어가고 하위민족적 정체성에 대한 의식이 고조되는 가운데 민족의 경계가 훨씬 느슨해졌고 민족을 더 이상 닫힌 체계로 고집할 수도 없어졌기 때문이다. 그럼에도 비록 구멍이 많이 나기는 했지만 민족(국가)라는 단일 단위를 포기할 수 없다는 프로젝트의 방향성은 분명했다. 따라서 재맥락화란 민족으로부터 다른 사회적, 영토적 단위로 관심을 옮기는 것이 아니라 민족과 그보다 크고 작은 사회적 규모들이 상호작용하는 스펙트럼을 상상하는 것을 의미했다.

프로젝트를 주도한 벤더(Thomas Bender)는 차크라바티의 '유럽의 지방화'를 응용하여 '민족의 탈지방화(deprovincialization)'란 슬로건을 내세웠는데, 민족(국가)의 안팎 그리고 위와 아래로부터의 도전으로부터 민족을 구하는 것이 그 목표였다. 그가 반복적으로 강조했듯이, 미국사의 재맥락화의 최종 목표는 민족사의 부고를 전하거나 민족을 전복시키기 위한 것이 아니며, 오히려 민족사를 더욱 촘촘히 서술하는 데 있었다.[40]

라피에르타 팀보다 더 민족(국가)의 중심성을 당연시하는 트랜스내셔널 히스토리 이해도 견고하다. 벤더가 민족과 그보다 크고 작은 단위와 차원들을 서로 비늘처럼 의존, 연결되어있는 관계적 개념으로 상상하는 것처럼 민족(국가)을 서로 다른 층위에서 작동하고 있는 역사적 주체들 가운데 하나로 파악하면서도, 그것이 갖는 주권과 정치력 그리고 인간의 가장 지배적인 정체성으로서의 민족적 정체성을 근거로 삼아 민족국가의 흔들릴 수 없는 실재성을 좀 더 강조하는 입장이 그것이다. 물론 유럽중심주의적인 프로크루스테스 침대가 될 가능성이 농후하지만, 민족(국가)를 확고한 준거점으로 삼는다면, 트랜스내셔널 히스토리를 정의하기도 한결 수월해진다. 호주사학자 타이렐이 트랜스내셔널 히스토리를 세계사상 중요한 현상으로서 민족국가가 등장한 이후의 시기를 주된 대상으로 삼는 역사서술로 정의하면서, 세계사적으로는 주권 국가들 간의 국제관계법을 세운 1648년 베스트팔렌 조약을, 미국사의 경우에는 1776년을 그 기술적인 기점으로 제안한 것이 그 좋은 예이다.[41]

시점을 대서양을 건너 독일로 옮겨보면, 민족사 전통이 강한 독일사학계는 초반에 지구사보다 트랜스내셔널 히스토리 컨셉의 수용에 훨씬 적극적이고 우호적인 모습을 보여주었다. 2000년에 들어서자마자 독일

사회사의 간판 학술지 『역사와 사회(Geschichte und Gesellschaft)』에서 트랜스내셔널 사회사를 주제로 논쟁이 벌어졌으며, 2004년부터 세 차례나 독일 역사학대회에서 트랜스내셔널 히스토리가 중심 화두를 차지했다. 그럼에도 독일 트랜스내셔널 히스토리 논의에서 민족(국가)과 트랜스내셔널의 근본적인 관계 문제, 즉 트랜스내셔널 히스토리가 빈대 잡자고 초가삼간까지 태우지는 않을까라는 우려가 오랫동안 회전문처럼 작동했다. 물론 그때마다 논의는 민족(국가)의 포기 불가한 중심성을 확인하는 것으로 돌아갔다.

독일에서 트랜스내셔널 히스토리가 이론적 컨셉을 벗어나 실제 연구에 적용 가능한 컨셉으로 논의되기 시작한 것은 벤더가 라피에르타 프로젝트의 연장선에서 출간한 『글로벌 시대의 미국사 다시 생각하기(*Rethinking American History in a Global Age*)』(2002)를 모델로 삼아 『트랜스내셔널 제국(Das Kaiserreich transnational)』(2004)이 기획, 출간되면서였다. 이 책은 독일제국사의 포스트식민적 전환의 돌풍을 일으킨 소장학자 콘라드와 독일의 대표적 지구사학자 오스터함멜이 공동 편집을 맡아서 더욱 화제가 되었고, 실제로 과거 독일제국사 연구에서는 좀처럼 접하기 힘들었던 독일 식민주의를 다양한 영역에서 주제화하는 차별성을 보여주었다.

그러나 트랜스내셔널 속 '내셔널'의 해석에서 새로움은 없었다. 즉 서문에서 분명히 밝히고 있듯이, 민족주의 이데올로기와 분리되어있는 한 민족국가의 '선험성'은 여전히 방법론적으로 유용하며, 예컨대 1871년과 1914년 사이의 수많은 사회적 문화적 정치적 과정들은 사실상 민족국가적 틀이 아니라면 파악이 불가능하다는 입장을 고수했다.[42] 즉 독일제국을 식민지와의 관계 속에 위치시키더라도 "민족적 범주를 떠나서 생각할 수 없는 근대 후기의 사회사는 원거리 교역, 이민, 정복 혹은 종교전파와 같은 움직임과 관계에만 근거해서는 구성될 수 없다"[43]는 것이었다. 후일 콘라드가 고백했듯이, 독일의 강고한 역사사회과학의 전통 속에서 처음부터 많은 양보와 타협 속에서 책을 공동 편집할 수밖에 없었음을 직접적으로 엿볼 수 있는 대목이기도 하다.[44]

이것이 트랜스내셔널에 의미하는 바는 무엇인가? 이는 『트랜스내셔널 제국』이 세계체제 혹은 세계사회를 출발점으로 삼아서 세계사 속에 제국을 위치 짓는 것을 목표로 삼지 않는다는 것을 의미한다. 즉 책은 트랜스내셔널을 탈경계적 교류, 이주, 이동 현상 전체를 뭉뚱그려 논의하기보다 이러한 현상의 담지자와 행위자가 정확히 검증될 수 있는 특정한 지구적 연계성만을 관심사로 삼는다는 사회사적인 원칙에 따라서 규칙적이고 반복적인 트랜스내셔널 관계와 개인적이고 우연적인 관계를 세밀히 구분하여 분석하는 것을 우선 목표로 제시하고 있다.[45]

이처럼 독일사 최초의 민족국가로서의 독일제국에 기울어져 있는 무게중심은 광역적인 관계성을 곧바로 사회사적인 서술과 분석의 한 축으로 전제하지 않고, 명확히 정의된 민족사회적 관계에 대한 치밀한 분석을 바탕으로 트랜스내셔널적으로 확대한 끝에 도달하게 될 합명제의 차원으로 상정하려는 오스터함멜의 '트랜스내셔널 사회사' 컨셉과 일맥상통한다.[46] 따라서 『트랜스내셔널 제국』의 트랜스내셔널은 그간 독일 사회사의 아버지 벨러(Hans-Ulrich Wehler) 이후 유지되어온 '내정 우위'의 제국사 모델에 외정의 층위를 더하는 식의 확장을 의미하며, 제국의 경계 밖 타자와의 상호작용적 관계성을 통해 독일제국을 재맥락화하는 것을 염두에 두고 있지 않다.

『트랜스내셔널 제국』 이후 진행된 독일 트랜스내셔널 히스토리 논의의 합의점을 엿보기에 적합한 책은 2011년 출간된 『독일 근대사 옥스퍼드 편람(Oxford Handbook of Modern German History)』일 것이다. 편람의 성격상, 광범한 주제와 시대를 포괄할 뿐 아니라 논쟁적인 시각의 소개보다는 학계 내 일반적인 동향과 합의 내용을 종합적으로 담고 있기 때문이다. 우선 옥스퍼드 편람은 1760년대부터 현재까지 다루면서 전 세계의 초국가적(supranational)이고 트랜스내셔널 맥락과 독일사의 대외정책적 측면을 크게 부각시켰을 뿐 아니라 일반인 차원의 교류 · 접촉, 공통의 심성과 경험까지도 비중 있게 다루었다는 점에서, 2000년대 들어와 꾸준히 제기된 트랜스내셔널 관점의 필요성에 화답하는 내용구성을 갖추고 있다.[47]

옥스퍼드 편람은 출간도 되기 전에 2010년도 독일역사학대회에서 한 세션이 할당될 정도로 뜨거운 관심을 모았다. 당시 중론은 민족사와 트랜스내셔널 히스토리 간의 양자택일이 아니라, 트랜스내셔널한 시각을 어떻게 기존의 민족사 패러다임과 접합할 것인지, 그 과정에서 민족국가의 그 위치값은 어떻게 재설정되어야 할지, 그리고 민족사 패러다임과의 상생 구도 속에서 트랜스내셔널 히스토리는 방법론 혹은 발견적(heuristic) 시각으로서 어떻게 가능할지와 같은 보다 구체적인 논의에 집중해야 한다는 쪽으로 모아졌다.[48] 그러면서도 옥스퍼드 편람은 군사, 법률, 교육과 같은 사회 근간의 제도들이 여전히 민족국가 단위로 결정되고 민족적 전통과 심성에 의해 각인되어있는 점을 고려해서라도 민족사를 평가절하해서는 안 된다는, 즉 트랜스내셔널 히스토리 과잉을 경계하기 위한 반대균형을 분명히 하였다. 당시 옥스퍼드 편람 세션의 좌장이었던 라이프찌히 대학의 미델(Matthias Middell) 역시 트랜스보다 내셔널에 기울어있는 무게중심을 재확인하며 토론을 마무리했는데, 트랜스내셔널이 민족을 넘어서려는 개념임에는 틀림이 없지만, 여전히 중심이 되는 것은 "점증하는 지구적 연계성 속에서 민족적인 것이 갖는 의미와 관계성"이라는 것이었다.[49]

그럼에도 재맥락화 아젠다의 트랜스내셔널 히스토리가 민족(국가)의 범주적, 인식적 경계를 넘어서는 데 소극적이라고 해서 민족사 패러다임을 극복하는 데 치명적인 한계를 갖고 있다고 단정하는 것은 바람직하지 않다. 그보다는 민족(국가) 범주를 인식적으로 해체하는 것이 과연 최선인지 먼저 질문해 볼 필요가 있다. 민족(국가)에 대한 해체주의적 접근을 궁극적 최선으로 간주하는 인식 전제와 거리를 두고 보면, 재맥락화 아젠다의 트랜스내셔널 히스토리가 갖고 있는 독보적인 강점도 눈에 들어올 수 있는데, 트랜스내셔널 히스토리의 전체 논의에서 재맥락화 아젠다가 비교우위를 차지하고 있는 것도 바로 이러한 강점 덕분이라 할만하다.

우선 재맥락화 아젠다의 트랜스내셔널 히스토리는 현재까지 불가침의 주권을 유지하는 민족국가의 현실적 위상을 직시하고 지구화 시대에 오히려 민족국가의 역할과 중요성이 커질 가능성을 과소평가하지 않는다. 실제로 코로나19 팬데믹 이후 우리는 국가 권력의 강화를 전세계적으로 목도하고 있다. 현 지구화의 복합적인 과정을 지칭하는 표현으로 널리 사용되어온 '글로컬리제이션' 개념이 민족국가의 위치와 역할을 제대로 반영하지 못한다는 비판 역시 우리로 하여금 재맥락화 아젠다에 새롭게 주목하게 한다. 게이어와 브라이트의 지적대로 전 세계적인 이탈과정과 이를 지역적, 지구적 차원에서 통제하고 재정착시키려는 노력 간의 긴장과 갈등을 조명하기 위해서라도 민족사를 폐기하기보다는 재맥락화하는 편이 훨씬 매력적인 대안이 될 수 있다.

둘째로 재맥락화의 트랜스내셔널 히스토리는 기존의 단일 단위로서의 민족을 완전히 폐기하거나 크게 수정하지 않고서도 관점의 지평을 세계사적으로 확대할 수 있고, 민족국가 간의 현실적인 국경 및 역사분쟁 등의 갈등상황에 대한 구체적인 해결방안을 모색하고 환경이나 경제 문제에서 정치적 협력을 증진시키는데 기여할 수 있다는 실용적인 장점을 갖는다. 최근 중 · 일, 러 · 일 영토분쟁 문제와 북핵 문제로 다시 높아져가고 있는 동북아시아 내의 긴장을 해결해줄 방안을 모색하는 데에도 민족주의적 폭력과 광기에만 집중하는 해체주의적 민족 담론보다는 현존하는 민족국가 간의 현실정치적 얽힘 관계를 두루 고려할 수 있는 트랜스내셔널 히스토리적 역사 인식이 더 유용할 수 있다.

셋째로, 트랜스내셔널 히스토리는 민족국가를 중핵으로 삼아온 그간의 경험 연구들을 자신의 학문적 기초로 활용하는 데 유리한 입장에 있다. 이것은 트랜스내셔널 사회사를 주장하는 오스터함멜이 가장 적극적으로 강조하는 바이기도 하다. 그는 트랜스내셔널 사회사가 구조에 집중해온 기존의 시각을 네트워크에 기반한 흐름에 대한 주목을 통해 보완하는 것이라고 주장하면서도, 트랜스내셔널리티를 네트워크, 흐름, 전이로부터 바로 도출할 수 없고 민족사회와 같이 명확히 정의된 사회적 관계에 대한 치밀한 분석을 바탕으로 도달해야 할 지평으로 간주한다.[50] 이러한 관점에서 보자면, 독일 사회사 연구가 사회구조, 집단, 계층, 운동 등과 관련해 축적해온 연구성과는 청산의 대상이 아니라 트랜스내셔널 히스토리를 새롭게 시작할 자산으로 얼마든지 재활용될 수 있다.

| 4 | 지구사와 트랜스내셔널 히스토리의 조우

본 절에서는 트랜스내셔널 히스토리가 지구사에 대해 갖는 근접성과 차별성을 활용하여 양자의 관계를 통하여 양쪽을 다시 들여다보고자 한다. 트랜스내셔널 히스토리는 트랜스가 지시하는 탈경계성으로 인하여 지구사와의 근접성이 매우 두드러진다. 노예폐지, 여성인권, 환경보호, 민주주의, 노동운동, 사회주의와 같은 역사상의 사회운동들은 민족국가의 바깥에서 그의 근거와 정체성을 구할 때가 많았고, 우리가 세계적 현상 혹은 추세라고 부르는 일들도 늘 어느 국지적인 사건 혹은 변화가 경계를 넘으면서 시작된 것이었다. 트랜스내셔널 히스토리를 "트랜스내셔널 공공성과 트랜스내셔널 문명사회에 의해 구성되는 동질적인 세계사회 혹은 '하나의 세계'로 나아가는 추세를 나타내는 명칭"으로 다소 난해하게 정의하더라도 트랜스내셔널 히스토리의 탈경계성이라는 근간은 달라지지 않는다.[51]

지구사와 트랜스내셔널 히스토리는 둘 다 경계를 뛰어넘는 광역적 관점을 지향하지만, 무엇을 위해서 경계를 넘는가의 문제에 오면 시선이 갈라진다. 지구사적 관점에서 보자면, 경계를 뛰어넘어야 하는 당위성은 전 지구적 상호연계성을 드러내어 보편적인 역사발전의 구조적 패턴과 방향성을 드러내는 데 있다. 따라서 '하나의 인류'와 '하나의 세계'의 역사를 지향하는 지구사학자들은 트랜스내셔널 히스토리를 통해 전 지구성에 접근하는 데 회의적일 수밖에 없다. 트랜스내셔널 히스토리는 지역사나 트랜스지역사처럼 지구사의 하위 내지 특수 개념 이상의 위치를 점할 수 없다. 지구사 패러다임을 통해 서양사학의 가장 강력한 인식소라 할만한 근대주의를 극복하고자 했던 벤틀리가 근대성의 대표적인 산물인 민족국가를 트랜스내셔널 경제 지역들, 생태학적 지대들, 문화적 공동체들로 대체하고자 했던 것도 이러한 이유에서였다.[52]

그러나 트랜스내셔널 히스토리는 지구사의 하위 분과 이상의 의미를 갖는데, 바로 민족국가를 회전판으로 삼아서 지구사 패러다임의 강점이자 취약점인 보편성의 문제를 재성찰할 수 있게 해준다는 점에서 그렇다. 재차 강조하건대, 트랜스내셔널 히스토리의 차별성과 특별함은 트랜스가 아니라 내셔널에 있다. 내셔널은 근대 민족주의의 폭주에서 잔인하게 드러났듯이 배타적이고 폭력적인 역사를 써왔다. 19세기의 제국주의, 20세기의 전체주의 그리고 현대 세계 곳곳의 역사 전쟁과 무역분쟁의 배후에는 예외 없이 모든 종류의 갈등을 증폭시킨 내셔널이 있었다. 내셔널의 이러한 악마적 용모에만 집중한다면 벤틀리처럼 내셔널 세계를 지구적 시각에서 대체, 압도할 대안적 패러다임을 구축해야 마땅할 것이다.

그러나 역사학의 사명은 당위적 이데올로기로서의 지구주의(globalism)가 아니라 전 지구적 역사의 현실을 규명하는 데 있다. 작금의 러시아-우크라이나 전쟁을 통해 자명해졌듯이 내셔널의 세계는 지구화 진전과 함께 실효성을 상실하게 될 가능성이 전혀 없으며,

지구사 서술에서 건너뛰어도 좋을 범주는 더더욱 아니다. 오히려 내셔널은 21세기의 전쟁과 질병의 병진 구도 속에서 더 치밀하게 연구되어야 할 지구화의 핵심 요인으로 재부상하고 있다.

근대의 개막 시점을 프랑스 혁명과 산업혁명으로 보는 일반적인 시대구분은 근대 세계를 떠받치고 있는 두 축으로서의 민족국가체제와 자본주의적 세계체제의 중요성을 단적으로 증거해준다. 브로델과 월러스틴의 연구를 통해 볼 수 있듯이 지중해 도시국가, 절대왕정, 근대 민족국가는 자본주의적 세계체제의 출현에 결정적으로 기여했다. 특히 19세기 후반에 들어와 본격화된 민족국가체제와 제국주의의 결합[53]은 자본주의체제가 유럽을 넘어서 전 세계로 팽창하는 데 결정적인 동인으로 작용했다. 제국주의 각축전으로 세계가 분할되는 양상을 보였지만, 각 열강이 제각기 식민지를 연결하여 '제국적 지역(imperial region)'을 구축함으로써 식민지 모국과 해외 식민지 간의 연결은 전례 없이 긴밀해졌다. 포스트식민주의 연구자들이 오늘날의 지구화 수준에 근접한 지구화가 19세기 제국주의 시대에 시작되었으므로 포스트식민주의 연구는 근본적으로 지구사 연구의 성격을 가질 수밖에 없다고 주장하는 이유가 바로 여기에 있다.

제2차 세계대전 후 제국주의 질서와 냉전 질서가 차례로 붕괴하면서 전 지구적 연결성은 크게 확장되었고 오늘날 이러한 상호의존성에서 자유로운 곳은 지구상에 단 한 곳도 없다. 세계에서 가장 폐쇄적인 체제를 유지하면서 국제사회와 대립각을 세우는 북한과 이란도 국제제재에서 벗어나기 위해 안간힘을 쓰고 있는 것이 그 뚜렷한 방증이다. 그럼에도 민족국가는 여전히 지속적이고 폭발적인 연대과 단결을 이끌어낼 수 있는 거의 유일한 정치공동체이고, 민족을 상상의 공동체로 폭로했던 앤더슨의 말대로 민족적인 것은 '우리 시대의 정치 생활에서 가장 일반적이고 당위적인 가치'가 되었다.[54] 역사적으로 자본주의적 세계체제는 경쟁적인 국가간 체제와 이를 부추기는 민족주의에 의해 성장하고 확립되었지만, 두아라는 자본주의와 민족국가가 기본적으로 갈등 관계에 있다는 사실을 상기시킨다. 자본주의가 노동, 상품, 기술, 문화, 사상의 탈경계적 이동을 계속 강화하는 글로벌 확장성의 경향을 갖고 있다면, 민족국가는 국내적 이해관계와 권력관계에 따라 이러한 흐름을 거스르고 규제해왔기 때문이다.[55]

신자유주의 모델이 주도하는 현대의 자본주의에서도 민족국가는 이러한 글로벌 자본주의적 이탈과정을 다시 지역적, 지구적 차원에서 통제하고 재정착시키는 결절점으로서의 역할을 수행하고 있다. 자유무역의 대변자를 자처해온 19세기의 대영제국이나 20세기의 미국조차 사안의 유불리에 따라 보호무역주의와 자유무역주의를 번갈아 구사해왔고, 오늘날의 국가들 역시 각종 자유무역협정 체결과 글로벌 플랫폼 공룡기업에 대한 규제와 징세안 마련에 적극적이다. 신냉전 시대의 개막과 더불어 높아지는 안보 우선주의는 각국이 개방적이고 자유로운 무역 기조로부터 블록형 보호주의로 돌아서도록 자극할 가능성이 크다. 중국의 한한령(限韓令)이나 무역보복의 조치가 특별히 자국중심적인 조치가 아니라 뉴노멀처럼 간주될 가능성도 배제할 수 없다.

마르크스주의 중국사학자 딜릭(Arif Dirlik)은 지구사 패러다임이 내세우는 다중심적 상호역사의 컨셉조차도 보편적 기준에 따라 개별 사회와 지역을 정렬시킴으로써 지구화의 약탈적이고 서구중심적인 형태에게 지적인 토대를 제공하는 전체주의적 비전에 불과하다는 비판을 퍼부은 바 있다.[56] 그의 비판이 자본주의를 모든 행위의 원죄로 지목하는 전형적인 마르크스주의적 방식을 따르고 있을지라도 지구사 패러다임의 근본적인 취약성, 즉 보편사 및 전체사와 결합하여 목적지향적인 거대서사로 귀결될 수 있는 위험성에 대한 지적만큼은 정확하다. 바로 여기서 우리는 트랜스내셔널 히스토리가 지구사에 더해줄 수 있는 특별한 층위를 생각해 볼 수 있다.

하나의 세계로 대변되는 전 지구적 통합을 궁극적인 목적지로 삼는 지구사 패러다임이 맥닐 책 『휴먼 웹』의 부제처럼 새의 시선에 기대고 있다면, 트랜스내셔널 히스토리의 시선은 중간 층위, 즉 내셔널의 단층대(斷層帶)에 맞추어져 있다. 민족국가는 근대 이후로 지역과 세계 전체에 영향을 미쳐온 실제 결정과 행위들이 이루어졌던 공간이자, 내셔널 경계를 넘어서는 특수한 트래스내셔널 동력들이 산생(産生)한 곳이다. 이러한 동력들이 산생하는 과정에서 과연 무엇이 자생적인 동인이었고 무엇이 외생적인 동인이었는지를 묻는 질문은 무의미하다. 중요한 것은 프랑스 혁명의 인권 범주를 노예로 확대한 또 다른 혁명이 아이티에서 일어났고, 영국 산업혁명을 능가하는 수준의 산업혁명이 독일과 미국에서 다시 시작되었으며, 전 세계 식민지에서 식민 모국으로부터 독립하려는 반제국주의 민족운동이 발발, 확산되었다는 사실이다.

즉 중요한 것은 프랑스, 아이티, 영국, 제2차 산업혁명의 진원지, 19세기 식민지라는 공간들 자체가 아니라 내셔널 경계를 뛰어넘어 형성되고 작용한 힘들을 구조적으로 파악하고 그 결과와 파장을 광역적 차원에서 연결해내는 작업이다. 트랜스내셔널 동력이 주목하는 것은 하나의 세계 혹은 전 지구적 전체를 아래로부터 접근하는 길과 같다. 트랜스내셔널 히스토리가 지구사에 더해 줄 수 있는 것은 새의 눈으로는 잘 보이지 않고 삭제되기 쉬운 국지적 갈등, 변형, 예외, 역방향의 움직임을 추가적으로 드러내는 데에만 있지 않다. 역사적으로 하나의 세계로의 통합은 늘 그 안에 변증법적인 갈등, 착종, 대립, 역전을 내포하며 진행되어온 복잡한 과정이었지만, 근대 네이션의 출현은 이전에 존재하지 않았던 새로운 벡터공간의 창출을 의미했다. 현재 지구촌 곳곳의 위기들은 모두가 역사적으로 깊은 뿌리를 갖고 서서히 발전해온 결과이다. 그러나 근대 국민국가체제가 폭증시켜온 위기의 벡터값을 제대로 고려하지 않을 경우, 우리는 결코 전체론적 이해에 도달할 수 없다.

일찍이 슈펭글러나 토인비는 현재를 이해하기 위하여 인류 문명사 전체로 줌아웃하는 방식을 택했는데, 이는 오늘날 빅히스토리를 통하여 우주적 규모로 계승되고 있다. 그러나 시간 축을 길게 잡을수록 현재 지구사 패러다임에서 종종 암묵적으로 전제되는 서구적 근대성에 기초한 전 지구적 통합 패턴만 더 또렷해진다. 오히려 또렷이 양각해야 할 것은 우리가 보편적이고 일반적이라고 부르는 추세를 역행하는, 그것과 갈등하고 탈구적 위치에서 작용하는 국지적 지역적 상호작용이다. 아이티 혁명의 사례가 증언하듯이 후자는 전자의 힘으로 수렴되거나 압도될 수 있는 것으로 설명될 수 없으며 19세기의 독일, 미국, 제3세계 식민지처럼 새로운 미래의 변동성을 낳을 진원지로 간주되어야 할 것이다. 트랜스내셔널 히스토리는 전 지구적 헤게모니와 풀뿌리

인민의 총체적인 힘이 격렬하게 맞부딪치는 독특한 트랜스내셔널 시공간을 통하여 이러한 역동성을 사실적이고 입체적으로 재구성해낼 잠재력을 충분히 갖고 있다.

트랜스내셔널 히스토리의 이러한 잠재력에 대한 높은 기대감 때문인지 트랜스내셔널 히스토리에 관한 개념적 합의의 부재에 대해 우려의 목소리가 높다. 예를 들어 뮌헨대학의 역사사학자 파텔은 트랜스내셔널 히스토리가 강해지기 위해서는 그 개념이 분석적으로 더욱 정확하고 치밀하게 다듬어지고 포스트민족주의 같은 도덕적인 가치판단으로부터 해방되어야 한다고 주장한다.[57] 그러나 전 지구적 헤게모니와 풀뿌리 인민의 힘이 만나는 중간 층위에서 움직이는 트랜스내셔널 히스토리의 개념적 불확정성은 문제점이 아니라 오히려 강점이다. 1995년 딜런의 트랜스내셔널 히스토리 연구팀이 트랜스내셔널을 특정한 내용으로 못박기를 거부하고 민족(국가)을 넘어서는 다양한 방법으로 이해하고자 했던 이유가 여기에 있었고 또한 실제 연구를 통해 이를 입증하였다. 트랜스내셔널 히스토리가 가지는 불확정적인 개방성이야말로 인식론적 패러다임의 성격이 강한 지구사나 포스트민족주의 뿐만 아니라 방법론적 패러다임으로서의 사회사나 문화사와 대화하는 데 있어서 걸림돌이 아니라 유연한 관절처럼 작용할 수 있게 해준다.

필자가 보기에 지구화의 본질을 가장 정확하게 꿰뚫어 본 가이어와 브라이트는 일찍이 "오늘날의 글로벌 시대에는 세계의 과거들이 모두 동시에 현존, 충돌, 상호작용하고 서로 섞이면서 결코 동질적인 세계문명사가 아닌 현재 역사들의 콜라쥬를 만들어내고" 있다고 판단했다. 따라서 전 지구적 통합의 과정과 지역 중심의 자치운동에 동시에 주목하는 연구가 필요하다는 것이 이들의 결론이었다.[58] 민족국가는 제국주의 시대에 극명하게 나타났듯이, 지구적 통합과정을 형성, 탈피 혹은 통제하는 과정에서 결정적인 힘을 발휘하는 이데올로기이자 물리적 힘으로 존재해왔다. 따라서 한 방향으로의 통합이 아니라, 통합과 파편화라는 지구화의 양방향적인 양상과 통합과 분열 사이를 진동하는 가운데 열리는 판도라의 세계를 포착하고자 하는 지구사라면 결코 민족국가를 빼고서 서술될 수 없으며, 그런 의미에서 민족국가를 전 지구적 차원에서 조밀하게 맥락화하는 트랜스내셔널 히스토리와 긴밀히 협조하여 서술되어야 할 것이다.

4 장

탈유럽중심주의적 유럽사와 지구사

앞장에서 살펴본 트랜스내셔널 히스토리를 교량으로 삼아서 본 장과 5장에서는 지구사로 들어가는 다음 진입로인 지역사로 건너가 본다. 즉 트랜스내셔널 히스토리를 매개로 지구사와 지역사로 대변되는 세계와 지역의 양안(兩岸)을 두루 살피는 방식이다. 트랜스내셔널 히스토리는 실제로 지역사 연구와 서술에서 활발히 논의, 적용되고 있으며, 트랜스내셔널 히스토리의 논리와 문제의식을 지역 단위로 증폭시켜 '트랜스지역사'라는 또 다른 연구 범주를 제안하기도 한다. 기존의 지역 범주를 가로지르는 트랜스대서양사(transatlantic history), 인도양 세계사, 연안사(rim history)가 대표적이다. 세계 전역의 지역과 지역사를 모두 검토하는 것이 가장 이상적이겠지만 우리는 유라시아 양단을 점하고 있는 유럽과 동아시아에 집중하기로 한다. 이는 필자의 연구 역량의 한계 외에 양 지역의 특별한 세계사적 위치와 의미를 고려한 선택이다. 근대 유럽의 팽창의 끝은 근세까지 독자적인 세계체제의 질서를 유지했던 동아시아였다.

지역사는 엄연히 규모나 대상 면에 있어서 지구사와는 별개 범주이므로 지구사로 들어가는 입구로 보기에 적합하지 않다는 이의제기가 나올 수 있다. 과연 지구사와 지역사는 두 개의 서로 다른 문이 필요한 별개의 영역일까? 이러한 이의제기의 이면에는 단순히 규모 차이에 따른 판단 이외에 오랫동안 지역사 서술을 지배해온 지역학적 인식이 자리하고 있다. 지역사의 전통 역시 보편사의 전통만큼 오래 지속되어왔지만, 오늘날 우리에게 친숙한 지역사 서술 모델이 정립되는 데에는 제국주의 시대에 태동하여 냉전 시대에 학문으로 확립된 지역학(area studies)의 영향이 크다. 그 강력한 영향력과 풍부한 학제적(interdisciplinary) 연구성과 덕분에 우리는 지역을 하나로 묶어줄 공통성과 동질성을 먼저 설정하고 이러한 선험적 사실을 지역의 역사적 과정 속에 물화하는 매뉴얼에 따라 지역사를 이해하고 쓰는 데 익숙해졌다.

무엇보다도 지역적 공통성과 동질성을 강조하는 지역학적 지역사 모델은 민족사 패러다임의 논리를 그대로 승계한다. 표면적으로는 개별 민족과 국가의 경계를 넘어선 고찰을 내세우지만, 본질주의적 동질성과 폐쇄적 통합성을 구심점으로 삼는 민족사 패러다임을 그대로 답습한다. 지역사 서술이 종종 민족사 패러다임의 지역적 확장판 수준을 벗어나지 못한다는 비판을 받는 이유이다. 지역사 연구의 전제 혹은 종착지로 거론되는 지역의 동질적 정체성은 역사적 지역화의 산물이기보다 정치적 지역화의 목적일 때가 더 많았다.

일찍이 이러한 지역학적 지역 개념의 비역사성을 지적하고 극복하기 위해 애썼던 선구자가 호지슨(Marshall Hodgson)인데, 그는 맥닐과 함께 지구사 패러다임의 기틀을 다진 지구사의 또 다른 아버지로 꼽히는 시카고 대학의 이슬람사학자이다. 호지슨은 지역학의 지역 개념을 두고 현재지향주의가 강하고 주로 문화적 유사성과 지리적 분포에 기초하여 분류하기 때문에 항상 시간적 경계를 불충분하게 고려한다고 신랄하게 비판하였다. 특정 지역의 특성을 일괄적으로 파악하여 지배하려는 전략적 관심에서 태동한 지역학은 정체적, 폐쇄적, 선험적인 지역 이해로 귀결될 때가 많았기 때문이다. 그는 지역과 세계 간의 연결성과 연동성을 강조한 '세계지역(world region)'을 대안 개념으로 제시하였다. 호지슨에 의하면, "지역이란 역사적 고려에 따라 그 경계가 정해지는 지리적 영역이고 상당히 대조적인 문화들이 병존할 수 있지만, 상대적으로 소통과 상호교류에 주요한 물리적 장벽이 없는 영역"[1]이므로, 모든 지역은 내용적으로 세계지역으로 번안될 수 있다. 호지슨의 주장대로 지역 이해에서 지리적 경계보다 시간적 경계를 더 적극적으로 고려한다면, 지역과 세계는 분리가 아닌 연결의 관점에서 살펴야 할 양안이지 규모에 따라 배열될 대상이 될 수 없다.

실제로 유럽과 동아시아에서 각별히 열띤 논쟁과 함께 진행되고 있는 지역사 논의는 시간이 갈수록 호지슨의 세계지역적 의미에서 유럽과 동아시아를 재발견하고 재해석해야 할 필요성을 확인시켜준다. 우리는 지역사의 뿌리와 현실적, 학술적 동기가 동아시아에 비해 훨씬 강한 유럽에서 먼저 출발하여, 지역적 통합을 위한 지역사로부터 세계사적 연동 관계에 주목하는 지역사로 옮겨가기 위한 인식적, 방법론적 시도들을 살펴본다.

유럽과 유럽사가 가장 뜨거운 화두로 논의되고 있는 곳은 단연 독일 역사학계이다. 유럽연합의 주도국이라는 정치적 요인을 제일 먼저 떠올릴 수 있지만, 독일 역사학계의 내부적 요인도 함께 작용한 결과이다.

1970년대 이래 독일 역사연구를 주도해온 사회사 패러다임은 지구화라는 새로운 세계 현실의 부상과 함께 학문적인 존폐위기에 면해 있다. 독일 사회사학의 간판 학술지인 '역사와 사회'에 실린 지난 25년간의 기고문들의 주제들을 분석한 사회사학자 라파엘(Lutz Raphael)은 독일의 주류 역사학계의 연구 경향을 '민족 중심의 사회사'로 규정하였다.[2] 그러나 이처럼 공고했던 사회사 서술의 핵심 범주인 민족은 1990년대에 들어와 '지구적 전환(global turn)'의 뜨거운 역풍을 맞게 되었다. 1980년대 영국 마르크스주의 역사학자들의 특수경로(Sonderweg) 테제 비판과 뒤이은 '문화적 전환'의 거센 공격에도 건재했던 사회사 패러다임은 오늘날 민족과 함께 위와 아래 그리고 안과 밖으로부터의 전례 없는 협공에 직면해있다.

민족 중심적 사회사를 대체하고 새로운 패러다임의 활로를 모색하는 과정에서 지구사, 트랜스내셔널 히스토리, 포스트식민주의과 같은 다양한 핵심어들이 거론되지만, 실제 연구성과들을 기준으로 볼 때 그 압도적 소실점은 '유럽'이다. 앞에 열거한 거창한 핵심어들을 사용해서 전 세계적인 연계성을 역설하지만, 대부분은 유럽과 대서양 세계를 벗어나지 못한다. 바로 이런 이유에서 소장파 지구사학자, 작센마이어(Dominic Sachsenmaier)는 1989년 이후 독일사학계 내 일고 있는 새로운 패러다임 모색을 광의의 유럽사와 협의의 유럽사, 단 두 종류로 분류했다. "유럽이라는 의미와 결합해 있는 지리적 문화적 공간에 관계된 잡다한 역사학적 연구들"을 전자의 범주로, 1989년 이후 새로이 출현한 유럽사 연구유형으로서 하나의 지역으로서의 유럽 자체를 직접 대상으로 삼아서 그곳에서 일어난 사건과 현상들의

총체적 연관성을 재구성하는 것을 목표로 하는 연구들을 후자의 범주로 파악한 것이다.[3]

민족 중심의 사회사 패러다임에 대한 대안을 유럽사에서 찾는 것은 작센마이어와 같은 지구사학자가 보기에 성에 차지 않는 소심한 확장에 불과하다. 기왕에 대안을 찾을 바에는 지구화라는 대세에 걸맞게 탈경계적이고 전 지구적인 연계성을 연구하는 지구사 패러다임으로 나아가는 편이 훨씬 바람직할 것이다. 지구사 논의가 가장 활발히 진행되고 있는 미국 학계의 평가 역시 크게 다르지 않다. 예를 들어, 트랜스내셔널 히스토리와 포스트식민주의의 영향 하에서 식민주의에 관한 수많은 연구들이 독일사학계에서 쏟아지고 있지만, 주로 유럽과 대서양 세계 내 독일을 위치 짓는 문제에만 집중되는 것이 아쉽다는 평이 많다. 비유럽 세계와 독일의 조우가 충분한 범위, 규모 그리고 연대기적 범주에서 연구되는 수준에 이르지 못하기 때문이다. 이러한 연구사적 결핍을 해결하기 위해서는 제국주의 관련 질문들을 정치군사적 차원 외에 문화적이고 이데올로기적 층위로 넓힐 필요가 있다는 제언도 이어졌다.[4]

이쯤에서 이러한 비판적 논평들에서 문제되는 본질이 무엇인지 따져 볼 필요가 있겠다. 과연 독일의 민족적 사회사 패러다임의 돌파구를 모색하려는 학문적 노력이 좀 더 규모가 큰 지구사를 지향하지 않고 유럽사로 귀결되는 것 자체가 문제인 것일까? 애초에 민족적 사회사 패러다임의 위기를 초래한 원인 자체가 전 지구화라는 새로운 시대적 조건이었음을 상기한다면 이런 문제제기에도 상당한 일리가 있을 수 있다. 하지만 독일의 지구사학자 오스터함멜처럼 좀 더 넓은 시야의 지구사로 나아가기 위한 전초기지의 의미를 유럽사 패러다임에 부여할 수 있다면[5] 전자 방식의 문제제기는 지나치게 성마른 요구이지 않을까? 오히려 이들 논평의 구체적인 내용을 떠나서 진짜 문제는 다른 곳에 있지 않을까? 즉 현재 연구성과와 추세가 보여주는 수준의 유럽사 서술이 지역학적 지역사 모델에 안주하면서 민족적 사회사 패러다임의 논리와 방식을 그대로 반복할 뿐이고 발상의 전환을 차단하는 인식 구조에 대한 메타인지적 성찰의 부재가 더 문제이지 않을까? 이러한 의문들은 독일사학계에서 연구성과로 내놓은 유럽사 서술 내용의 문제점들을 구체적으로 점검하면서 해소될 수밖에 없을 것이다.

연구성과와 그 문제점들에 대한 검증에 들어가기에 앞서서, 분명히 하고 들어갈 것은 유럽사는 기본적으로 유럽이라는 지역만을 대상으로 하는 지역사로 서술될 수 없다는 사실이다. 지역사로서의 유럽사는 역사학적으로나 현실적으로나 동아시아사와 마찬가지로 강력한 당위성을 갖기에 포기하기 힘든 범주이다. 유럽연합을 역사적으로 설명하고 어떤 식으로든 그 경계와 정체성의 근거를 밝혀야 할 정치적 필요성이 뚜렷하며, 해당 지역의 부상과 지역화 과정에 대한 광범한 사회적, 역사적 관심이 존재하기 때문이다. 동아시아사와 마찬가지로 개별 국민국가의 이해관계를 넘어서서 지역의 현안과 갈등을 조정하기 위한 역사적 지평을 제공하는 지역사로서의 유럽사의 역할 또한 부인하기 힘들다.

그런 의미에서 1990년대 초반 이래 논의된 국내의 동아시아 담론의 문제의식은 유럽사 논의와 공명하는 측면이 많다. 그럼에도 유럽의 경우는 그 논의 대상이 유럽이라는 이유만으로 유럽중심주의 문제가 처음부터 강력하게 개입할 수밖에 없다. 유럽중심주의는 그것이 전 지구적 패권과 직접 맞닿아 있다는 측면에서 동아시아사의 중국중심주의와 근본적으로 다르다. 요컨대 탈유럽중심적 유럽사를 서술해야 하는 딜레마야말로 유럽 역사학이 안고 있는 특별하고도 복잡한 사정인 것이다.

탈유럽중심적 유럽사로 가기 위해 궁극적으로 혹은 가장 먼저 넘어야 할 걸림돌은 무엇일까? 스토니브룩 뉴욕주립대학의 홍연선은 오랫동안 길들여져온 "자족적이고 단자적인 주체를 벗어나서 [...] '백인 대서양'이라는 구조물이 얼마나 인종적 차이에 의존해있는지를 이해"하는 것에서 출발하여 "유럽 개념이 기초하고 있는 인종체제(racial regime)를 재검토"할 것을 주문한다. 그가 보기에는 근래의 소장파 독일사학자들의 야심찬 트랜스내셔널 히스토리 연구들조차도 "유럽이 구조된 방식에 대한 질문은 건너뛰기 때문에 그들이 비판하고자 했던 유럽중심주의를 재생산"하는 악순환을 되풀이하고 있다.[6] 이렇게 보자면, 지리적으로 비유럽 세계와의 연관성, 비교 가능성, 상호작용을 충분하게 고려한다고 해도 유럽사 서술이 여전히 유럽중심주의적인 유럽 개념과 재현 방식에 기초하고 있는 한, 제대로 된 유럽사는 서술되기 어렵다. 결국, 관건은 독일 사회사를 해체적으로 확장하는 틀이 유럽에 그치는 것 자체가 아니라 유럽 개념의 탈유럽적 확장에 있다.

따라서 탈유럽중심적 유럽사를 재구성하는 데 가장 큰 걸림돌이자 그러한 재구성의 핵심에 해당하는 유럽 개념의 문제를 오늘날 논의되고 있는 내용을 기준으로 검토하면서 그 내용적 구성에 기여한 역사적 계기들을 함께 고찰한 후에, 본격적으로 유럽사 서술의 문제를 검토하는 것이 순서에 맞겠다. 그에 이어서는 앞서 살핀 유럽 개념을 각각 계승 혹은 해체하는 두 가지 상반된 방향으로 진행되고 있는 유럽사

서술의 패러다임들을 차례로 살펴보도록 하자.

| 1 | 유럽은 문화적 재현 개념

유럽사를 유럽이라는 지리적 실체를 토대로 한 역사가 아니라 "유럽을 둘러싼 하나의 담론이 구성되는 역사"[7]로 규정한 유럽사학자 슈말레(Wolfgang Schmale)의 정의에서 명확히 드러나듯이 유럽사 논의의 시작과 끝에는 유럽이 있다. 유럽이란 무엇이고 그 공간적 경계는 어디서 시작되어서 어디서 끝나는지, 유럽이란 지리적 개념인지 문화적 개념인지, 그렇다면 유럽사는 도대체 언제 시작되었는지와 같은 질문들이 끊임없이 유럽 담론의 중심을 차지해왔다. 오리엔트가 실재가 아니라 제국주의 시대의 세계관을 반영하는 재현이었던 것처럼, 유럽 역시 유럽인들의 역사적 재현이었기에 명확한 지리적 문화적 실체나 경계를 가질 수 없는 것은 당연하다.

그럼에도 유럽에 대한 특정 이해와 비사실적인 재현은 시대적 계기에 따라 꾸준히 다르게 재생산되면서 사실적인 힘을 발휘해왔다. 슈말레는 15세기를 경계로 과거의 유럽 개념과 비교적 최근의 유럽 개념을 구조적으로 다른 것으로 구분하며 재현으로서의 유럽 개념의 특성을 명확히 해준다. 이전에는 "유럽이란 이름을 지리적이고 문화적인 공간과 실제로 연관 짓는 것이 중요"했다면, 최근의 유럽 개념에서 중요한 축은 기독교 세계와 민족 그리고 19/20세기 이래의 국제연맹 사상이라는 것이다.[8]

유럽 개념이 일반적으로 쓰이기 시작한 것은 18세기에 들어서였는데, 이러한 일반화를 가능케 한 것은 지리학이라는 새로운 학문의 탄생이었다.[9] 15세기가 지나면서 지리적 이해는 유럽 개념에서 중요한 역할을 하지 못했다고 슈말레는 지적했지만, 지리적 공간에 대한 이해와 검증이 지리학이라는 근대 학문과 결합하면서 오히려 유럽에 대한 근대적 개념이 정립되는 중요한 계기로 작용하였다.

18세기에 들어와 학문으로 정립된 지리학은 이전의 상상력에 크게 의존하던 지리적 이해를 엄격한 잣대에 의한 측량과 탐사 활동을 통해 정교한 수준으로 체계화하였다. 그 결과로, 지형학, 기후학, 토양학, 생물지리 등 자연현상에 대한 과학적인 조사에 입각한 자연지리와 사람이 만들어내는 지리적 현상을 주 연구대상으로 삼는 인문지리로 나뉘는 계통지리, 그리고 다시 이를 토대로 특정 지역의 독특한 지역성을 연구하는 지역지리로 이루어지는 과학적이고도 복합적인 체계가 이 시기에 구축되었다. 또한 신대륙 발견과 이후 가속화된 유럽의 식민주의적 팽창과 맞물려서 지리학의 대상이 유럽을 넘어서 신세계, 아시아, 아프리카와 같은 비유럽 세계의 지리적 현상과 이에 대한 체계적 이해로까지 확장되면서 유럽 지리는 한층 표준적이고 총체적인 지리학적 지식 속에서 설명될 수 있게 되었다.

이러한 체계화에 크게 이바지한 것이 헤트너(Alfred Hettner)의 일반지역지리학인데, 지구 전체에 대한 조망 속에서 고유한 지역적 특성들을 추출해내는 것을 목표로 삼았다. 그러나 이것은 방법론적 비전에 머물렀을 뿐, 실질적으로 전 지구표면을 총체적이고 표준적인 모델에 따라 서술하는 작업에는 실패했다. 헤트너의 일반지역지리학을 계승하여 이를 더욱 정교하게 다듬었던 라우텐자흐(Hermann Lautensach)조차 "유럽과 아시아를 구분 짓는 '자연적 경계'를 유라시아 대륙에서 [긋는] 어려움"을 고백했다.[10] 결국, 근대 지리학은 유럽과 비유럽, 후자를 다시 아시아, 아프리카, 호주, 아메리카, 남극으로 그리고 각 지역을 다시 세분화하여 질서정연한 체계화의 틀은 마련했지만, 개별 지역을 나누는 지리적 경계의 타당성을 객관적으로 입증하지는 못했다. 따라서 지역지리학은 오늘날 '상상의 지리'로 회자되고 있는 아시아의 경우가 잘 보여주듯이 상당한 인문학적 상상이 개입한 학문임이 드러났다.

라우텐자흐의 고백은 오늘날 고등학교 교과서에서도 인정하는 상식이 되었다. 바덴 뷔르템베르크의 김나지움 고급학년에서 사용하는 유럽사 교과서는 유럽의 지리적 경계의 불명확성을 숙지시키는 것으로 책을 시작한다. 즉 아시아와 맞닿은 동쪽 경계를 유럽의 지리적 범주가 갖는 문제의 핵심으로 지적하면서, 특히 보스포루스 해협을 경계로 하는 소아시아와의 경계뿐만 아니라 우랄산맥의 저지대와 카우카수스 반도와의 경계 역시 역사적으로 유동적이고 불명확하다는 사실을 지적하고 있다.[11] 유럽통합 지지자로서 가장 통일적인 형태의 유럽적 정체성의 고취를 부르짖어온 구동독 출신의 신학자이자 SPD 정치인인 슈뢰더(Richard Schröder)도 유럽은 "유라시아 대륙의 서쪽 부분을 의미할" 뿐이기 때문에 지리적 관점에서 볼 때 전혀 설득력이 없다고 전제했다.

하지만 슈뢰더의 말대로 지리적 개념으로서의 유럽을 전적으로 허구로 볼 수만도 없다. 유럽이 정체성 개념으로 기능하기 위해서는 문화적 정치적 맥락과 일치하는 최소한의 지리적 계기가 필요하기 때문이다. "삼대륙을 포괄했던 알렉산더 제국이나 로마제국에서 유럽이 정체성 형성에 아무런 역할을 하지 못했고," 서로마제국의 종말과 함께 유럽이 다시 회자되기 시작한 것은 이를 단적으로 말해준다.[12]

그에 비해 유럽 개념의 정의에서 오늘날까지도 핵심을 담당하고 있는 것이 기독교, 그리스 로마적 고전문화, 계몽, 자유, 개인, 이성, 학문, 진보와 같은 서구적 가치이다. 그 중에서도 유럽적 정체성을 거론할 때마다 빠지지 않고 등장하는 양대 기축 가치는 단연 자유와 기독교이다. 자유의 관점에서 보자면, 유럽은 적어도 헤로도토스 이후 줄곧 '문화개념'이었다. 헤로도토스의 선배였던 지리학자 헤카타이오스(Hekataios)는 에게해, 마르마라해, 흑해, 돈강을 기준으로 유럽과 아시아를 구분했지만, 헤로도토스가 양 대륙을 구분한 기준은 자유였다.[13]

헤로도토스는 『역사』에서 "페르시아인은 아시아와 아시아에 사는 비 그리스계의 여러 민족을 자기들에게 소속되는 것으로 간주하고, 유럽과 그리스는 자기들과 다르다고 생각"한다고 썼다. 헤로도토스는 페르시아에 망명한 그리스인 데마라토스의 입을 빌려서, 그리스인들은 "자유를 열망하는 사람들로서" "전제에도 굴복하지 [않았으므로]" "그리스에게 예속을 강요하는" 페르시아 왕의 제안을 절대로 받아들이지 않을 것이라고 말한다.[14] 헤로도토스가 제한적으로 표출한 자유로운 유럽과 전제적인 비유럽이라는 가치 인식은 아리스토텔레스를 거쳐서 몽테스키외와 헤겔에 이르기까지 일관되게 이어졌다. 특히 아리스토텔레스는 예전에는 단순히 이방인을 뜻했던 야만인(barbaroi) 개념을 자유 능력을 결여한 종족을 가리키는 정치적 범주로 사용하면서 궁극적으로 아시아를 야만으로 규정했다.[15] 이로써 19세기의 제국주의적 문명화론에까지 계승될 고전적 기초가 마련되었다.

서구적 가치의 또 다른 중요한 축인 기독교가 유럽 개념과 공고히 결합하여 '기독교적 유럽'이라는 의미 세계가 형성되기 시작한 것은 15세기에 들어서라고 한다.[16] 이 시기는 르네상스 운동과 더불어 세속화가 사회 전반에 걸쳐 진행되기 시작하면서 교황의 권위가 점차 축소되기 시작한 시기이기도 하지만, 다른 한편으로는 비잔틴 제국이 오스만투르크의 침입으로 멸망하면서 십자군 전쟁 이래의 이슬람과 기독교의 대립 구도가 절정에 달한 시기이기도 했다. 신성로마제국의 황제특사 피콜로미니(Enea Silvio Piccolomini)가 동로마제국 멸망 후 1454년 프랑크푸르트 제국의회에서 했던 연설은 기독교적 유럽의 의미를 생생히 전달해준다.

> 콘스탄티노플이 적의 수중에 떨어지고, 이렇게 많은 교인들의 피가 흐르고, 이렇게 많은 사람들이 노예로 전락하는 지금 기독교 신앙은 통탄할 정도로 훼손되고 있다. [...] 사실 수백년 이래 기독교 세계가 지금보다 더한 치욕을 당한 적이 없다. 왜냐하면 예전에 우리 기독교도들은 단지 아시아, 아프리카 등 낯선 땅에서만 패했지만 오늘 우리는 유럽, 우리의 조국, 우리의 집, 우리가 사는 곳에서 가장 심하게 당했기 때문이다.[17]

이처럼 기독교적 유럽은 19세기 초까지 주로 이슬람과 이교도에 대항하는 기독교 세계 전체를 대표하는 보편적 의미가 강하지만, 유럽사를 줌인해서 자세히 들여다 보면 이러한 기독교적 유럽의 보편주의적 이미지에는 상당한 착시효과가 있다. 유럽사를 관통하여 담론적 영향력을 발휘해온 기독교적 유럽의 핵심 내용을 이해하기 위해서는 9세기로 되돌아갈 필요가 있다. 기원후 800년 카롤링거 왕조의 카롤루스(프랑스어로는 샤를마뉴, 독일어로는 카알)는 교황 레오 3세에 의해서 옛 서로마제국의 영토를 다스리는 황제로 대관되었는데, 바로 기독교적 유럽 세계의 핵심부가 만들어지는 순간이었다. 그림 4가 보여주듯이 근대에 들어서까지 유럽적인 것에 호소할 필요가 있을 때마다 소환되었던 이 대관식은 보는 관점에 따라 여러 가지 의미를 내포하는 극히 복합적인 사건이었다. 그럼에도 가장 결정적인 의미는 그것이 비잔티움 제국을 포함한 동방에 맞서는 '독자적인 서구 기독교 세계(Das eigentümlich abendländisches Christentum)'의 탄생을 알리는 신호탄이었다는 것인데, 이는 로마가톨릭 교회와 게르만 봉건체제의 협력의 산물이었다.[18]

[그림 4] 프리드리히 카울바흐의 〈교황 레오 3세에 의한 샤를마뉴 대관식〉, 1861년 작.

Erik Jones, "Europe Celebrates Charlemagne: The Father of Europe," January 23. 2014. https://lifehopeandtruth.com/prophecy/blog/europe-celebrates-charlemagne-the-father-of-europe/(2022년 5월 16일자 확인)

이로써 고대 로마세계가 끝나고 라틴 기독교에 기반한 중세 유럽 세계의 막이 올랐다. '유럽의 아버지'라는 별칭을 갖고 있는 카롤루스 대제는 8세기 말 북쪽으로 작센, 남쪽으로는 이태리 남부 일부를 제외한 이태리 전체, 그리고 동쪽으로는 크로아치아, 소르브와 보헤미아 같은 작은 슬라브족까지 정복하면서, 옛 서로마제국의 영토 대부분을 다시 통일하였고, 로마 교황으로부터 비잔틴 제국 황제와 동등하게 로마제국의 계승자로 인정받았다. 그가 아리우스파를 믿는 '이교도' 작센과 끊임없이 전쟁을 벌이고 "비잔틴에 대항해서도 수단과 방법을 가리지 [않았던]" 것은[19] '유럽'으로 지칭되던 자신의 제국적 권역뿐 아니라, 새로이 탄생한 서구 기독교 세계를 지키기 위해서였다.

카롤루스 제국으로 표상된 라틴 기독교(로마가톨릭) 세계의 확립은 비잔틴 제국에 대한 서유럽인들의 시각을 크게 바꾸어 놓는데, 이제 비잔틴 제국이 아닌 서유럽의 프랑크 왕국이야말로 로마제국의 적자적 계승자라는 인식이 자리 잡으면서 비잔티움인들은 그리스인들로 불렸다.[20] 이슬람 원정을 위해 출정한 십자군이 엉뚱하게도 1204년에 콘스탄티노플을 약탈한 후에 라틴제국을 세운 행위는 바로 이러한 맥락에서 이해될 수 있을 것이다.

기독교적 유럽의 라틴 기독교 중심의 협소한 함의는 비잔틴 제국의 몰락으로 이슬람과 직접 경계를 맞닿게 되면서 앞서 인용된 피콜로미니 연설에서 보듯이 잠시 보편적 의미로 확장된다. 그러나 18세기 러시아의 부상과 함께 기독교 유럽의 의미는 다시 축소된다. 에카테리나 여제가 유럽의 동쪽 한계선을 돈(Don)강에서 우랄산맥으로 옮기면서 1762년 '러시아는 유럽 국가'라고 선언하고, 실제로 러시아가 나폴레옹 전쟁을 수습한 빈체제의 주축국으로 우뚝 서면서 누구도 러시아가 유럽의 강대국임을 부인할 수 없게 되었다. 그러나 비잔틴 제국 붕괴 이후 러시아 로마노프 왕조에 의해 그리스정교가 계승되었음에도 러시아를 기독교적 유럽의 일원으로 생각하는 이는 아무도 없었다.[21] 러시아의 빈체제 참여와 크림 전쟁을 계기로 러시아 혐오증(Russophobia)이 본격화되면서, 기독교적 유럽은 다시금 선명한 경계를 얻게 되는데, 동로마 제국의 슬라브계를 명확히 제외시킨 슐레겔(Friedrich Schlegel)의 '대륙유럽(Kontinentaleuropa)'이 그것이었다. 그는 이러한 지리적 범주에 입각하여 로마적, 게르만적, 기독교적 유산을 통해 통일된 독특한 유럽적 문화공간으로서의 기독교 서구 개념을 정초하였다.[22]

서유럽 중심의 기독교적 가치는 전후 유럽에서 다시 한번 큰 영향력을 발휘하며 유럽 개념을 각인하게 된다. 나치 독재와 제2차 세계대전이라는 파국 이후 유럽평의회(Europarat), 유럽경제공동체, 유럽방위공동체 등의 설립을 아젠다로 삼은 유럽 재건과 통합 운동을 이끈 결정적인 동력은 반공산주의와 냉전이었다. 비기독교적인 모든 국가와 문화, 특히 무신론적인 소련연방에 대한 배타적인 선 긋기와 역내적으로 기독교의 재강화 및 기독교적 정치문화가 1945년 직후 유럽 곳곳에서 큰 반향을 얻었고, 1990년 유럽에서 냉전이 종식될 때까지 서유럽적 기독교 가치는 기독교적 유럽의 내용적 중심축을 담당하였다. 오늘날 유럽연합이 발족한 이후에도 대부분의 동유럽 국가들의 문화적, 종교적 뿌리에 해당하는 비잔틴 제국과 동방정교회는 중세사 개설서나 교과서에서 소략적으로 다루어지는 데 그치고 있다.[23]

| 2 | 동질적 유럽사 패러다임: 유럽을 유럽으로 만들기

과거의 유럽사 연구와 서술은 대체로 유럽의 개별 민족사들을 합쳐 모은 개설서의 형식으로 이루어졌다.[24] 유럽 자체를 하나의 독자적인 토포스로 상정하여 그곳에 거주하는 주체들의 역사적 경험을 연구와 서술 대상으로 삼은 유럽사 연구는 거의 없었다. 앞서 살펴본 대로 유럽의 지리적 문화적 경계에 대한 합의가 사실상 부재하고 유럽 개념에 대한 논란도 크기 때문에, 엄격한 사료 분석을 중시하는 사회사 중심의 연구 풍토 속에서 후자 형식의 연구가 전문성 있는 연구로 인정받기란 쉽지 않았기 때문이다. 그러나 1990년 이후 유럽통합이 가속화되면서 이러한 연구추세는 역전되었다. 이제껏 학문적 인정을 거의 받지 못하던 후자의 유럽사 연구가 주류 학계의 관심 대상으로 부상하면서 전문 연구 분야로 거듭난 것이다. 그런 의미에서 1990년 전후 새로이 부상한 후자의 유럽사를 편의상 '신유럽사'로 통칭할 수 있겠다.

우선, 2004년 5월 동구권 10개국의 유럽연합 가입으로 유럽연합이 동쪽으로 크게 확대되어 새로운 지리적 윤곽을 얻게 되자, 역사적 문화적으로 통합적인 유럽 정체성 확립이 갑작스레 시대적 과제로 대두되었다.[25] 무엇보다도 유럽연합의 정치 지도부가 민주적 대표성을 갖고 있지 않았기에, 다양한 경로를 통해 유럽의 통합적 정체성을 구축하는 것이 중요했다. 이에 유럽은 유럽 헌법을 서둘러 제정하려는 강수을 먼저 선택하였다.

2004년에 발의된 '유럽 헌법(흔히 유럽헌법제정조약(Treaty establishing a Constitution for Europe) 혹은 헌법조약(Constitutional

Treaty)으로 불림)'의 필요성과 당위성을 호소하는 장과도 같은 곳이 서문이라면, 서문의 핵심어는 통일 유럽이었다.[26] 이는 유럽이 "쓰라린 경험 후에 재통일"되었다든지, "유럽인들은 그들의 민족적 정체성과 민족사를 여전히 자랑스럽게 여기면서도 이전의 구분을 뛰어넘어서 공동의 운명을 구축하고자 하는 의지가 결연하고 그 어느 때보다도 단단히 통일되어있다"든지, "유럽은 문화, 학습, 사회적 진보에 개방적인 하나의 대륙으로 남기를 희망한다"(이상 강조는 필자에 의한 것)와 같은 문장들에서 잘 드러나 있다.[27]

그러나 유럽 헌법이 비준 과정에서 부결되는 돌발 사태로 인해 2009년 효력 발생한 리스본 조약으로 대체되는데, "유럽의 문화적, 종교적, 인문주의적 유산"을 언급한 첫 단락을 제외하고 서문 전체가 삭제되었다. 이로써 통일 유럽을 헌법 서문을 통해 명문화하려는 시도는 불발에 그쳤지만, 유럽연합의 공동체적 성격, 외부적 위협에 맞서는 유럽연합의 통일성 그리고 유럽적 정체성에 대한 강조는 리스본 조약 곳곳에 양각되어 있다.[28]

이후 통일 유럽의 공은 역사학계로 넘어가 유럽연합의 주축국인 독일과 프랑스를 중심으로 유럽사 전성시대를 열었다. 1989년 혁명과 이후 유럽연합의 동구권 확대라는 격변의 시기에 미래를 위한 구심력과 통합력을 문화적으로 동질적인 유럽 역사의 상에서 구하려는 뜨거운 사회문화적 열망이 유럽사 연구의 높은 연구 생산성으로 표출되었다. 특히 독일에서 1990년 직후 20년가량 유럽사 관련 교과서, 교양서적, 전문서적들이 집중적으로 쏟아졌는데, 대체로 '우리' 개념에 정초하여 유럽을 하나의 동질적인 역사문화공동체로 재구성하거나 입증하려는 저작들이 지배적이었다. 통일 유럽이라는 목적지가 뚜렷한 만큼, 비교적 뚜렷한 지리적 경계는 필수였다. '우리' 유럽의 경계는 대체로 우랄산맥 서편을 지칭하는 18세기 후반 이래의 유럽의 지리적 정의를 따르든지, 폴란드 국경의 동편, 터키와 마그렙(Maghreb) 아프리카를 제외하는 문화적 정체성 중심의 유럽 정의를 따랐다. 앞 절에서 살펴본 바의 타자와의 경계에 입각한 역사적인 유럽 개념에 큰 틀에서 조응하는 정의였다.

이제 1990년을 전후로 유럽사 출판 시장을 지배한 신유럽사의 유형을 '동질적 유럽사 패러다임'으로 별칭함으로써 다음 장에서 다룰 한층 해체적인 유럽사 패러다임과 구분하고 좀 더 상세히 들여다보자. 동질적 유럽사 패러다임을 전문 역사학 분야로 출범시킨 힘은 사회사학자들의 대거 참여에서 나왔다. 이들은 유럽 공통의 경험으로 간주될 수 있는 사회구조, 근대성의 특징, 정치문화와 같은 주제들이나[29] 유럽의 이미지, 유럽적 정체성, 혹은 민족적 경험보다는 유럽 공통의 과거와 더 쉽게 연관될 수 있는 주제들을[30] 대상으로 한 전형적인 사회사적 연구로부터 노골적인 유럽중심주의와 본질주의적이고 예외주의적 유럽 인식에 기초한 연구들에 이르기까지 다양한 스펙트럼의 작업을 진행하였다. 이 중 프랑스 중세사가 르고프(Jacques Le Goff)가 총편집장을 맡고 독일, 프랑스, 영국, 스페인, 미국의 5개국 출판사가 협력하여 4개 국어로 발간한 '유럽 짓기(Europa Bauen)' 시리즈는 가장 대중적이면서도 전형적인 유럽중심주의적 유럽사의 사례에 해당한다.[31]

역사적 현실이 아니라 통일 유럽이라는 이상형에서 출발한다는 점에서 동질적 유럽사 패러다임은 치명적인 약점을 안고 있음에도, 역사학계 내부의 평가는 일단 긍정적이었다. 유럽사는 거대서사와 중심의 시선을 거부해온 포스트모던 역사학의 입장에서도 반길만한 대안이었다. 유럽사를 지방적인 것이 민족사 패러다임 속에서 탈루되거나 민족적인 것의 하위범주로 추락하는 것을 막아줄 강력한 방패로 이해했기 때문이다. 소위 '지방적인 것의 재발견'이란 슬로건은 19세기 민족 형성 과정에서 진행된 중앙과 주변, 민족국가와 지방간의 계서적인 영토화 과정을 역사상 예외적인 단계로 규정하고 다양한 유럽 내 지방 공간 간의 트랜스내셔널 연계성을 부각시키려는 움직임을 잘 대변한다.[32]

흥미롭게도 지방적인 것과 유럽적인 것을 연결하는 데 가장 진심인 것은 바이에른 주교육과정인데, 학계보다 더 적극적이다. 바이에른의 반프로이센적이고 분리주의적 역사 전통과 의식이 주된 배후 동력임은 자명하다. 현재 바이에른 교육과정은 독일적 정체성보다 지방적 정체성 고취을 더 중시하고 종족/민족중심주의에 대한 대안으로서 유럽주의를 강하게 지지하는 단연 차별적인 모습을 보이고 있다.[33]

반면, 대표적인 재미 독일사학자 야라우쉬(Konrad H. Jarausch)는 유럽사의 학문적 의미 이전에 유럽 공동체 차원의 의미를 훨씬 높게 평가했다. 그가 보기에 유럽사는 "감정적 에너지를 결집시킬 수 있는 새로운 동일시(identification)의 대상을 제공"해줄 수 있기 때문에, 폐쇄적 서사구조의 민족사 패러다임을 대체할 수 있는 전도유망한 전략이었다. 아울러 야라우쉬는 파행적 유럽사의 진앙지와도 같은 독일 역사발전의 특수성도 상대화 내지 '서구화'해줄 수 있을 것으로 내다보았는데, 이것은 오랫동안 특수경로 테제에 갇혀 있었던 독일 사회사 연구의 새로운 출로에 대한 열망이 엿보이는 대목이기도 하다. 그는 유럽사 연구가 각국사의 총합에 그칠 때가 많고 문화적 차이에 대한 서술도 대부분 '다양성 속의 통일성'이라는 상투어의 반복으로 끝나는 경우가 많다고 지적하면서도, 유럽이 장차 하나의 정치 연합으로 진화하는 과정에서 역사학 내에서 유럽사가 더 중요해질 수밖에 없다고 예상했다.[34] 그의 예견대로 동질적 유럽사 패러다임은 본질주의적 인식 전제와 수많은 한계에도 불구하고 오늘날 유럽사 도서 시장에서 가장 대중적인 플롯의 제공자 역할을 톡톡히 하고 있다.

그렇다고 해서 동질적 유럽사 패러다임이 전적으로 유럽의 현실 정치적 요청에 대한 역사학적 대응으로서만 유의미하다는 이야기는 결코 아니다. 동질적 유럽사 패러다임의 학술적 의미도 큰데, 다만 그것의 인식 전제, 서술 특징, 방법론 전체를 고려할 때 상당히 야누스적이다. 요컨대, 동질적 유럽사 패러다임은 기존의 사회사 패러다임의 대안이라기보다는 '혁신적' 계승에 가깝다. 이는 동질적 유럽사 패러다임의 비균질적인 연구 관심 자체에 기인하는 바가 크다. 한편으로는 경계를 가로지르는 사건, 인물, 역사적 과정을 매개변수로 삼아서 한층 통일적이고 유럽다운 유럽과 궁극적으로 '유럽화된 유럽사'를 재구성하면서도, 다른 한편으로는 민족사적 차원을 초월한 유럽사적 연계성과 유럽 내의 사회문화적 전이 현상에 진지한 관심을 두기 때문이다. 즉 동질적 유럽사 패러다임에는 통일 유럽에 대한 관심과 탈경계적 트랜스내셔널 관심이 공존한다.

전체적으로 이 둘 간의 긴장과 모순적 접합이 동질적 유럽사 패러다임의 진정한 특징을 구성하지만, 동질적 유럽사 패러다임의 우선 관심이 전자에 기울어 있는 사실만큼은 뚜렷해 보인다. 물론 유럽사의 동질화나 동조화를 명시적으로 내세우는 연구자는 없다. 유럽사 패러다임의 적극적인 지지자들 중의 하나인 페트리(Rolf Petri)와 지그리스트(Hannes Siegrist)도 공동 서문에서 유럽사의 목적이 유럽인들이 참여한 크고 작은 구조, 과정 그리고 역사들을 연관시키고 이를 바탕으로 유럽의 응집력을 형성하는 데 있음을 강조한다. 그러나 곧 이어지는 문장은 '응집력 있는 좀 더 크고 추상적인 역사들'로서의 유럽사가 필요한 진짜 이유를 누설한다. 이러한 유럽사야말로 유럽인들이 비유럽인들과 스스로를 '구분하고' 혹은 비유럽인들에 의해서 유럽인들로 '동일시' 될 수 있는 근거를 제공한다는 것이다.[35]

따라서 이러한 인식 전제에 기반한 유럽사 연구에서 편협하고 선험적인 특정 공간 혹은 본질주의적이고 통일적 표준체계에 가까운 모습의 유럽과 마주치는 것은 예상 밖의 일이 아니다. 앞장에서 살펴본 문화개념으로서의 유럽 이해가 이들 연구에서 해체의 대상이 되기보다는 충실히 계승되고 끊임없이 재생산되고 있는 것도 당연한 결과이다. 이러한 유럽 개념에 대한 본질주의적 이해와 반드시 표리관계에 있을 필요는 없지만, 유럽사의 맥락을 지리적으로 매우 협소하게 한정하는 것 또한 동질적 유럽사 패러다임에서 흔히 관찰되는 공통점이다.

대다수의 연구들은 제국주의와 양차 세계대전까지 주변화할 정도로 외부 세계로부터 차단된 고립적인 공간으로서 유럽을 재현한다.[36] 작센마이어의 말처럼, 유럽사학계 내에는 마치 "유럽의 과거 패턴이 대부분 지구적 연계성과는 무관하게 전개되었다는 암묵적인 합의가 존재하는 것 같다."[37] 유럽을 문명사적으로 우월한 '통일적 가치 및 경험

공동체'로 상정하는 서술 패턴도 반복적으로 등장한다. 시민사회, 국민국가, 계몽주의 혹은 인권과 같이 유례없이 전 세계적인 보편화에 성공한 유럽 문화나 가족 형태와 중세 법제 같은 특정 문화적 특성들이 다른 문화권에서는 결여된 유럽의 차별적인 문명적 우월성으로 서술되는데, 이러한 서술 구조에서는 외부 세계를 추가로 들여오더라도 유럽적 예외주의와 유럽중심주의를 전 지구적 맥락에서 한층 더 강조하는 효과를 낼 뿐이다.[38]

이처럼 동질적 유럽사 패러다임은 기존의 일국사 중심의 사회사 패러다임과 크게 다르지 않게 선험적으로 규정된 동질적인 통일성을 전제하고 이를 단지 지역이라는 확장된 맥락 속에서 재생산하고 있다. 그럼에도 기본적으로 민족 경계를 뛰어넘는 트랜스내셔널 관심에서 출발하기 때문에, 기존의 민족에 대한 구심적 접근만 고수하기는 힘들다. 1970년대 이래 역사학의 왕도로 각광받아온 '역사비교학(Historische Komparatistik)'을 동원하더라도 민족국가적 경계를 가로지르는 유럽적 차원의 문화적 교류, 공통점, 상호연계성을 파악하기엔 역부족이다. 동질적 유럽사 패러다임의 방법론적 혁신 노력은 여기서 비롯되었다.

우선, 2장에서도 언급한 문화전이 연구와 그의 취약점을 보안한 교차역사의 방법론이 적극적으로 수용되었다. 문화전이론과 교차역사는 본래 독일의 역사비교학을 프랑스 역사학계가 비판적으로 수용하는 과정에서 부상한 비교사 방법론이다. 프랑스 학계에서 가장 큰 문제로 지적된 것은 역사비교학이 대차대조 위주의 정태적이고 대칭적인 비교와 차이점에만 매달림으로써, 차이를 본질화하게 될 위험성이었다. 그 치명적인 결과는 비교 대상들 간의 연결성과 공통점을 완전히 누락시킨 채 비교 대상들을 상호고립적으로 이해하는 것으로 귀착되는데, 이것이야말로 근대 이래의 유럽사적 현실을 왜곡하는 처사라는 것이다. 대신에 문화전이 연구와 교차역사는 역사비교학이 소홀히 다루어온 장기적인 변동과 '혼합성'을 우선 고려하여 한층 역동적인 비교사를 추구한다. 특히 교차역사는 문화전이 연구처럼 완료형으로서의 프랑스와 독일의 정체성을 출발점으로 삼아서 그들 간의 교류를 실증하는 데 매몰되기보다 '교차하다(croiser)'에 충실하여 민족적 경계를 넘나드는 공동의 맥락으로서 '정체성 형성의 공통 토대들(Identifikationsgemeinschaften)'을 중시한다.[39]

그럼에도 문화전이의 혼합성 개념은 포스트식민주의의 혼종성(hybridity)과 동일한 수위의 해체로 나아가지는 않는데, 후자가 주체 개념과 배타적인 정체성 자체를 해체적으로 이해하려는 철학적 관심에서 출발한다면, 전자는 사회, 문화적 교류와 상호작용 현상을 중심으로 한 거시적이고 표면적 수위에서 논의를 진행하기 때문이다. 그로 인해, 문화전이 연구는 문화전이의 결과로서 특정 문화의 수용자와 전파자 간의 구분 짓기를 근본적으로 해체할 수 있는 폭파력을 가짐에도 불구하고, 프랑스의 교차역사와 문화전이 연구는 여전히 프랑스적인 것과 독일적인 것을 범주적으로 유지한다. 즉 이들 연구는 문화 접촉을 주로 유럽의 민족국가적 틀 속에 가두어 기본적으로 민족국가의 패러다임에 충실한 방식을 고수하기 때문에, 종국적으로는 오히려 민족적 정체성 규명에 더 많이 기여하는 아이러니한 결과를 낳았다.[40]

또한 동질적 유럽사 패러다임은 타자에 대한 승리주의적 비전, 상호대치적 서사, 헤게모니적 시각에 의존하는 민족사적 서술 모델과 결별하기 위해 '트랜스내셔널 유럽사'를 부각시켰다.[41] 유럽연합이 19세기 민족국가와 달리 회원국가들의 주권 포기나 어떤 형식의 정치적 복속도 동반하지 않고 평화적으로 건설된 최초의 공동체이기 때문에, 전사회적 차원의 자유로운 월경과 상호교류를 강조하는 트랜스내셔널 시각을 내세운 것은 분명 타당한 선택이라 볼 수 있다. 게다가 학술적으로도 트랜스내셔널리즘은 민족사 패러다임을 일단 유럽사적 확대를 통해 극복하고 궁극적으로 세계사 및 지구사로 나아간다는 지향성이 뚜렷한 만큼, 의욕적인 아젠다였다.

그러나 전반적으로 동질적 유럽사 패러다임이 트랜스내셔널 시각을 방법론적으로 수용하는 방식은 3장에서 살펴본 트랜스내셔널 히스토리의 두 가지 유형 가운데 첫 번째의 민족적 경계를 단순히 뛰어넘는 방식에만 머묾으로써, 종국적으로 일국사적 시각을 유럽 무대에서 반복하는 결과를 낳았다. 즉 문화전이연구의 혼합성과 마찬가지로 트랜스내셔널리즘의 혁신적이고 비판적인 잠재력은 동질적 유럽사 패러다임에서 자연적인 단위처럼 선험적으로 전제되는 유럽 개념을 넘어설 수 있는 성찰을 자극하지 못했다. 오히려 트랜스내셔널의 이름으로 또 다른 자족적이고 폐쇄적인 유럽사 서술, 전적으로 내부적 계기로만 구성되는 유럽 개념, 그리고 민족적 정체성 못지않게 배타적인 유럽적 정체성이 재생산되었을 뿐이다.

그럼에도 동질적 유럽사의 이러한 행보는 그것이 낳은 풍부한 연구 성과 덕분에 민족사 패러다임의 진정한 트랜스내셔널 확대와 지구화 시대에 걸맞은 인식을 논의할 수 있는 비판적 계기와 토대를 동시에 제공해주었다. 특히 2000년대에 들어와 소장파 역사학자들을 중심으로 세계사/지구사적 시각의 적극적인 수용이 일어나면서 동질적 유럽사 패러다임이 남긴 숙제에 대한 본격적인 도전이 시작되었다.

| 3 | 해체적 유럽사 패러다임: 포스트식민적 '얽힌 역사'

동질적 유럽사 패러다임이 문화전이 연구나 트랜스내셔널 시각의 수용에도 불구하고 극히 본질주의적인 유럽상을 재생산하였다면, 독일의 소장파 역사학자들의 독일 제국과 식민주의 연구는 지역사로서의 유럽사를 한층 열린 패러다임으로 탈바꿈시킬 수 있는 과감한 시도를 시작하였다. 이들이 선택한 무기는 포스트식민주의인데, 주로 과거 식민지에서 일어난 근대성의 경험을 해체적으로 이해하기 위해 고안된 포스트식민주의의 시각을 거꾸로 식민지 모국의 역사에 적용했다는 점에서 매우 창의적인 발상으로 평가될만하다. 이것이 가능했던 것은 독일 제국의 차별적인 제국주의 관련 경험 덕분이다. 공식적인 제국주의 역사가 30년밖에 되지 않고 제국주의의 기억을 끊임없이 상기시킬 만한 구식민지 출신의 이민자 공동체가 대규모로 존재하지도 않았기에, 독일 제국과 식민주의는 오랫동안 독일 주류 역사학계의 연구 관심 밖에 머물러왔다.

이처럼 식민제국의 유산으로부터 상대적으로 자유로운 독일 사회의 조건은 독일의 소장파 역사학자들이 포스트식민주의를 적극 수용하여 실험적으로 적용하는 데 유리하게 작용했다. 이는 프랑스 역사학계에서 포스트식민주의에 대한 거부감이 지배적인 것과 뚜렷한 대조를 이룬다.[42] 포스트식민주의의 영향 하에서 폭발적으로 성장한 독일 제국

연구는 독일 역사학계의 기존 해석틀을 뒤엎는 가히 반란 수준의 도전을 제기하였다. 독일 사회사 연구의 핵심 범주라고 할 수 있는 민족국가의 형성과 변화를 설명하는 데 있어서 제국적, 식민적, 지구적인 차원을 무시할 수 없다는 획기적인 주장을 내놓았기 때문이다.[43] 오랫동안 독일 파시즘으로 귀결된 내정적 요인에만 집중해왔던 독일 사회사 연구의 기본전제를 근본적으로 재고해야 할 필요성을 정면 제기한 것이다. 그러나 독일의 첫 민족국가의 공식 명칭이 독일 제국인 것을 생각한다면, 이들의 주장은 획기적이라기보다 당연한 사실에 가깝다. 아프리카사학자 쿠퍼(Friedrich Cooper)가 주장한 것처럼 근대 민족의 시조인 혁명 프랑스의 경우에서조차 민족과 제국의 경계는 뚜렷하지 않았다.[44]

쉽게 예상할 수 있듯이 민족사 패러다임에 대한 포스트식민적 도전을 바라보는 독일 주류 역사학계의 시선은 매우 싸늘했는데, 거센 질타와 경고성 회의 사이를 오갔다. 독일 사회사의 대부, 벨러는 "도대체 얼마나 '균형 감각'을 잃어버리면 빌헬름 제국사회가 식민적 경험의 영향에 의해 결정적으로(!) 각인되었다는 테제에 도달할 수 있는가? 제국헌법과 제국입법이 식민지들에 의해 개정되기라도 했는가? 그것이야말로 좀 더 단단하고 설득력 있는 증거가 될 것"이라고 격앙된 어조로 비판했다.[45] 트랜스내셔널 사회사를 통해 민족사 패러다임을 수정하자는 입장의 오스터함멜조차도 독일 제국에 대한 포스트식민적 접근을 "목숨 건 공중제비"로 경고하였다.[46] 트랜스내셔널 유럽사의 수용을 적극 지지하는 프레베르트(Ute Frevert)의 반응도 마찬가지이다. 해외에 거대 제국을 건설한 다른 유럽 국가들과 달리 독일은 1890년에서야 세계정책을 시작했고 1914년 이후와 1939년 이후 본격화된 세계정책의 대상도 아시아나 아프리카가 아니라 동유럽이었다는 이유에서 독일에서 식민주의가 발휘한 실질적인 영향력에 대해 강한 회의감을 표했다.[47]

이들은 모두가 유럽적인 것에 대한 본질주의적인 이해를 단호히 거부하고 유럽과 나머지 세계 간의 연계성을 적극 강조해온 사회사가들이다. 그렇다면 이들이 독일사를 식민주의적 제국사로 재해석하는 것에 대해 이처럼 반발한 이유를 단순히 민족 범주를 제국으로 대체하는 것의 비역사성에서만 찾을 수 있을까? 이들의 의구심과 회의의 밑바닥에는 독일을 넘어서 유럽 전체로 확장될 수 있는 좀 더 깊은 시각의 차이가 있는 것은 아닐까? 즉 근본적으로 유럽적인 것과 비유럽적인 것과 본질적으로 뒤섞일 수 없다는 자기완결적인 유럽관이 작용하고 있는 것이 아닐까? 우리는 프레베르트를 통해서 이러한 유럽관을 뚜렷하게 확인할 수 있는데, 그에게 유럽이란 상호영향과 상호의존성에 있어서 매우 폐쇄적이고 자기충족적 공간이다. 즉 “유럽인들이 차용 혹은 거부했던 모델들은 적어도 근대에 들어서 대부분 유럽 내 다양한 지역으로부터 발원한 것이었고, 유럽적인 것을 창출하는 데 기여한 유일한 비유럽적 영향력은 미국에서 왔기” 때문이다.[48]

결국, 이들 세 사람의 사회사가들이 진짜 문제 삼고 위험시했던 것이자 포스트식민주의적 독일 제국 연구자들이 제시하고자 한 것의 핵심은 바로 유럽과 비유럽 사이의 차이와 경계가 무색할 정도로 뒤섞인 울퉁불퉁하고 비균질적인 유럽의 재현이라고 할 수 있다. 식민지와의 관계를 통한 포스트식민주의적 재조명은 독일 제국의 트랜스내셔널리티를 선명히 부각시키면서도, 앞 절에서 살펴본 동질적 유럽사 패러다임이 공들여 구축해 놓은 통일 유럽의 정체성에 치명적인 타격을 입혔다. 사회사가들이 볼 때 전자는 환영할만한 일이지만 후자는 위험한 자해에 가깝다. 그러나 전자와 후자를 모두 성취할 수 있는 왕도는 없다.

포스트식민주의는 본래 문학이론으로 출발했지만 서발턴 연구와 결합하면서 역사연구 방법론으로 본격적으로 논의되기 시작한 특이한 경력을 자랑한다. 문학비평에서와 마찬가지로 역사연구에서도 포스트식민주의적 시각은 식민지 지배자의 주체 속에 은폐되어있는 식민지인의 하위주체성(subaltern subjectivity)을 다양한 문화적 맥락에서 드러내는 데 주력한다. 그러나 독일 제국 연구의 포스트식민적 전환을 주도한 콘라드(Sebastian Conrad)와 같은 소장파 학자들은 포스트식민적 문제의식을 거꾸로 식민지 모국으로서의 독일 제국에 적용함으로써 식민지 모국의 시선에서 포스트식민주의를 창조적으로 전유하는 방식을 보여주었다.

오랫동안 유럽중심주의적 세계사는 유럽 문명과 근대성을 나머지 세계로 확산시켜온 역사적 과정에만 관심을 가져왔지만, 근래에 와서는 이러한 확산이 결코 일방통행이 아니었고 유럽사의 진행에도 중요한 역영향을 동반한 과정이었다는 인식이 설득력을 얻고 있다. 콘라드는 한 걸음 더 나아가서, "중요한 것은 수입의 상호성, 영향, 문화적 차용, 그 이상의 것이다. 유럽과 그의 '타자들' 간의 상호 얽힘을 진지하게 여기는 것의 도전은 이러한 교환과정이 유럽적 근대의 뿌리에 있고 따라서 유럽의 발전과 자기 이해의 본질을 구성했다는 사실을 함께 성찰하는 것"이라고 주장한다.[49]

독일 제국 연구의 포스트식민적 전환의 함의를 좀 더 깊이 있게 이해하는 데에는 콘라드와 함께 이론 연구를 진행한 사회과학자인 란데리아(Shalini Randeria)의 '공유 역사(geteilte Geschichte)' 혹은 그의 영역 표현인 '얽힌 역사(entangled history)' 컨셉이 좋은 길잡이가 되어줄 수 있다.[50] 사실 공유라고 번역했지만, 독일어 'geteilt'는 '공유된'과 '나뉘어진'을 모두 뜻하는 양의적 표현이며, 바로 여기에 해당 컨셉의 특별한 함의가 숨어 있다. 동구권 붕괴 이후 더욱 가속화되기는 했지만, 사실상 근대 이래의 세계는 줄곧 두 가지의 상반된 방향, 즉 통합과 파편화를 향하여 동시에 질주하는 지구화와 함께 지구상 도처에서 모순되고 복합적인 얽힘을 만들어왔다. 따라서 다양한 층위에서 공유와 나뉨 사이를 진동해온 근대 세계사의 전개를 제대로 담아낼 수 있는 영역 표현은 란데리아 스스로가 제시했듯이 양자의 '얽힘(entanglement)'뿐이다.

우선, 얽힌 역사는 근대 세계의 성립과 발전을 "다양한 문화와 사회들이 일련의 핵심된 경험을 공유하고 그들의 상호작용과 상호의존성을 통해 근대 세계를 공동으로 구성해가는" 역사적 과정으로 읽는다.[51] 여기서 중요한 것은 표면적인 상호작용과 상호의존성이 아니라 이러한 활동의 주체가 되는 문화와 사회 자체가 역사적 상호작용과 얽힘이 만들어낸 산물이라는 점이다. 따라서 얽힌 역사의 상호작용은 유럽적인 것에 대해 얼마나 유럽적인가라고 되물을 수밖에 없는데, 란데리아가 제안하는 해결책은 "세계 전역을 여행한 동질적인 서구적 근대성이라는 관념을 비균질적이고 일탈적이며 울퉁불퉁하게 얽혀있는 근대성들"로 이루어진 "보다 지저분하고 복잡한 그림으로 대체"하는 것이다.

이러한 맥락에서 유럽 시민사회의 제반 문제는 집안 문제가 아니라 "해외의 폭력과 인종주의와 착종된" 것으로 재조명되어야 한다.[52]

앞에서 지적했듯이 얽힌 역사는 또한 전 지구적 공통성, 동질화, 상호작용의 이면에서 오히려 뚜렷해지고 있는 지구화의 두 번째의 측면, 즉 경계 짓기와 파열에도 동등하게 주목하려는 컨셉이다. 얽힌 역사는 파열의 진정한 추동력을 제국주의와 식민주의적 틀 속에서 진행된 '불평등하고, 위계적, 억압적 형태의 접촉과 상호작용'에서 찾았다.[53] 경계 짓기와 파열은 한 국가 내의 사회적 분화와 계급적 불평등의 결과로만 보기 어렵고, 상호경쟁적이고 대립적인 근대 국제 질서 속에서 가파르게 증폭되어왔다. 이러한 맥락에서 보면, 그간 유럽 개념의 논의에서 완전히 배제되어왔던 식민주의가 원천적으로 고려될 수밖에 없는데, "유럽 내적 갈등 자체가 식민적 접촉을 만들어낸 만큼 유럽은 그의 제국 프로젝트에 의해 형성되었기" 때문이다.[54]

| 4 | 포스트식민적 전환과 지구적 전환 사이에서

지역사로서의 유럽사를 지구사와 연계하려는 논의가 가장 활발한 곳은 의외로 전 세계적 제국주의 패권의 역사에서 한 걸음 떨어져 있는 독일사학계로서, 유럽사 연구는 하나의 유럽을 구성하기 위한 지역사 차원을 넘어서 지구사 논의를 활성화하는 매개체로 활용되고 있다. 대체로 영국을 제외로 하면, 유럽에서 지구사 패러다임의 수용은 저조한 편이기에 독일사학계에서의 이러한 움직임은 특기할만하다. 잠시 영국과 프랑스에서의 유럽사와 지구사에 대한 연구 관심을 둘러보자.

역사적으로 스스로를 유럽의 일부로 생각하지 않는 경향이 강한 영국의 경우에, 동아시아사에 대한 중국의 소극적인 태도와 유사하게 유럽사보다는 대영제국을 매개로 한 제국연구와 지구사로 직진하는 모양새를 보여왔다. 세계 제국으로서 압도적인 규모의 문서고를 갖고 있는 영국사학계가 제국연구를 기반으로 유럽에서 가장 적극적인 지구사 연구 행보를 보여주는 것은 당연한 일이다. 런던 정치경제대학(LSE)에서 출간하는 지구사 저널*(The Journal of Global History)*은 영국적 지구사 연구의 대표적인 주소지이자 유럽의 지구사 논의의 허브 역할을 담당하고 있다. 다만, 영국의 제국연구에 기반한 지구사는 대영제국사의 확장자에 그칠 때가 많고, 기존에 활발했던 대륙유럽사에 대한 관심이 오히려 영국 제국사와 지구사에 한참 밀려나게 된 부작용도 낳았다.[55]

프랑스학계는 이미 1980년대 중후반 이래 문화전이와 교차역사라는 새로운 연구방법론을 통하여 유럽적 차원의 탈경계적 역사학을 개척했다. 그럼에도 그 시야를 여전히 프랑스와 독일이라는 양국의 장기적 역사적 관계 이상으로 교차역사의 시야를 확장하는 데에는 소극적이다. 지구사 연구란 미국적인 신자유주의적 이해관계에 봉사하는 역사서술이라는 의구심과 경계심이 여전히 강하기 때문이다.[56] 최근에 와서야 부제에서나마 지구사를 내세운 대중교양서 『세계 속의 프랑스(*France in the World: A New Global History*)』(2019; 불어판 초간은 2017)가 출간되었는데, 전 세계와 긴밀히 얽혀있는 프랑스사의 주요 장면들을 흥미롭게 재구성하였다. 샤를리 에브도 사건, 바타클랑 극장 테러 사건, 극우 정당 부상, 노란 조끼 시위 등 프랑스가 앓고 있는 병폐의 깊은 뿌리에 식민주의와 전 지구적 자본주의가 있음에 주목하는 자유주의적 좌익의 시선이 책을 관통한다. 아쉽게도 프랑스 역사학자들 사이에 만연해있는 지구화에 대한 회의적 시각은 지구사에 관한 학문적 무관심과 교차하며 공허한 결론에 도달한다. 『세계 속의 프랑스』는 프랑스 사회 병폐의 원인을 밖으로 돌릴 뿐, 자신의 역사와 얽혀 있는 깊은 뿌리까지 파고들지는 않는다. 중요한 점은 바로 이러한 무관심이 차크라바티적 의미에서 유럽사의 지방화를 상고해 볼 입구까지 없애버린다는 것이다.

영국이나 프랑스와 달리 독일에서는 독특하게도 포스트식민적 전환을 통하여 유럽중심주의 해체와 탈유럽중심적 유럽사의 모색이 동시에 활발히 진행되고 있는데, 그 배후에는 독일사학계 내의 지구사 자체에 대한 진지한 관심이 있다. 독일 역사학계는 랑케 이래로 민족사 패러다임의 지배적인 영향을 받아왔지만 람브레히트(Karl Lambrecht)로 대변되는 보편사의 전통도 깊다. 따라서 초반에는 지구사보다 트랜스내셔널 히스토리에 훨씬 우호적이고 수용적인 태도를 보였지만, 곧이어 비주류 역사학 분야와 구동독 대학을 중심으로 지구사 패러다임이 본격적으로 수용되었다. 일본사학자 콘라드, 중국사학자 작센마이어, 라이프찌히 대학의 미델(Matthias Middell)이 그 대표적인 선봉장들이다. 이들 소장파 역사학자들은 프랑스와 달리 지구사에 대한 적극적인 관심을 발전시키면서도 영국의 제국연구와 달리 지구사적 지평을 제국 역사의 주변적 단면으로 간주하지 않고 민족사 패러다임과 유럽사 패러다임을 해체적으로 재구성하는 데 적극적으로 활용하였다.[57]

그럼에도 독일 제국 연구를 출발점으로 삼아 유럽사 패러다임까지 새로운 방식으로 구축할 포스트식민적 전환이 충분히 일어났다고 보기는 어렵다. 그러한 전환을 주도했던 콘라드 스스로가 지적한대로, 제국 역사서술은 크게 두 가지 기본 전제를 해체하는 데에는 실패했다. 하나는 식민지 모국과 식민지 간의 얽힘을 강조하면서도 대다수의 연구들이 양자를 별개 단위처럼 다루고 있다는 점이다. 포스트식민주의의 영향 하에서 '영향'이나 '역영향(repercussion)'과 같은 용어들이 널리 회자되었는데, 콘라드는 이러한 용어들이야말로 그들이 극복하고자 했던 유럽과 비유럽 세계 간의 경계를 재각인(re-inscribe)한다고 비판하면서 이를 "역영향 패러다임"으로 분류했다.

다른 하나는 독일 식민주의가 여전히 "안에서 밖으로(inside out)" 서술되는 방식이다. 즉 언제나 제국식민청(Reichskolonialamt), 독일 여론 혹은 식민지 영토들을 서사의 출발점으로 삼아서 단편적인 접점과 연계성을 전 세계적으로 찾아 나서는 패턴을 좀처럼 벗어나지 못한다는 것이다.[58] 그는 독일 제국 연구의 이러한 두 가지 매너리즘을 극복할 해법으로서 독일 제국을 이주, 교역, 금융투자와 같이 더욱 거대한, 전 지구적 통합과정과 긴밀히 연계시킬 것을 제안한다. 오직 이러한 거대한 공동의 맥락을 통해서만이 아프리카와 아시아를 주 대상으로 하는 식민주의 패러다임, 식민지 내지 보호령에만 국한된 영토주의적 식민주의 패러다임, 식민지 모국과 식민지 간의 제한적 관계에만 치중하는 역영향 패러다임을 모두 극복할 수 있다는 이유에서이다.[59]

콘라드의 이러한 제안은 독일 제국 연구의 포스트식민적 전환의 부진한 성적표를 확인하고 '지구적 전환'으로의 방향 수정을 선언한 것을 의미한다. 그러나 얽힌 역사 컨셉을 통한 포스트식민적 전환이라는 본래의 취지에 비추어 볼 때, 그의 지구적 전환 역시 전체 그림을 반쪽만 완성할 가능성이 크다. 그가 식민지 모국과 식민지 모두를 공동으로 구조화하는 제국주의적이고 자본주의적인 통합과 같은 전 지구적인 거대한 맥락, 특히 노동시장의 통합이나 세계 경제적 통합의 흐름을 우선시할수록, 앞서 언급한 얽힘의 또 다른 반면(半面), 즉 나뉨의 차원은 관심에서 멀어진다. 즉 전 지구적 통합과 그 패턴을 따르지 않는 차이와 파열의 세계에 대한 조명은 영구히 불발될 가능성이 크다.

물론 콘라드는 "전 지구적 연계성이 [...] 곧바로 차이의 정치가 어디서나 골고루 그리고 똑같이 적용된다는 것을 의미하지 않고," "모든 것이 전 지구적으로 얽혀있는 것도 아니며 똑같은 방식으로 얽혀있는 것도 아니다"고 강조한다. 하지만 그는 "종국적으로 특수성들을 평가할 수 있는 것은 오로지 이러한 거대한 비전에서"이며 "식민적 차원들이 극히 다양한 장소들에서 사회적 경험을 구조화할 수 있는 것도 이러한 거대한 맥락에서"임을 분명히 한다.[60]

우리는 여기서 전 지구적인 것과 특수한 것 사이의 위계적인 인식과 마주하게 되는데, 이것이야말로 포스트식민주의가 거부하고자 하는 위로부터의 시선이다. 요컨대, 거대 구조와 맥락이 개별적인 특수성과 차이들을 더 잘 드러내줄 수 있는 바탕화면 같은 역할을 담당함으로써, 후자는 전자에 의해 '배치'되고 '정렬'되는 위치로 밀려나게 된다. 이는 전 지구적 패턴에서 벗어나는 예외, 탈구, 변형, 그 외의 국지적 상호작용의 산물들이라면 언제든 전 지구적 통합과 구조의 서술에서 탈락되거나 평가절하될 수 있음을 의미한다. 이러한 구도에서는 특수성과 차이가 거꾸로 전체 관계에 상당한 영향을 미치거나 전체 틀을 내파할 수 있는 차이의 정치학을 이야기하기 어렵고, 기껏해야 주류사회 내 소수자의 위치를 더욱 고정시키는 신오리엔탈리즘적 다문화주의의 서랍 속으로 정리되기 쉽다.

따라서 콘라드가 비판한 역영향 패러다임의 문제는 포스트식민주의적 컨셉 자체의 문제라기보다 컨셉의 불완전 연소에 따른 것으로 보아야 할 것이다. 역영향 패러다임은 분명 영향과 역영향을 정해진 경계선에 따라 도식적으로 확증하는 매너리즘적 경향을 보여왔다. 그 결과로 식민지 모국 속의 식민지 그리고 식민지 속의 식민지 모국을 양방향적으로 발견함으로써 양자 간의 경계의 본질적인 허구성을 폭로하기보다는 오히려 차이를 재생산하였다. 애초에 '얽힌 역사' 컨셉이 동시에 겨냥했던 비유럽, 식민지, 하위주체의 재구성과 유럽, 식민지 모국, 주체의 재구성은 불발했다. 즉 문제는 차이 자체가 아니라 차이에 대한 해석에 있다. 그간의 역영향 패러다임의 연구들은 이항대립적 경계와 차이에 대한 데리다의 차연적 성찰의 결과를 충분히 연소하려는 의지를 보여주지 못했다.

그런 의미에서 콘라드가 제기한 경계의 재각인에 대한 비판은 적확한 것이지만, 그것이 포스트식민주의적 얽힌 역사 컨셉의 본래의 목표, 즉 경계의 이중 각인을 규명하는 작업을 포기하는 구실로 작용해서는 안 될 것이다. 독일 제국의 전 지구적인 연계성이나 그 연계성의 구조적 측면을 밝히는 것만으로 탈유럽중심적인 서사를 성취할 수 없음은 이미 월러스틴의 세계체제론이 잘 보여주었다. 근대 이래의 전 지구적 내지 자본주의적 통합과정과 패권구조에 중점을 두고 얽힌 관계를 바라볼수록 더욱 유럽중심주의적 서사에 귀착할 수밖에 없다. 딜릭의

지적대로 유럽중심주의는 다른 종족중심주의와 달리 전 지구적 성격의 헤게모니를 획득했기 때문이다.[61]

따라서 유럽사의 탈유럽중심적 재구성을 위해 필요한 것은 독일 제국사의 지구적 전환과 더불어 포스트식민적 전환을 더욱 철저히 하는 것이지 후자를 전자로 대체하는 것이라 할 수 없다. 독일 제국 연구의 포스트식민적 전환이 야심차게 추구했던 유럽사의 재구성은 유럽과 그 타자들 간의 차이를 확인하는 것을 넘어서 양자 간의 얽힌 관계를 통하여 양자 모두를 재구성하는 방향으로 가닥을 잡을 때 비로소 가능해질 것이다. 버낼(Martin Bernal)의 『블랙 아테네(*Black Athena*』(1987, 1991, 2006)나 마인츠 대학의 '블랙 유럽인 연구(Black European Studies: 일명 BEST)'는 그런 가능성의 중요한 단초를 보여주었다. 특히 후자의 블랙 유럽인 연구는 인종적으로 단일한 백인 공동체로서의 유럽이라는 고정 관념과 '유럽 시민권 및 국적에 관한 헤게모니 담론'을 창조적으로 파괴할 수 있으리란 기대를 모았다.[62]

그간 주변적이고 고립적 위치에 머물러왔던 유럽 내 1800만에 달하는 흑인들의 역사는 2005년 마인츠 대학과 미국 매사추세츠 앰허트 대학이 공동 진행한 폭스바겐 지원 프로젝트를 통하여 본격적인 학술 연구 대상으로 발굴되었다. 그러나 그 결과는 유럽 흑인의 역사를 전적으로 미국의 디아스포라 연구의 일환에서 주로 미국 중심의 대서양 삼각무역의 변이 사례로 연구하는 데 그쳤다.[63] 무엇보다도 폭스바겐 프로젝트 이후 유럽 흑인의 역사는 독일의 제도권 학계의 연구 및 교수 주제목록에 진입하는 데 실패했다. 대신에 현재는 대중교양 차원의 온라인 데이터베이스 구축이라는 우회로를 통해 접근되고 있는데, 그

나마도 유럽 대학이 아니라 영미 대학들이 주축이 되어 사업이 진행되고 있다.[64] 대중적 관심과 지속적인 흑인운동이 언젠가 보수적인 유럽 역사학계의 벽을 뚫고 식민주의를 유럽사 패러다임의 핵심 요소로 고착시키는 데 일조할 수 있을지 지켜볼 일이다.

5장

탈지역주의적 동아시아사와 지구사

본 장에서는 유럽사에 이어 동아시아사 연구와 서술의 문제를 지구사에 들어가는 또 다른 지역사적 진입로로서 논의해보고자 한다. 유럽사 연구와 서술은 유럽연합 출범을 계기로 지역화가 일단락된 이후 후속 작업 차원에서 활성화되었다. 전형적인 지역주의적 관심에서 출발했지만, 오늘날의 유럽사 논의는 그 어느 때보다 지구사 패러다임 및 문제의식과 밀착하여 탈유럽중심적 유럽사의 길을 활발히 모색하고 있다. 그에 비해 동아시아사는 여전히 학문적 연구대상이기보다 목적 지향적인 담론의 대상, 즉 평화롭고 경제적으로 번영하는 지역공동체 구상에 역사적 맥락과 기반을 제공하기 위한 수단의 차원에서 논의되고 있다. 이는 탈근대적 동아시아 혹은 트랜스내셔널 동아시아를 핵심어로 내세우는 것과 무관하게 관통하는 일관된 특징이다.[1]

동아시아사 논의의 이러한 성격은 지역정치적으로 균열적이고 지역 평화와 번영을 보장할 제도적 기반이 취약한 동아시아 상황과 밀접한 관계에 있다. 1970년대 이후 비약적인 경제 성장을 이룬 동아시아는 세계전략적으로 중요한 공간이기에 이곳을 둘러싼 정치군사적 경쟁과 불안정성 역시 매우 크고, 바로 이러한 상황 자체가 동아시아공동체적 통합과 협력을 절실히 요망케 하는 원동력이 되어왔다. 그러나 한반도의 분단, 한중일 간의 역사 분쟁, 대륙 중국과 대만 간의 양안 문제, 남중국해를 비롯한 영토 분쟁 등 사실상 유럽이 근대에 해결한 문제들이 동아시아에서는 여전히 미제로 남아있어서 지역 연대에 최대 걸림돌로 작용하고 있다.

이는 동아시아사 연구와 서술의 불리한 초기 조건을 형성하는데, 동북아 3국만 놓고 보더라도 동아시아의 지역적 정의에 관한 최소한의 합의점은 물론 동아시아의 '문화적' 최소공약수조차 불확실하다. 유럽연합이 금융위기와 브렉시트로 인해 분열하고 또 다른 국가의 유럽연합 탈퇴 가능성까지 잔존해있지만 유럽이란 무엇인가라는 질문에 대한 기본적인 합의가 공고한 것과 대조적인 대목이다. 게다가 한중일 중심의 동아시아 개념의 시대착오성 역시 명백해지고 있어서, 동아시아사가 유럽과는 전혀 다른 개념적 접근에서 출발해야 할 필요성은 분명해 보인다. 그럼에도 동아시아사의 이러한 특별한 초기 조건은 제약적이면서도 확장적인 함의를 아울러 갖는데, 이에 대해서는 본문(2, 3절)에서 논의하기로 한다.

동아시아의 역내 동학은 근대 이래로 줄곧 역외 세력과의 복잡한 뒤얽힘 속에 폭력적 파열성과 복합적인 정치경제적 지형도를 산생해왔지만, 21세기의 급변하는 국제 정세는 지구화 시대의 거대 규모의 상호연결성과 결합하여 역내 불안정성을 또 다른 수위로 밀어올리고 있다. 최근 러시아–우크라이나 전쟁의 발발로 제2차 세계대전 이후 다시 크게 요동치고 있는 전 세계적 지정학적 동학이 동아시아에 구체적으로 어떠한 영향을 미칠지는 아직 지켜볼 일이지만, 동아시아 공동체 건설에 난경을 더해줄 것은 확실하다. 무엇보다도 지역의 정치안보적 공조체제가 공고하게 자리 잡은 유럽과 달리 냉전의 시계가 멈춘 적이 없었던 동아시아가 러시아–우크라이나 전쟁을 계기로 본격화된 신냉전적 대결 속에서 유럽적 지역화의 길로부터 한 걸음 더 멀어지게 될 것은 거의 확실하다.

동구권 붕괴 이후 '신냉전'을 언급한 첫 사례는 전후 트루만 독트린의 실질적 설계자였던 케넌(George Kennan)이 1999년 폴란드, 체코, 헝가리 3국으로의 나토 확장을 미국 상원이 비준한 것을 두고 신냉전의 시작으로 표현한 것이었다. 당시 그는 향후 러시아의 공격적인 대응을 예견했는데, 이는 2014년 이래의 우크라이나 사태로 정확히 실현되었다.[2] 신냉전의 동학이 유라시아 동편으로 전이되는 것은 예상보다 빨리 일어날 수 있는데, 트럼프 행정부 때부터 첨예화 일로에 있던 시진핑 중국과 미국의 G2 대립이 중국이 노골적으로 러시아 편들기에 나서면서 서방 동맹 세계 전체로 확대될 조짐을 보이기 때문이다. 경우에 따라서는 동아시아 지역화 자체가 신냉전 시대에 물거품으로 끝날 수도 있는데, 동아시아 지역사 서술은 이러한 가능성까지 고려하지 않을 수 없다.

지역공동체로서의 동아시아는 1990년대 냉전체제가 흔들리는 가운데 유럽의 길에 고무되어 본격적으로 상상되기 시작했다. 그러나 유럽과는 너무나 다른 지정학적, 역사적 조건 속에 있기에, 유럽연합과 같은 정치적 통합이 동아시아에서 현실적으로 가능하리라고 예견하는 전문가는 애초부터 단 한 명도 없었다. 이것은 단순하지만, 동아시아에 관한 매우 중요한 사실을 상기시켜준다. 바로 동아시아는 유럽과 근본적으로 다른 공간이며 미래에도 유럽처럼 될 수도 없다는 것이다. 결국 동아시아는 자신의 독자적인 지역화와 지역공동체 구상을 모색할 수밖에 없는데 그것은 어떻게 가능할 것인가? 그 해법은 작금의 동아시아의 지역정치적 균열상이나 신냉전이라는 새로운 변수가 아니라 바로 이러한 동아시아의 근본적인 '다름'에 더 집중함으로써 모색될 수 있다. 이러한 심층적인 역사적 고찰이 충분한 범위와 규모로 선행된다면 그로부터 동아시아 공동체를 구상하고 더 나아가서 동아시아사를 서술할 새로운 길도 가시화되지 않을까? 동아시아의 다름이 역사적 축적의 산물이라면, 결국 과거 동아시아를 역사적으로 정확히 그리고 깊이 이해하는 것이 곧 미래 지역공동체로 나아갈 새로운 지름길을 찾는 길일 것이다.

그러나 현재 동아시아사 논의는 그것이 탈근대를 이야기하더라도 여전히 목적지향적 담론의 볼모 상태에 있을 뿐 아직 본격적으로 시작되지 않았다고 판단된다. 본래 제2차 세계대전 당시 작전 지역명에서 유래한 동아시아는 줄곧 전형적인 지역학적 지역 개념에 직간접적으로 기초하여 논의되어왔다. '하나의 동아시아'를 전제하고 이를 뒷받침할 수 있는 역사적 준거점들을 찾고자 한다는 점에서 앞서 '신유럽사'로 지칭했던 동질적 유럽사 패러다임과 동일한 지역 이해에서 출발함은 물론이다. 거듭 강조하지만, 동아시아가 근본적으로 유럽과 다른 성질의 공간이라면 이러한 접근법은 또 다른 유럽중심주의적 발상에 불과하다. 그러나 정작 유럽사 패러다임은 스스로의 전제를 해체하는 방향으로 진화하기 시작했음을 주지할 필요가 있다.

국내의 동아시아사 논의는 1990년대 부상한 동아시아 담론을 빼고 이야기될 수 없다. 국내에서 동아시아는 담론적 관심을 넘어서 김대중, 노무현 정부의 국가전략적 관심의 대상으로 부상했다. 역내 최초로 동아시아사가 중등교육과정의 정규 교과목으로 편성되었던 것도 이러한 정책적 관심의 부산물이었다. 동아시아 담론은 그 배후에서 '동아시아 공동체 신질서 구상'을 목표로 이론적 엔진 역할을 담당하였다. 동아시아 담론에서 동아시아의 지역화, 지역주의, 지역사의 문제가 어떻게 다루어졌고 그것의 특징과 문제점이 무엇인가 묻는 것은 동아시아사 논의를 시작하는 데 있어서 핵심적인 질문들이기도 하다.

그러나 우리의 관심은 전형적으로 지역화 아젠다에서 출발하는 동아시아 담론에 기초한 동아시아사 연구와 서술에 있지 않다. 따라서 동아시아 담론의 질문들은 인접한 중국과 일본의 동아시아 인식 및 담론과의 비교, 지역정치적 공조체제라는 목표에 접근하는 방법에 대한 성찰, 그리고 민족사 패러다임의 확장판을 벗어나 지구사 패러다임의 지역판으로 거듭나고자 하는 유럽사 패러다임의 변화가 동아시아사에 시사하는 바 등을 두루 고려하여 재활용되어야겠다.

본 장은 이러한 문제들에 대한 답, 정확히는 답을 모색하기 위한 길을 위로부터의 지역정치적 이해와 당위성이 아니라 동아시아에 대한 '아래로부터의' 역사적 고찰에 기초해 찾아나서고자 한다. 이러한 접근이야말로 동아시아 지역의 특수성을 정확히 이해하고 동아시아적 지역화를 위한 '현실적인' 출발 조건을 마련해줄 수 있다고 보기 때문이다. 신냉전의 불확실성이 커지고 있는 지금, 우리는 동아시아를 문명적 특징에 의한 폐쇄적이고 자율적인 공간으로 정의하려는 기존 이해 방식이나 이상적인 지역주의적 공동체상을 선험적으로 전제하는 논의 방식을 넘어서 새로운 발상의 길을 모색하기를 더 이상 미루기 힘들다.

| 1 | 동아시아 지역주의의 부상

동아시아 개념이 제2차 세계대전까지 서양에서 사용되었던 극동이나 일본 제국주의 개념인 대동아를 대체하게 된 경위는 세계 제국으로서의 미국의 부상, 냉전, 동아시아 열전과 밀접히 관련되어있다. 1949년까지도 미국 국무부 산하 '극동업무(Far Eastern Affairs)'라는 분과가 있었지만, 이후로 '동아시아업무(East Asian Affairs)' 분과로 대체된 것은 이러한 변화를 압축적으로 보여준다.[3] 그러나 정작 동아시아에 살고 있는 사람들이 지역주의적 관심을 갖게 된 것은 한참 후였는데, 동아시아라는 개념을 정착시킨 냉전이 유럽에서 종식되고 유럽통합이 급진전되면서였다.

1994년 북미자유무역협정이 체결된 것도 동아시아의 지역주의 관심을 자극한 한 요인이었지만, 직접적인 계기로 작용한 것은 1997년의 동아시아 금융위기의 경험이었다. 당장 아세안+3(한중일) 정상회의가 비공식적으로 개최되었고 역내의 전방위 협력을 위한 논의가 시작되었다. 이로써 1990년대 초 '아시아적 가치' 논쟁에서 추상적으로만 운위되던 동아시아 개념이 구체적이고 실천적인 차원으로 발전하였고, 김대중 대통령의 제안으로 구성된 동아시아비전그룹(EAVG)을 통해 '동아시아공동체 건설'이라는 장기적인 목표로 거듭났다.[4] 동아시아 FTA, 동아시아정상회의 개최, 환율공조체제 구축 및 동아시아통화기금 창설과 같은 중장기 사업은 이러한 지역통합의 목표 달성을 위한 구체적 실천 행보에 해당한다. 가장 주목할만한 성과로는 당초 일본이 주도적으로 추진한 아시아통화기금이 2000년 치앙마이 이니셔티브(CMI)로 결실을 맺고, 2020년 9월에는 역내위기 대응능력과 접근성을 개선한 CMI 개정 협정문이 발효되면서 역내 경제 및 금융협력과 통합이 더욱 탄력을 받게 된 것을 꼽을 수 있겠다.[5]

동아시아의 역내 정치경제적 지역협력이 제도적 틀을 하나씩 갖추어가는 것과 함께 지역에 대한 역사문화적 이해를 위한 논의도 시작되었지만, 제도적 차원만큼의 합의와 진전을 만들어내고 있지는 못하다. 동아시아의 지역화를 역사학적으로 예비하려는 첫 행보는 1962년 니시지마(Nishijima Sadao: 西嶋定生)의 '동아시아 세계론'과 함께 시작되었다. 동아시아 세계론은 1945년을 결정적인 시대 전환점으로 설정하고 1945년 이후 동아시아 세계질서에 대한 역사관을 정립하는데 궁극적 관심을 두었기 때문에, 1930년대 제국주의적 지역통합론인 '대동아공영권'과의 관계성을 전적으로 논외로 하는 중요한 한계점을 안고 있다.[6] 그럼에도 동아시아 세계론은 일본 역사학계의 동아시아 개념뿐 아니라 한국의 동아시아 논의에도 지대한 영향을 미쳤다.

잘 알려진 대로, 니시지마는 동아시아가 한자를 매개로 중국의 문화, 즉 유교, 한역불교, 율령체계를 수용함으로써 자기완결적인 고유한 문화권을 형성하였다고 보고 중국, 한국, 일본, 베트남을 그 지역적 범주로 삼았다.[7] 여기서 한 가지 종종 오해 내지 간과되는 것이 있는데, 니시지마의 동아시아 세계론의 무게중심이 한자문화권이 아니라 책봉체제라는 독자적 정치구조에 기울어있다는 사실이다. 와세대 대학의 이성시에 따르면, 니시지마는 동아시아 세계의 공통성 내지 일체성을 지탱해주는 진짜 요인을 한자문화의 내용적 공통성 자체가 아니라 이러한 문화적 전파를 가능케 해주는 메커니즘으로 기능한 책봉체제에서 찾았다. 그러나 책봉체제의 논리는 발표 당시부터 다양한 비판에 직면했다. 책봉체제는 중국과 주변 민족들과의 관계의 이해에 있어서 매우 한정된 시기(6세기에서 8세기까지)와 중국 위주의 일방적인 관계만을 반영해줄 뿐이고 무엇보다도 중국 문화의 전파가 책봉체제와 직접적인 관련 없이 이루어진 사례가 더 많았기 때문이다.[8]

여러 명백한 한계점에도 불구하고 니시지마의 동아시아 세계론의 진정한 의미는 이론의 내용적 완성도보다는 이론의 정립 경위에서 찾을 수 있다. 동아시아 세계론은 일본사학계가 황국사관을 극복하고 1945년 이후 세계사적 문맥 속에 일본사를 위치 짓고, 무엇보다도 1945년 이후 동아시아가 미국의 지배하의 새로운 제국 질서로 재편되던 당시 현실에 비판적으로 대응하려는 과정에서 제기되었다. 니시지마는 당시 한반도, 대륙 중국, 베트남의 분단 상황과 일본의 오키나와 문제를 미국 제국주의 지배에 따른 민족모순을 드러내는 현장으로 인식하고, 이들 지역을 세계 정치적 모순에 공동 대응할 수 있는 하나의 지역 세계로 형성하기 위하여 공통의 뿌리에 기반한 하나의 문화권으로 재발견하고자 했다.[9]

1980년대의 동아시아의 경제 성장과 함께 니시지마의 동아시아 세계론은 새로운 종류의 동아시아론으로 교체되는데, 하마시타(Hamashita Takeshi: 濱下武志)의 '아시아 교역권론'이 대표적이다. 책봉과는 본질적으로 다른 정치 관계를 전제하는 조공 관계까지 아우르고 시간적으로도 고대로부터 청대까지 확장하여 천 수백 년에 걸쳐 존속한 중화적 세계질서로 니시지마의 동아시아 세계론을 확대 재생산한 것이다. 다만, 하마시타는 동아시아 세계론의 본질주의적 색채를 대폭 덜어내고 중국중심의 정치문화적 지역으로서의 동아시아로부터 조공체제를 매개로 다양한 국가들이 유기적인 경쟁 관계에 연루되는 복합적인 지역 세계로 동아시아의 폭을 크게 넓혀놓았다.

중화권의 경우는 동아시아와 동아시아 지역주의에 대한 근래의 태도 변화를 주목할만하다. 동아시아에 해당하는 동아(東亞)라는 어휘 자체를 회피하던 관행을 깨고, 동아사를 지역사 개념으로 적극 사용하기 시작하면서 동아를 접두어로 한 역사서의 출간이 늘고 있다.[10] 또한 천진 남개대학교의 동아시아문화연구소, 길림대학교의 동북아시아연구소, 산동대학교의 동북아시아학과 등의 관련 기관 설립이 이어지고 있다. 그럼에도 중국은 중국 외부의 시선과 달리 자신을 동아시아의 일부로 이해하는 데 극히 소극적이다. 14개국과 국경이 맞닿아 있고 6개국과 공해를 사이에 두고 있는 중국의 입장에서는 당연한 일이다.

특히 '일대일로(一帶一路)' 사업이 본격 추진되면서 동아시아가 아니라 유라시아적 정체성도 강해지고 있다. 동아는 중국에서도 중국, 북한, 남한, 일본, 베트남, 몽고를 지칭하는 지리적 범주로 이해되지만, 중국 자신을 동아시아라는 비좁은 공간 프레임을 통해 파악하는 것은 별개의 문제이다. 오히려 지역사로 스스로의 역사적 시계(視界)를 한정 짓기보다는 그들이 전구사(全球史)로 부르는 지구사 패러다임을 선호하는 편이다. 다만 중국에서의 지구사 연구나 서술은 중국사를 씨실과 날실로 삼아서 전 세계를 중국 중심으로 네트워킹하는 데 치중하는 방식으로 이루어진다. 민족주의적 논조가 노골적이라는 점을 빼면 영국의 제국 연구와 유사한 지구사 방식이라 할 수 있겠다. 동아시아사는 유럽사와 함께 지구사의 하위 범주를 구성하지만, 일대일로 사업의 영향으로 유럽사만큼 주목받지 못하는 탓에 학생들의 학과 선택에서 후순위로 밀리고 있는 것도 흥미로운 추세이다.[11]

동아시아사를 건너뛰고 곧바로 지구사로 직행하는 인식 패턴과 함께 중화권에서는 동아시아를 하나의 폐쇄적인 지역으로 이해하려는 것에 대해 대체로 부정적이다. 중국 사회과학원의 쑨거(Sun Ge: 孫歌)에 의하면, 한, 중, 일 중심의 동아시아는 중국에서 거의 거론되지 않으며, 유교와 한자 문명권에도 대만, 몽고, 베트남을 포함시켜 이해하려는 태도가 지배적이다.[12] 대만국립대학의 황준걸(Chun-chieh Huang: 黃俊傑) 역시 니시지마의 동아시아나 한국의 동아시아 담론에 비해 매우 유연한 동아시아 인식을 표명한다. 그는 역사서술 범주로서 동아시아를 수용하면서도, 동아시아를 하나의 단일한 단위나 통합적 지역으로 파악하기보다는 다양한 문화권 간의 접촉지대로 재구성함과 아울러 동아시아사를 혼성화 과정으로 서술할 것을 제안한다.[13] 이는 중국 청화 대학의 왕희(汪暉)가 아시아의 전체성(totality)을 거부하는 입장과 일맥상통한다. 현대 중국에 대해 가장 깊이 있고 종합적인 인식의 틀을 마련했다는 평가를 받는 중국의 대표 지성 왕희는 아시아의 문화적 불균질성(heterogeneity)을 역설하면서, 아시아가 선명한 지역 구조를 형성할 수 없다는 것이 아니라 그러한 지역 구조가 고도의 유연성과 문화적, 정치적 다원주의를 특징으로 하고 있음을 상기하는 것이 중요하다고 역설한다.[14]

그에 비해 국내의 동아시아 논의는 정치적 관심이 강한 사회과학자들에 의해 주도된 동아시아 담론에서 발원하였다는 점에서 차별적이다.[15] 동아시아 담론은 동서냉전의 종식을 계기로 기존의 동아시아 위계질서를 주변국의 시선에서 해체하여 탈냉전적이고 탈중심적인 동아시아 신질서를 모색하려는 관심에서 출발하였다. 구체적으로 이는 중국중심의 중화권, 일본의 대동아공영권, 2차 세계대전 후의 미국 중심의 군사안보적 패권구조, 동아시아의 신흥산업국의 경제적 개념 등을 넘어서는 것을 의미한다.[16] 니시지마 동아시아 세계론이 외면한 낡은 식민주의 유산을 청산하고 국민국가 간의 수평적 관계에 기반한 종합적 네트워크로서의 동아시아 질서를 지향하는 동아시아 담론은 1990년대의 국내 진보적 지역정치론과 비판적 지역주의 담론을 주도하였다.

동아시아 담론은 동아시아 개념을 한중일과 동남아시아로 구성된 명확한 '실체'나 '목적'으로 사고하는 경향을 강한데, 이는 특히 '동아시아 신질서 구상'을 전개할 때 두드러진다. 동아시아공동체 구상이 현실적으로 아세안+3(한중일)을 중심으로 추진되고 있기 때문이다. 동아시아 담론의 이러한 현재주의적 인식은 최원식의 '한국의 균형자 역할론', 백영서의 '복합국가론', 백낙청의 '분단체제론' 등에서 보듯이 한국의 분단체제의 현실에서 출발하거나 분단 문제에 고착시키려는 관점에서도 되풀이된다.[17] 이러한 두 가지 측면의 특성에서 볼 때, 동아시아 담론은 실제 역사에 기반한 동아시아의 실체에 관해서는 비교적 무관심하고 이를 현실정치적 당위성으로 대체 내지 압도하려는 경향을 보인다. 오늘날 러시아-우크라이나 전쟁과 맞물려 새로운 국면을 맞고 있는 북핵 위기만 생각한다면, 한반도 분단은 동아시아 신질서 구상에서 1990년대보다 더 핵심적인 위치에서 다루어져야 할 것이다.

그럼에도 당위성 자체가 곧바로 담론의 논거와 설득력을 보장해주지는 않는다. 동아시아의 실제 역사적 과정을 통해 도출되는 최소공약수와 같은 공통의 맥락을 고려하지 않고 한반도 분단 현실에만 의존하여 담론의 당위성을 강조하는 것으로 동아시아공동체에 가까워지기는 힘들다. 동아시아 담론이 그간의 학술적 실천적 성과에도 불구하고, 정작 위안부 문제로부터 독도 문제까지 일본과의 역사 전쟁, 동북공정 관련한 중국과의 고대사 논쟁과 같은 다양한 역사 화해의 현안들에서 해법을 위한 새로운 역사적 상상력을 제시하는 데 실패했다는 지적은 그래서 뼈아프다.[18]

| 2 | 지역주의와 지역사의 회류(回流)

중화권의 신중함이나 국내 담론의 사회과학적 경도성을 감안하더라도 전체적으로 동아시아의 지역주의적 관심이 동아시아사 연구와 서술로 회류할 가능성과 개연성은 뚜렷해 보인다. 지역주의와 지역사 간의 긴밀한 회류 관계에서 볼 때 유럽연합의 출범에 힘입어 급부상한 신유럽사의 다양한 패러다임은 우리에게 훌륭한 참고문헌과도 같다. 유럽의 지역사 서술 프로젝트가 국민국가를 초월한 지역통합을 이룬 전례 없는 역사를 설명하기 위한 현실적 필요에 부응하여 빠르게 부상하였다면, 동아시아 역사서술에서는 이제 막 싹튼 다자적 협력 관계 속에 서서히 생장하고 있는 미래적 관심이 강하다.

동아시아가 유럽과 같은 형태의 통합을 성취할 가능성은 희박하다.

동아시아에서는 여전히 동아시아 국가들 간의 역사 전쟁이 현재진행형일 뿐 아니라, 21세기에 들어와 격화된 북핵 위기와 G2 갈등을 둘러싼 복잡한 셈법과 함께 오랫동안 이 지역을 괴롭혀온 냉전적 논리와 구조가 다시 강화될 기미마저 보이고 있다. 미국 국무성이 내비친 쿼드 안보협의체의 쿼드 플러스 확대 논의가 그 전조이다. 따라서 유럽에서보다 지역통합과 화해를 위한 지역주의적 비전과 지역사 서술을 더 중요하고 필요하게 만드는 동인은 역설적이게도 바로 이 같은 동아시아 특유의 안보위기상황이다.

베를린 자유대학의 콘라드와 싱가포르 국립대학의 중국사학자 두아라는 두 사람이 함께 출간한 미국역사학회 소책자를 통하여 아시아 지역주의와 지역사 서술의 문제를 정면으로 다루었다. 이들은 지역이 만들어지는 계기로서 크게 두 가지 과정을 이상형적으로 구분했는데, 바로 지역주의(regionalism)에 의해 매개된 지역의 부상과 한 지역의 자연스러운 역사적 진화 과정으로서의 지역화(regionalization)가 그것이다.

전자가 하나로 통합된 지역을 창출하기 위해 정치가나 지식인들에 의해 이데올로기적으로 견인되는 지역정치적 전략이라면, 후자는 교역, 이주, 문화교류 등과 같은 상호작용과 상호의존성이 증가하면서 동질적 내지 긴밀히 상호연결된 지역으로 발전해가는 역사적 과정이다. 이 두 가지 과정을 선명하게 구분하는 것은 이상형적으로 얼마든지 가능하지만 실제 연구에서는 그렇지 않다. 따라서 두 사람의 지적대로 지역 및 지역사 논의에서 “지배적인 것은 여전히 지리적 근접성, 문화적 공통성 그리고 장기지속적 전통들”과 같은 지역주의적 함의의 개념들과 인식 전제이다. 두 사람은 지역주의의 망령으로 지속성, 인접성(contiguity),

공통성(commonality)을 지목했다.[19]

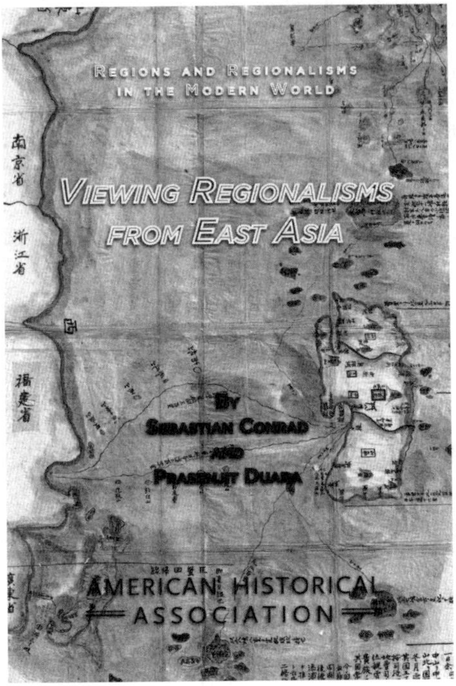

[그림 5] 미국역사학회에서 '근대 세계의 지역과 지역주의'를 주제로 한 소책자 시리즈로 출간한 『동아시아에서 보는 지역주의(*Viewing Regionalisms from East Asia*)』(2013). https://www.amazon.com/Viewing-Regionalisms-Regions-Modern-World/dp/0872292061(2022년 5월 16일자 확인)

미국역사학회에서는 1950년대 이래로 역사연구 동향과 주제별 개관, 교수 가이드 및 학생들의 진로제안과 같은 역사교육을 위한 최신 정보를 담은 소책자 시리즈를 정기적으로 출간하고 있다. 역사를 전공하는 학생들과 역사와 관련된 모든 전문직 종사자들이 두루 참고서처럼 활용되고 있기에, 소책자임에도 영향력이 상당하다.

동아시아를 지리적으로 정의하거나 동아시아를 단일한 상호작용 단위로 재구성하는 문제가 중요한 비중과 위치를 차지해온 한국과 일본의 동아시아사 관련 학술연구와 담론에서는 특히 이러한 지역주의적 언어와 개념이 주도적 위치를 담당해왔다. 먼저 한국의 경우, 동아시아 세계의 갈등을 해결한다는 목적지향적 동아시아 담론의 토대 위에서 동아시아 국가로는 최초로 동아시아사 교과목을 교육과정(2009년 개정 교육과정)에 도입하였다. 역사학적 논의와 합의를 충분히 거치지 못한 상태에서 정치적 의지로 도입된 동아시아사 교과목과 교과서는 국사 패러다임을 그대로 유지한 채 중국사, 일본사, 한국사를 합해놓은 삼국지 혹은 기껏해야 몽골, 베트남, 대만을 더한 육국지 형태로 출발하였다. 따라서 동아시아 교과목과 교과서는 정치권의 기대처럼 평화적 지역주의 비전을 강화하는 도관 역할을 담당하기보다 오히려 지역사로서의 동아시아사에 대한 한층 엄격한 학술논의들을 본격화하는 기폭제로 작용했다.

그 결과, 동아시아 담론의 공이 역사학계로 넘어가면서 동아시아 담론의 영향은 확산적이기보다 전복적으로 양태로 나타났다. 대다수의 역사학자들은 동아시아 담론의 동북아시아 중심적인 시각과 니시지마의 동아시아 세계론보다 나을 것 없는 본질주의적인 동아시아 이해를 문제 삼으면서 좀 더 실제 역사에 충실한 접근을 요구하기 시작하였다. 이러한 전환은 크게 두 가지 방향의 연구를 자극하였다. 하나는 임진전쟁, 화교, 만주 등과 같은 주제들을 매개체로 삼아 개별 민족사로 수렴되지 않는 동아시아의 탈경계적 얽힘의 역사를 학술적으로 깊이 있게 연구하는 흐름이다.[20] 다른 하나는 '트랜스내셔널 동아시아사'의 모색이다. 국내에서 트랜스내셔널 동아시아사 논의에 앞장서온 윤해동에 의하면, 특히 근대 동아시아사는 국가 중심의 비교사나 교류사가 아니라 트랜스내셔널 지역사로서만 서술이 가능하다. 근대 동아시아는 글로벌 세계체제, 동아시아 지역질서, 국민국가가 중층적으로 교차하는 세계이기 때문이다.[21]

그럼에도 동아시아 담론 대신 '동아시아사론'을 앞세운 동아시아사 연구에서도 동아시아는 여전히 윤해동이 언급한 트랜스내셔널 동아시아 세계를 지탱하는 세 가지 층위 가운데 글로벌 차원의 상호작용을 동아시아 연구 속으로 들여오려는 움직임은 매우 소극적이다. 사료 기반의 학술연구들은 근대사에서조차 국가 중심을 벗어나기가 쉽지 않기에 역내 편향 시각을 벗어던지기란 더더욱 어렵다. 하지만 이러한 현실적 연구 조건 속에 안주할수록 동아시아는 비교적 선명한 경계와 공통적 특징을 갖는 단위로 전제되거나 그렇게 서술되는 데 그치게 된다. 상호작용 자체를 출발점으로 삼아 확산적으로 탐구하거나 동아시아를 개방적이고 포괄적인 공간으로 상상하기보다는 동아시아를 하나의 단일한 상호작용 단위로 재구성하거나 구체적인 기준에 의해 그것을 정의하기 위한 환원주의적 논의로 귀결되기 쉽다.[22] 콘라드와 두아라가 지적한 지역주의적 지역사의 문법, 즉 지속성, 인접성, 공통성에 집착하는 모습은 동아시아적 '인식의 공유'나 '문맥의 공유'를 이야기할 때조차 선명해질 수밖에 없다.[23]

따라서 경계를 뛰어넘는 트랜스내셔널 동아시아사적 관심과 지역을 역내적 연결성, 연속성, 공통성에 기초하여 이해하려는 시각이 교차하는 곳에서는 다음과 같은 진퇴양난의 질문이 제기된다. 즉 트랜스내셔널 혹은 탈경계가 더 많이 논의될수록 지역을 공동체이자 통일체로 제시하는 동아시아사 서술은 더 어려워지지 않겠는가? 세계사, 인도양 역사와 같은 트랜스지역사, 동아시아사와 같은 지역사 간에 뚜렷한 담론적 경계가 존재하지 않는 만큼, 탈경계적 동아시아를 이야기할수록 동아시아의 존재가 트랜스지역사적 교류와 상호작용의 과정 속으로 그냥 사라지게 되지는 않을까?[24]

이러한 질문들이야말로 유럽사 서술과는 다른 맥락에서 동아시아사 서술이 처해 있는 난경을 정확히 반영해준다. 최근 출간물들의 내용적 구성과 주제로만 보자면 트랜스내셔널보다는 견고한 지역적 경계를 갖는 하나의 단위로서의 동아시아 지역 범주에 더 안주하는 모습이다. 그러나 외연이 뚜렷한 동아시아 개념에 안주하려 하면 할수록 동아시아 논의는 한중일의 영토를 좀처럼 벗어나기 어렵고, 동아시아를 새로운 방식으로 가로질러 상상하기도 어렵다.[25]

경험 연구로 무장한 만큼 그리 노골적이지는 않더라도, '아시아 역내교역 네트워크'[26]에 관한 수많은 연구성과를 자랑하는 일본 역사학자들의 관점과 관심도 한국의 경우보다 덜 지역주의적이라 보기는 힘들다. 아시아 무역 네트워크 연구집단에서 주도적 위치에 있는 하마시타는 한편에서는 역내 은의 흐름에 관한 장기적 연구에 기초하여 동아시아를 포함한 아시아를 하나의 지역경제로, 다른 한편에서는 '지역 전체의 중국중심적 조공무역 관계를 특징으로 한 통일된 시스템'으로 증명하는 데 열중해왔다. 그에 의하면 동아시아뿐 아니라 아시아 지역 전체가 아시아의 '중심 제도에 해당하는 조공무역 시스템이 오랫동안 육지 위의 결과들의 형태를 계속 결정해온 하나의 통합된 역사적 체제'에 귀속되어있었다.[27] 하마시타의 동아시아 이해는 인적, 물적, 금전적 흐름과 교환에 대한 집중적인 역사 연구에 공고히 기초하고 있기 때문에, 그가 지역주의적 이상을 물화하고 있다고 보기는 어렵다. 그럼에도 아시아를 하나의 유기적 통일체로 단정하는 결론은 콘라드와 두아라가 지적한 지역주의적 문법과 전제를 그대로 따르고 있다.

유럽과 동아시아 양 지역에서 지역주의적 관심은 지역사를 서술하는 동력으로서 그 어느 때보다 강력한 힘을 발휘하고 있다. 지역주의적 역사서술이 지역 통일과 새로운 정체성의 창출에서 중요한 역할을 해왔고 또 그래야 하는 현실적 필요성과 당위성은 유럽과 동아시아 모두에서 가장 강력한 관심의 축을 이룬다. 그러나 거듭 강조하자면, 지역을 만들기 위한 정치적 이데올로기와 운동으로서의 지역주의와 지역이 만들어지는 실제 역사적 과정으로서의 지역화 사이에는 메꿀 수 없는 간극이 있다.[28] 따라서 강한 지역주의적 관심의 힘으로 추동되는 지역사는 지역 통합이라는 목적론적 서사에 기울 수밖에 없고 지역사 왜곡이라는 최악의 결과를 초래할 수도 있다.

여기서 질문의 화두를 전혀 다른 방향으로 바꾸어보자. 동아시아는 왜 하나의 통일적 내지 공동체적 역사 공간으로 재현되어야 하는가? 현실적 필요성과 당위성의 지역주의적 목적론을 우리의 시야에서 거두어낸 후에 드러날 동아시아 지역사의 모습은 과연 어떤 모습일까? 그것은 우리가 기대하는 하나의 통일적인 지역의 상으로 수렴될 다양한 궤적을 보여줄 것인가? 혹은 애초부터 '하나의' 지역이라는 목적지 따위는 안중에 없었던 '방랑'과도 같은 지역화의 흔적을 보여줄 것인가? 이하에서는 장기 역사적 맥락 속으로 깊숙이 들어가서 왜 이러한 질문들이 유럽의 경우보다 동아시아의 경우에 훨씬 유의미한지 논의할 것이다.

| 3 | 유럽과 동아시아의 서로 다른 문서고

지역공동체와 통일성에 초점을 둔 지역사를 서술하는 데 있어서 유럽은 분명 동아시아보다 훨씬 좋은 문서고를 갖고 있다. 지정학적인 효력을 갖는 유럽 개념이 보편적으로 사용되기 시작한 것은 동아시아와 마찬가지로 제2차 세계대전 이후이다.[29] 그러나 유럽인들은 비교적 명확한 경계의식을 일찍부터 발전시켰는데, 헤로도투스 시대 이래로 '오리엔트' 개념이 지역적 경계의식의 핵을 담당해왔다. 이러한 경계의식은 유럽의 기원에 관한 '에우로페' 신화에도 흥미로운 방식으로 투영되어있다. 이 그리스 신화는 페니키아 공주 에우로페를 유럽의 시조로 지목하는데, 여기서 에우로페는 유럽과 오리엔트 간의 긴밀히 얽힌 관계의 징표이자, 타자로서의 오리엔트에 기초한 유럽의 자기이해의 증거로 읽을 수 있다.

카롤루스 대제, 루이 14세, 나폴레옹, 히틀러 등에 의해서 꾸준히 도전이 이루어졌지만, 유럽인들은 그들의 동쪽 이웃들과는 달리, 로마제국의 붕괴 이래 단 한 차례도 보편제국의 건설에 성공하지 못했다. 안정적인 보편제국의 부재는 실제로 근대까지도 유럽에 상당히 위협적인 세력으로 잔존했던 이슬람 제국 및 근대에 들어와 위협적인 세력으로 성장한 러시아 제국과 대면하며 날카로운 경계의식을 부추겼다. 십자군 전쟁, 근대 제국주의 그리고 냉전에 이르는 유럽사의 진행은 유럽의 뿌리 깊은 이항대립적인 경계개념에 각각 종교적, 문명적, 인종주의적 층위를 더해주었다. 오늘날까지 이어지는 동방에 대한 경계의식은 터키를 전략적 파트너 이상으로 인정하기를 꺼리는 유럽연합 측 입장의 밑바닥에 자리하고 있다.

더 나아가서 유럽인들은 실제로 동아시아인들보다 인적, 물적, 문화적 측면에서 훨씬 더 격렬하고 역동적인 상호작용을 경험해왔다. 잦은 군사 충돌과 전투는 물론 요동치는 정치적 군사적 경계들이 이러한 상호작용의 근간을 형성해왔다. 유럽사 연구가 유럽연합이 조직적으로 출범하기 훨씬 이전부터 진행되어온 지역화를 조밀하게 재구성해낼 수 있었던 것은 일차적으로 바로 이처럼 풍부한 실제 역사적 증거 덕분이었다. 따라서 유럽사가 전문적 학술연구와 대중 교양교육 모두에서 이루어낸 성과와 성장은 유럽사 특유의 역사적 조건과 유럽연합 출범 이후 급증한 유럽사에 대한 현실정치적 관심이 절묘하게 결합한 결과로 볼 수 있다. 다양성과 전문성을 갖춘 유럽사 연구성과에 힘입어서, 유럽연합을 통한 유럽통합은 오랫동안 진행되어온 유럽 지역화의 역사가 낳은 자연스럽고도 필연적인 귀결이라는 인식이 적어도 대중적 차원에서는 기정사실이 되었다.

그와 대조적으로 동아시아를 포함한 아시아의 상황은 상당히 다르다. 먼저, 아시아에서는 뚜렷한 지역 의식이 존재하지 않았다. 처음부터 아시아를 아시아로 이름 지은 것은 유럽인이지 아시아인이 아니었다. 가장 먼저 아시아인을 자칭했던 사람들은 B.C. 100년 경에 서부 터키에 정착한 로마 식민지 개척자였다. 포스트식민주의자 스피박에 의하면, 남아시아, 동아시아, 남동아시아에서 만들어진 고대 지도들은 아시아를 가리키는 어떤 말도 담고 있지 않다.[30] 아시아의 지리적 광대함과 수많은 해양 영역을 포괄하는 모호한 공간성을 감안한다면, 왜 아시아인들이 지역 전체를 포괄하는 그 어떤 통일성이나 공통성의 감각을 발전시키지 않았는지, 더 정확하게는, 발전시킬 수 없었는지 쉽게 이해할 수 있다.

15세기에 태동한 지리학은 유럽 대륙의 자기 이해에 기초하여 아시아에 대한 학문적 정의를 시작했지만, 유럽과 아시아를 명확히 정의하기 위한 과학적 토대를 제공하는 데에는 실패했다. 유럽인들과 아시안들 모두에게 아시아는 오랫동안 미지의 공간의 기표이자 그 의미를 담는 그릇에 불과했다. 아시아에서 타자에 대한 날카로운 경계의식과 지역 전체에 관한 자기 정체성이 출현한 것은 19세기 말 서구 제국주의의 위협 속에서였다.[31] 국내의 동아시아 논의가 동아시아의 범주적 경계를 규명하는 데 있어서 큰 진전을 보이지 못하는 것은 동아시아의 중층적인 정치권력 관계 및 구조와 깊이 연관된 투과적이고 미끄러운 경계와 불가분의 관계에 있다.

아시아는 제국 질서에 의해 규제되고 지배되어온 공간이었고 특히 동아시아는 조공과 책봉과 같은 형식화된 교류와 위계적 의식들에 의해 잘 조정, 배열되어온 공간이었다. 무굴 제국과 오스만 제국이 동아시아 지역 세력의 중심으로서의 중국과 더불어 각각의 하위지역에서 중심축을 담당하는 아시아의 제국 질서가 오랫동안 다수의 지역 문명들의 비교적 평화로운 공존을 가능케 했다. 동아시아의 공간의식은 중국을 문화적 중심으로 삼는 중화 컨셉에 기초해왔는데, 이 컨셉은 기본적으로 타자에 대한 배타적인 경계의식이 아니라 중심의 확장성과 포괄성을 그 핵심 요소로 한다. 중화의 관점에서 중심은 항상 분명하지만, 이슬람의 경우와 마찬가지로 가장자리의 경계는 모호하고 수용적이다. 이러한 역사적 공간의식을 전제로 할 때 우리는 근세 일본이 왜 지리적으로 중앙에 있는 중국보다 스스로가 더 중국답다고 믿었는지 이해할 수 있다. 그들은 자신들이야말로 진정한 유교적 도(道)를 성취했다고 확신했기 때문에 스스로를 중국으로 인식할 수 있었다.[32] 우리가 유럽 수준의 뚜렷한 경계에 의해 정의된 동아시아를 이야기하고자 한다면, 우리는 일본 제국주의의 범아시아주의에서 시작해야 한다.

마지막으로 가장 주목할만한 것은 아시아 도처에서 지배적이었던 복수의 제국 질서가 제국의 역내에서 평화롭고도 활발한 상호작용을 가능케했지만, 그것이 각각의 제국적 경계를 넘어선 집중적인 개입이나 광범위한 쓰나미급의 변화 혹은 유럽에서 자주 관찰되는 바와 같은 빠르고 변혁적인 문화 전이를 허용하지 않았다는 점이다. 불교, 유교, 힌두교 그리고 특히 이슬람은 확실히 제국적, 문명적 경계를 넘어서 수많은 동아시아 및 아시아 사회 내로 침투하여 정치체제와 일상문화에 상당한 영향을 미쳤다.

그러나 이들 종교문화는 유럽을 유럽화한 문화적 동력으로 간주되는 종교개혁이나 계몽주의 운동에 비견할만한 트랜스문화적 평준화나 동질적 변화를 촉발하지 않았다. 동아시아에서의 불교나 이슬람에 비하여 종교개혁과 계몽주의가 유럽 전체에서 훨씬 큰 변화와 평준화의 힘을 발휘할 수 있었던 것은 각각의 문화적 콘텐츠 자체의 변혁적 잠재력에도 기인하겠지만, 그보다는 종교개혁이나 계몽주의적 혁명 이념이 100년 간의 종교전쟁이나 프랑스 혁명전쟁과 같은 한층 격렬하고 전면적인 접촉을 통해 확산되었다는 사실에 기인하는 바가 더 크다.

아시아의 지정학적 구도는 다수의 제도적으로 비슷비슷한 수준에서 잘 조직되어있는 정치체들로 넘쳐나는 유럽 핵심부와는 오래전부터 사뭇 다르게 형성되었다. 일찍부터 잘 조직된 중심으로부터 '취약하게 조직된 주변'으로 팽창하는 제국 중심의 질서가 자리 잡은 것이다. 광활한 규모의 아시아 제국들 간의 문화적 접촉과 상호작용은 주로 연안 교역을 통해 일어났지만, 이것이 내륙의 정치체제에까지 영향을 미치는 경우는 드물었다. 하버드 대학의 동남아시아사학자 보즈(Sugata Bose)는 "해전은 상인들의 사안이지 왕권과 관계가 없다"라고 말한 인도 구자라트 지배자의 진술을 인용하면서 유럽 제국주의가 바다를 통해 침략해 들어오기 전까지 인도의 지배자들에게는 해양 통치권에 대한 개념이 없었다고 주장했다.[33]

중국의 경우에도 남중국해 연안의 외부 문화와의 접촉과 충돌은 19세기 이전까지 중앙의 한족 사회에 놀라울 정도로 미미한 영향력을 행사하는 수준에 머물렀다. 남중국해 저편의 남양 왕국들은 지정학적으로 평화롭고, 멀리 떨어져 있으며 분산되어있다고 인식되었다.[34] 요컨대, 유럽보다 훨씬 큰 공간적 규모와 역내 제국들 간의 직접적인 충돌과 심각한 대립으로 이어지기 어려운 지정학적 권력 구조는 외래 문화적 콘텐츠의 선택적 차용의 가능성을 크게 높여주었고 이 지역에서의 문화 전이와 전 사회적 변동이 일어날 수 있는 범위와 강도를 제한해주었다.

이처럼 동아시아의 현저히 차별적인 역사적 맥락은 동아시아를 역사서술적 범주로 이해하는 데 있어서 관점을 달리해야 할 필요성을 제기해준다. 즉 유럽 경우와 동등한 정도의 날카로운 경계의식 혹은 문화적 공통성에 기초한 동아시아적 지역화를 찾아 나서는 것은 잘못된 주소지를 찾아 나서는 것과 같다. 이러한 의미에서 동아시아사가 지역적 공동체성와 통일성을 입증할 수 있는 동질적 지역사여야 한다거나 역사서술 범주로서의 동아시아의 문제가 해결될 때에만 동아시아사 서술에 착수할 수 있다거나 동아시아사의 주된 과제가 역내의 역사적 문화적인 공통의 맥락을 입증하는 것이어야 한다고 가정하는 것은 또 다른 유럽중심주의에 이르는 길이다. 그러나 지역사의 척도처럼 여겨지는 유럽사 서술 자체는 아이러니하게도 '유럽의 유럽화'를 목표로 하는 동질적 유럽사 패러다임으로부터 유럽적 동질성을 해체하고

유럽과 비유럽 간의 얽힌 역사로 옮겨가고 있다.[35]

분명 니시지마가 주장하거나 홉스봄이 『1780년 이후의 민족들과 민주주의』에서 언급한 한 바와 같이 유교와 한자 문화를 공유하는 동아시아의 출현과 존재를 이야기할 수 있다. 그러나 정작 중국 학자 왕희는 "유교적 아시아는 중국에조차 적용될 수 없는 개념이다"고 잘라 말한다.[36] 동아시아사 전반에 걸쳐 유지되어온 개방적이고 유동적인 경계를 생각할 때, 동아시아사를 한자 지역과 같은 선험적이고 규정적 범주들에 기대어 동아시아사를 서술하거나 지역적 공통성과 동질성에 초점을 맞추는 것은 부적합할 뿐 아니라 바람직하지도 않다.

초점은 오히려 동아시아 문서고가 가장 잘 사용될 수 있는 주제들을 발굴하는 데 맞추어져야 할 것이다. 예를 들어서, 첫째 타자에 대한 배타적인 경계의식에 기초해 있지 않은 공간을 생산해온 동아시아사, 둘째 중앙아시아나 동남아시아를 포함하든 않든 공고한 중심을 갖는 단일 단위로서 진화하기보다 지역의 혹은 지역을 넘어선 다른 참여자들과의 상호작용 속에서 장기적으로 새로운 경계들을 창출해온 동아시아의 역사, 마지막으로 특히 근대 유럽사의 경우와 마찬가지로 동아시아에 속하지 않는 참여자들과의 상호작용이 자신의 정체성을 구성하는 수준으로까지 확장되었던 근대 동아시아의 얽힌 역사와 같은 주제 영역들이 발굴될 수 있다.

| 4 | 탈지역주의적 방랑과 지구적 전환 사이에서

2003년 세계은행에서 추진한 동아시아 프로젝트의 결과보고서는 동아시아를 "글로벌하면서도 역내 특성이 강한 비균질적인 지역"으로 규정하였다.[37] 무엇보다도 동아시아의 역내 통합의 역사적 일관성과 연속성을 증명하는 데 집중하는 동아시아사에 대한 통상적인 접근과는 달리, 세계은행 프로젝트답게 "아시아가 그 역사적 시기 전반에 걸쳐서 하나의 통합된 지역으로서뿐 아니라 세계 경제에서 활동적이고 때로 주도적인 참여자로서 기능해왔음"을 보여주겠다는 의욕적인 목표를 내세운다. 그럼에도 우선순위는 명확한데, "아시아 관련 교역은 개념적으로 아시아 역내 교역과 글로벌 교역이라는 두 가지 범주로 나뉠 수 있지만 실제로는 후자가 전자의 진정한 확장"이라는 것이다.[38] 동아시아의 과거 역내 교역은 과연 글로벌 교역과 그렇게 선명히 구분될 수 있고 그의 글로벌 확장을 이야기할 수 있을 만큼 역내적으로 응집력 있는 실체를 갖고 있었는가? 이하에서는 그 반대의 측면에서 동아시아 교역사의 차별성을 확인해보고자 한다.

1930년대까지도 인도의 농촌경제와 인도양 경제가 탄력적 회복력을 유지했음을 성공적으로 과시한 인도양 연구[39] 못지않게 동아시아의 잘 연결된 교역 네트워크와 그 경제적 활력에 대해서도 집중적인 연구가 진행되어왔다. 하마시타, 스기하라(Kaoru Sugihara: 杉原薫), 가와카츠(Heita Kawakatsu: 川勝平太)와 같은 일본의 경제사학자들은 '동아시아 조공무역 시스템', '아시아 역내 교역', '해양 아시아'를 핵심어로 삼는 연구들을 선도하였다.[40] 지역사로서의 동아시아사의 이해에서 이러한 일본 연구자들의 학문적 기여는 가히 획기적이다. 동아시아의 역사적 정체성(停滯性)과 고립성에 관한 오래된 유럽중심적 편견에 근본적으로 도전했을 뿐 아니라, 관점을 내륙으로부터 바다로 옮김으로써 동아시아사를 '서양의 영향과 아시아의 반응'이라는 페어뱅크식 모델로부터 해방시켜 놓았기 때문이다.

그러나 본 절의 관심에서 중요한 것은 하마시타가 주장한 "중국을 중심에 둔 지역적인 조공무역 관계를 특징으로 하는 통일된 시스템의 역사로서의 아시아사"이다.[41] 중국의 조공 시스템은 의심할 여지 없이 동아시아 교역 구조의 핵심 동력이었고, 근대까지도 지역의 경제, 문화적 상호작용을 견인한 응집력 있는 동인으로 작용했다. 그러나 조공무역에 기초한 아시아 교역권에서의 탄력적이고 생기있는 경제적 문화적 상호작용들의 존재가 곧바로 (동)아시아가 지역으로서 통합되어 통일적인 시스템을 이루고 있었다거나 고대로부터 청대에 이르는 중화적 세계질서가 작동하고 있었다는 주장을 뒷받침해주지는 않는다. 오히려 조공은 책봉과 달리 교역의 형태로 중국 황제에게 공물을 바치는 자를 모두 조공자로 파악하는 논리에 입각해있기 때문에, 이를 바탕으로 통일적 시스템으로서의 (동)아시아를 거론하는 것 자체가 모순적이다. 즉 조공무역 관계는 확장적 연결성을 잘 들여다볼 수 있는 창구이지 하나의 시스템으로서의 통합성(integratedness)을 판단할 잣대는 아니다.

우선, 조공무역은 일관된 규칙에 따라 작동하는 한 덩어리의 시스템으로 간주될 수 없다. 그것은 오히려 "지정학적, 문화적 맥락들에 적합하게 설계된, 즉 다양한 사회적 질서들을 세우고 유지하기 위한 일련의 유연한 제도적 담론적 도구"에 더 가까웠다.[42] 조공체제의 일견 위계적인 규범들조차도 실제에서는 경직된 방식으로 적용되지 않았고 늘 다양하고 개방적으로 해석될 여지를 갖고 있었다. 그 때문에 조공체제의 위계질서란 일본과 베트남의 입장에서도 그들의 좀 더 약한 이웃들과의 관계를 정의하는 데 확장적으로 적용되거나, 조선이 15세기에 만주 야만족 출신의 청조에 대해 소중화를 주장했던 것처럼 역적용 가능한 것이었다. 또한 이 개념은 지역적 경계에 얽매일 필요가 없었기 때문에 국제적 교역 관계를 중국 중심적으로 해석할 수 있는 유연성까지 발휘하였다. 그럼에도 "조공 원칙들이 진짜 시스템을 창출하지 않았을지 모르지만, 청과 유럽이 함께 뛰어든 공간에서는 그 어떤 유럽적 실행들보다 훨씬 강력한 관행과 규범들을 만들어냈다"는 캘리포니아 학파의 웡(Roy Bin Wong)의 지적은 함께 고려할만하다.[43]

둘째로, '아시아 조공무역 시스템' 연구는 주로 '해양 아시아'와 그 경제적 측면에 집중하면서 조공체제의 또 다른 중요한 축인 중국, 내륙 아시아, 서아시아, 남아시아 및 러시아 사이의 대륙적 관계를 거의 완전히 무시하고 있다.[44] 물론 이는 해양 아시아와 달리 자주 군사적 대치와 갈등으로 점철되어있는 아시아 내륙관계에 대해서는 상대적으로 알려진 바가 적은 탓이기도 하다. 다행히 신청사학자들의 북방 변경에 대한 주목 덕분에 청제국과 준가르 제국의 치열한 무력갈등에 대해서뿐 아니라 북방 유목민족과 중원과의 정체적인 대립상황 자체에 대해서도 크게 관심이 환기되고 있다. 그러나 신청사 연구에서도 북서부의 내륙 아시아를 둘러싼 지역정치사를 바닷길에 의한 경제적 문화적 교류의 역사와 복합적으로 연결하려는 논의는 매우 적다.[45] 이러한 두 가지 동학에 대한 포괄적인 그림을 얻을 때 비로소 동아시아에서의 통일된 시스템에 관한 논의가 제대로 시작될 수 있을 것이다.

현재까지의 연구성과를 고려할 때, 동아시아 조공무역체제에서 주목해야 할 진짜 특성은 통합성이나 통일성이 아니라 오히려 그것의 유연성과 확장성에 있다. 조공무역체제는 유럽인을 비롯하여 다양한 민족과 문화권의 참여자들을 포함시켰기 때문에, 오히려 체제의 비균질성과 비일치성을 증가시키는 방식으로 동아시아 지역 형성에 기여했다. 요컨대, 조공무역체제는 구심력보다는 원심력에 의해 작동하는 체제였다.

세계체제론자 프랑크가 1300년경 세계 경제를 오랜 침체로부터 구해낸 엔진이었다고 칭송했던 활기찬 동아시아 교역과 은 경제의 확장세는 유럽의 세계체제와의 결합 없이는 불가능했다. 인도양 연구자 레이(Rajat K. Ray)가 "중국과 인도의 사업 활동이 동남아시아, 서아시아, 동아프리카로 확장된 것은 서양의 경제적 지배력이 공고해진 시점과 정확히 일치한다"고 한 것은 이러한 상관관계에 대한 정확한 지적이다.[46] 이러한 시각에서 보면, 동아시아 역내 교역과 글로벌 교역은 순차적인 확장 관계에 있지 않았고, 우리가 프랑크를 통해 알게 된 수준의 동아시아 역내 교역은 유럽을 통해 글로벌 교역과 연결된 덕분에 가능했다고 말하는 편이 더 정확할 것이다.

서구 제국주의와의 대치 상황 속에서 전례 없이 날카로운 지역적 경계의식이 아시아 전역에 걸쳐서 민족주의적 각성과 함께 부상했을 때에도 동아시아에서는 탈경계적 상호작용이 지역적 통일성과 자율성을 압도하였다. 20세기 동아시아의 시작은 한편으로는 '동아연맹'이나 '동아공동체'와 같은 일본 제국주의 프로젝트, 다른 한편으로는 아시아 지식인들에 의해 주도된 반제국주의적인 '다른 아시아' 운동의 깃발 하에 진행된 지역화 운동과 함께 이루어졌다.[47]

지역 통합의 가장 현실적이고 효율적인 진척은 1932년 만주국 건립 이후 동아시아에 강력한 엔 블록을 만들기 위한 일본 제국주의 정책에 의해 만들어졌는데, 여기에는 이데올로기적 엔진 역할을 했던 대동아 공영권의 지원 사격이 있었다. 이전까지의 개방적이고 혼종적인 역사의 흐름과 비교할 때 20세기 초반의 동아시아는 비교적 강력한 지역 통합과 정체성 형성을 경험하게 되지만, 동아시아 역사 전체에 비추어 보자면 짧은 에피소드에 가까웠고 그마저도 매우 다공적(多孔的)이었다. 일단 일본 제국주의 하의 지역 통합은 단일 경제 영역의 핵심적 지표였던 일본 엔 블록의 형태로 겨우 십여 년간 지속하였고, 지식인 중심의 반제국주의적 범아시아주의 운동 전체를 고려하더라도 지역적 수렴과 일치감이 반세기도 지속하지 못했기 때문에 무척 짧았다. 무엇보다도 20세기 동아시아 지역의 경제적 통합은 유럽의 자본주의 패권 하에서 이루어졌기 때문에 다공성의 통합이었다.

세계체제적 관점에서 보자면, 이 시기는 아시아가 하나의 독자적인 세계체제로서의 자율성을 잃고 유럽적 세계체제에 주변부로 편입되던 시기에 해당한다. 월러스틴의 세계체제 분석을 '아시아 교역 네트워크론'을 사용하여 수정하고자 했던 아리기(Giovanni Arrighi)는 적어도 19세기 초까지 "동북아시아, 내륙 아시아, 동남아시아가 공동으로 단일 세계지역을 구성했다"고 주장하였다. 그러나 1930년대의 동아시아에 대해서는 "20세기 초반의 일본을 핵으로 하는 동아시아 지역을 만들려는 일본의 시도에도 불구하고 19세기 중반 이래 동아시아의 '탈지역화' 추세가 작동하고 있었다"고 판단하였다.[48]

반제국주의적 범아시아주의 운동의 관점에서 본 동아시아 그림도 덜 다공적이지 않다. (동)아시아 개념은 이 시기에도 유연한 연결성과 포괄성을 상실하지 않았고 제국주의가 고도화되는 20세기 초에는 중동과 하와이까지 포함한 반제국주의적 연대 전선을 구성하며 다시 한 번 그 폭을 확장하였다.[49]

2차 세계대전 후 거의 곧바로 시작된 냉전은 유럽과 달리 이 지역에 긴 그림자를 드리우며 현재까지도 지역 평화와 통합에 가장 큰 걸림돌로 작용하고 있다. 유럽 경우에 냉전은 동서분할과 갈등을 초래했지만, 큰 그림에서 볼 때 오히려 지역 창출과 응집력 증가에 긍정적으로 작용했다. 나치 패망 이후 독일을 견제하고 공산주의 블록에 대한 방파제로서 유럽을 강화하기 위하여 미국이 유럽 내 유럽통합 운동 세력들과 긴밀한 협조 관계를 유지하면서 정치적 재정적 지원을 아끼지 않았기 때문이다.[50] 즉 제2차 세계대전 이후 미국의 유럽 정책의 목표는 독일을 하나의 유럽 속으로 사실상 해체하고 유럽 공동체를 반공산주의적 방파제로 강화하는 것이었다. 따라서 유럽연합이 상호조약을 통해 정치적으로 공고해지고 동쪽 확장에도 성공한 것은 동서냉전의 종식 이후였지만, 유럽통합을 위한 조건 자체를 마련한 것은 냉전이었다.

유럽과 대조적으로, 동아시아는 중국, 한반도, 베트남에서 세 차례에 걸쳐 냉전이 열전으로 비화되면서 씻을 수 없는 분열의 상흔을 입었다. 1989년 베를린 장벽의 붕괴로 유럽에서는 냉전이 종식되었던 반면에, 동아시아는 중국이 '대국굴기' 공표 이후 미국과 본격적인 대립, 갈등, 경쟁 국면에 들어서고 러시아-우크라이나 전쟁을 통해 러시아와 연대하면서, 신냉전의 격전지로 변모 중이다. 일각에서는 이러한 동아시아 정세 변화를 두고 "최근의 [...] 변동의 중심에는 중국의 부상이 자리하고 있고, 동아시아가 중국 중심의 지역질서로 '회귀'하는 듯한 변화가 가시권에 들어와 있다"는 판단 하에서 동아시아사를 '하나의 중심과 다부중심으로 구성된 다문화주의적 복합질서'로 재구조화하자는 주장도 제기된다.[51] 그러나 이는 동아시아의 실제 역사를 고려하여 지역 정세를 판단하는 것이 아니라, 지역 정세에 따라서 동아시아사를 주조해내는 과거 지역학적 해석 유형을 그대로 반복하는 발상이라 하지 않을 수 없다. 또한 "최근에 와서 그러한 상황으로의 역전이 진행되고 있다"는 판단에 대해서도 동아시아 지역의 냉전사를 고려하지 않고 전근대 중화질서의 연속성을 21세기적 맥락에 그대로 대입한 결과로 보지 않을 수 없다.

그렇다면 냉전은 동아시아의 지역적 지형도를 어떻게 바꾸어 놓았는가? 단도직입적으로 말하자면, 19세기 중반 이래 본격화된 동아시아의 탈지역화는 반세기 냉전을 거치며 더욱 강화되었다. 동아시아 냉전사가 증언해주는 중요한 반면은 동아시아가 극동이나 대동아로 대변되는 유럽적 혹은 일본 제국주의적 담론 세계로부터 미국 중심적 담론 세계로 재편되었다는 것이다. 미국은 태평양 전쟁 이후 자신을 태평양 및 동아시아 세계의 일원으로 이해해왔지만, 1950년까지도 태평양 동맹 제안에 무관심하였고 중국 공산화에는 애치슨라인 선언으로 대응했다. 그런 미국을 지역의 주요 현안에 본격적으로 참여하게 만든 것은 한국전쟁의 발발이었다.

미국은 1954년까지 미일안보조약, 호주, 뉴질랜드, 미국 간의 안전보장조약(ANZUS), 한미상호방위한조약, 동남아시아조약기구(SEATO)로 연결된 동맹 네트워크를 완성하였다. 물론 이는 한국전쟁을 계기로 개막된 글로벌 냉전 시대를 주도하기 위한 미국의 세계전략의 일환에서 이루어졌다. SEATO에는 공산 중국을 견제하고 동남아시아에 대한 유럽의 영향력을 보장하기 위하여 오스트레일리아와 뉴질랜드, 영국, 프랑스까지 가입해 있다.[52] 1967년 이래 역내 지역협력을 주도하고 있는 아세안이 아세안+3(APT), 아시아태평양경제협력체(APEC), 그리고 동아시아정상회의(EAS), 아세안지역포럼(ARF), 아시아태평양안보협력회의(CSCAP)로 확장, 연결되는 구도의 기본 인프라는 냉전 시대에 완성되었다고 해도 과언이 아니다.

그림 6의 다이아그램은 현재 동아시아 지역협력을 주도하는 대표조직들 간의 얽힌 관계와 각 조직의 회원국들을 일별할 수 있도록 해준다. 동아시아정상회의는 아세안+3를 확대한 최상위 전략포럼으로서 동아시아 공동체 형성이라는 야심찬 목표를 위해 2005년 출범하였다. 당초에는 아세안+3 협력이 진전되면 이를 동아시아정상회의로 완전히 대체한다는 계획이었으나 관련국 간 합의 불발로 양 조직이 병존하고 있다. 아세안 회원국은 2007년 11월 유럽연합식 통합을 천명한 아세안헌장에 서명했지만, 이를 실행할 법적, 제도적 틀은 오늘날까지도 갖춰지지 않고 있다.

유럽연합이 관료제 구조와 법적 의사결정 절차를 통해 운영되는 초국가적(supranational) 기구라면, 아세안과 동아시아정상회의는 불연속성, 실용주의, 합의 도출(만장일치제), 비대결적인 협상을 중시하는 정부간 협의체 수준의 제도화에 머물고 있다. 이태리 시에나 대학의 정치학자 히것(Richard Higgott)은 이러한 유럽과 동아시아의 지역화 방식을 각각 '법적 제도적 지역화'와 '실질적 경제적 지역화'로 구분하였다.[53] 동아시아 지역화의 이같은 '소프트'한 성격은 아래의 다이아그램에서 보듯이 역내 의사결정 조직에 연루되어있는 다양한 국가들의 스펙트럼과 복잡한 상호작용이 낳은 불가피한 결과이기도 하다.

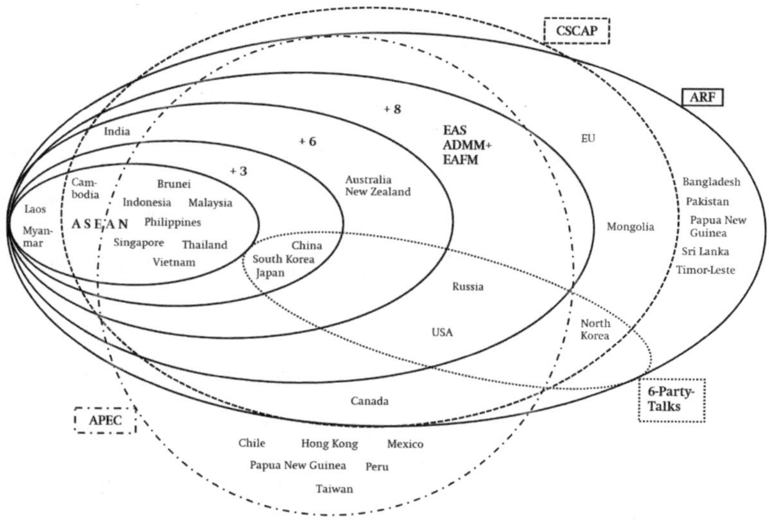

[그림 6] 아시아-태평양 지역의 정치경제적 협력구도

Gudrun Wacker, *Security Cooperation in East Asia. Structures, Trends and Limitations*, Berlin: Stiftung Wissenschaft und Politik, 2015, p. 9.
ASEAN+6는 동아시아 포괄적 경제파트너십(CEPEA)으로도 불리며, 16개국 간의 FTA 체결을 목표로 그 가능성을 연구한다. ADMM+는 아세안 국방부장관 회의 플러스를, EAFM은 아세안 해양포럼을 각각 뜻하며 동아시아정상회의와 마찬가지로 역내 주요국들이 모두 참여하는 기구들이다. *Ibid.*, p. 28.

아시아태평양경제협력체는 차치하더라도, 지리적으로 인접해있는 오세아니아 국가들이나 러시아는 물론이고 미국과 인도까지 동아시아 정상회의에 들어와 있다. 이것이 의미하는 바는 무엇일까? 일차적으로는 다양한 역외 국가들이 지역 현안의 논의 구조, 협력체제, 안보체제에 직간접적으로 연루되어있다는 점에서 유럽과는 또 다른 차원의 동아시아의 '세계지역적' 면모를 확인할 수 있다.[54] 오바마 행정부의 '아시아 중시(pivot to Asia)' 전략의 연장선에서 바이든 행정부가 2017년 공식화된 인도-태평양 전략을 계승하자 유럽 동맹국들까지 적극 참여로 돌아서기 시작하였고 이를 통해 동아시아의 세계지역화는 더욱 가속화될 전망이다. 신냉전 시대는 러시아-우크라이나 전쟁을 계기로 유럽에서 먼저 막을 올렸지만 동아시아에서 본격화할 가능성이 크다. 그러나 한 걸음 물러나 동아시아의 세계지역적 면모를 역사적으로 들여다보면 이는 제국주의와 냉전 시대가 이 지역에 남긴 외세개입의 흔적을 의미하는데, 동아시아사 지역사 서술과 관련해서는 이러한 두 번째 의미를 고려하는 것이 더 중요하겠다.

청화대학의 왕휘는 적어도 19세기와 20세기 아시아가 제국적 지역주의와 반제국주의적 지역화의 산물이었던 만큼 아시아라는 개념은 항상 유럽, 근대성, 자본주의와의 관계성 속에서 이해될 수밖에 없다고 역설한 바 있다.[55] 지역사 연구와 서술을 먼저 시작한 유럽에서는 4장에서 살핀 것처럼 유럽, 근대성, 자본주의란 서구 근대화로만 설명될 수 없고 유럽과 비유럽 간의 얽힌 역사의 결과물임을 입증하려는 논의가 한창이다. 유럽과 비유럽 세계의 충돌이 낳은 울퉁불퉁한 단면은 근현대로 올수록 제국주의 격전지의 현장이 되었던 식민지 세계에서 유럽보다 더 뚜렷한 흔적을 남겼다. 냉전 시대의 동아시아 삼대 열전으로 꼽히는 중국 공산혁명, 한국전쟁, 베트남 전쟁뿐 아니라 이후의 비동맹 운동과 서방의 안보동맹체제 역시 (동)아시아를 분열시키는 데 공조하였다. 무엇보다 한국전쟁을 통해 확전된 글로벌 냉전은 동서양을 가로질러서 지리적으로 근접해있지 않은 국가들 간의 거리를 좁혀 동아시아를 초지역적 블록으로 재편성하였고, 현재에는 인도-태평양 전략과 쿼드 플러스 구상을 통해 반복되고 있다.

그럼에도 동아시아와 냉전은 단순히 미국, 소련, 중국에 의해 위로부터 결정된 것으로만 볼 수 없다. 이들 국가의 제국적 영향력은 압도적이었지만, 유럽 제국주의 역사가 그러했듯이 아래로부터의 협력과 저항 없이 작동한 매끄러운 그림의 냉전사는 일어나지 않았다. 동아시아 냉전은 아시아 나머지 지역, 중동, 라틴아메리카, 아프리카에서 그랬던 것처럼 민족주의와 반제국주의 운동의 미로를 통해 진수되었다. 유럽의 경우와 달리 왜 동아시아에서는 냉전이 열전으로 전환되었는가의 질문은 직접적인 충돌과 대립의 뇌관 역할을 했던 반식민 민족주의를 고려하지 않고 답하기 어렵다. 따라서 탈식민화 프로젝트로서의 민족주의와 냉전의 얽힌 관계는 동아시아 고유의 지역 형성 과정과 특징들을 들여다볼 수 있는 또 다른 창구에 해당한다. 아울러, 그것은 유럽의 경우와 마찬가지로 자기의 본질을 구성하는 수준으로까지 진행된 서구와 비서구의 오랜 얽힌 역사의 실타래와 같은 모습이다.

이처럼 유럽과 동아시아의 지역사는 애초에 지역주의적 관심에서 추동되어 본격적으로 연구 및 논의되었으나, 지역에 대한 깊은 이해에 도달하려는 항해가 진행될수록 지구사라는 대해로 더 깊숙이 나아가게 되는 공통된 특성을 보인다. 유럽사에서 해외팽창, 제국주의, 근대화와 같은 역사적 과정과 국면들이 지구사적 맥락을 필연적으로 고려하게 하는 중요한 계기로 운위된다면, 동아시아사에서는 조공무역, 식민지화, 냉전, 포스트식민주의가 그런 역할을 담당한다. 그럼에도 지구상 모든 지역이 세계와 연결되는 경위와 방식은 모두 다를 수밖에 없는데, 유럽과 동아시아 역시 마찬가지이다. 유럽사를 세계와 연결시키는 방식은 항상 유럽중심주의적으로 이루어져왔기에, 유럽사 서술의 가장 큰 도전은 탈유럽중심적 유럽사를 서술하는 것이라 할 수 있다. 그런 의미에서 유럽사와 지구사의 의미 있는 합류는 바로 유럽의 지방화, 즉 세계지역으로서의 유럽을 당연시하기보다 본래 하나의 작은 지역에 불과했던 유럽이 세계패권을 쟁취한 세계지역으로 변모해간 과정을 혼종적 시각으로 규명함으로써 일어날 수 있다.

동아시아사에도 중국 중심주의의 그림자를 무시할 수 없지만, 유럽중심주의에 비견할 왜곡을 낳을만한 영향력을 발휘한 적은 없었다. 동아시아사 서술의 가장 큰 걸림돌은 오히려 지역주의적 혹은 안보상의 이유에서 공론화되고 있는 지역공동체 건설이라는 역사 외적이지만 '타당한' 정치적인 목적론이다. 동아시아사는 유럽과 달리 선으로서의 국경 개념이 매우 느리게 정착한 공간, 즉 전근대 시대부터 매우 국제적이고 개방적인 공간이었으며, 역내 및 역외적으로 이항대립적 경계보다 혼종적이고 다공적인 경계를 유지해온 독특한 역사를 이어온 공간이다. 현재에 이르기까지 동아시아사 전체를 관통하는 하나의 특징이 있다면 바로 이러한 탈지역주의적 내지 열린 지역주의적 성격이며 그런 의미에서 탈지역주의적 지역사 내지 호지슨이 말한 세계지역사로 동아시아사를 서술하는 것이야말로 동아시아사 서술의 가장 큰 난제라 할 수 있을 것이다.

이러한 자가당착적인 미션을 가능케 할 방법이란 지구사 패러다임의 변주뿐이다. 동아시아사를 세계지역사로 다시 쓰기 위해서는 우선

한중일에 국한된 동아시아 이해를 멀리 벗어나야 하고, 문명적이든 전략적이든 선험적이고 폐쇄적인 지역주의의 안경을 벗고 열린 지역주의를 역사적 현실로 받아들여야 할 것이다. 캘리포니아 학파로 불리는 포메란츠와 웡과 같은 사회경제학자들의 중국사 연구, 호주 국립대학의 리드(Anthony Reid)가 일본학자들과 협업한 동남아시아 연구, 인도양 연구의 풍부한 성과는 이러한 발상의 전환을 시작할 수 있는 좋은 발판들이다. 하마시타를 비롯한 일본의 해역아시아 연구와 대만 학자들의 연구는 이미 국내 동아시아사 연구자들에게 인식의 지평을 바다로 넓히는 데 커다란 영감을 주고 있다.[56] 느리더라도 동아시아에 관한 광역적 시각의 실증적 연구성과가 착실히 쌓여간다면,[57] 그 위에서 좀 더 복합적이고 현실감 있는 동아시아의 미래 지역공동체에 대한 구상이 창발(emerge)할 것이다.

6장

유라시아 변경과 지구사: 독일 제국과 청 제국의 유라시아적 맥락

변경사가 어떻게 지구사로 들어가는 진입로가 될 수 있는지 의아하게 생각할 독자들도 꽤 있을 것이다. 글로컬리제이션이라는 신조어나 21세기에 들어와 본격화하고 있는 신냉전의 양상이 역설하듯이, 지구화는 일방적인 통합이 아니라 복잡한 형태의 분리 통합을 동시 추동하는 방식으로 진행되고 있다. 경계보다는 탈경계, 이분법보다는 혼종성, 중심보다는 주변의 시선으로 세계를 읽으려는 변경의 시선만큼 이러한 지구화의 현실을 직시하는 데 적합한 관점도 없다. 변경에 서서 바라보는 것이야말로 분리와 접촉, 침투성과 고립성, 개방성과 폐쇄성을 모두 고려하여 지구화와 지구성을 그 개별적, 잠재적 진원지로부터 고찰할 수 있도록 해주기 때문이다.

변경사는 1986년 샌디애고 대학에서 국경 지역의 교역, 이민, 문화, 정체성의 문제를 다루는 『변경 연구(Journal of Borderlands Studies)』가 창간된 이래로 괄목할만한 성장세를 보이기 시작했다. 해당 학술지가 중요한 진원지 역할을 담당한 것은 맞지만 이를 유일한 동력으로 지목하기는 어렵다. 오히려 자연적이고 인위적인 경계를 뚫고 전 방위적이고 광역적인 얽힘의 역사를 써내려는 새로운 움직임들이 지구사의 부상, '공간적 전환(spacial turn)'의 열풍, 트랜스내셔널 연구, 이민사 등과 만나서 변경사라는 새로운 관심 분야를 개척해낸 것으로 보는 편이 정확할 것이다.

물론 변경 연구가 단기간 내 급성장했기 때문에 변경 개념의 과도한 팽창과 무절제한 적용에 대한 우려의 목소리도 높다. 즉, 무분별한 변경 개념의 남용으로 인하여 상호모순적이고 상충적인 상황들이 모두 변경적인 상황으로 지칭됨으로써, 변경 개념이 무정형의 개념으로 전락하고 있다는 비판이 적지 않다. 특히 지구사 연구에서는 복수의 문명적 접촉이 일어나는 '글로벌 변경'이라는 화려한 수사가 동원되고 있지만, 문화적 중심과 주변에서의 수용과 융합을 연결하려는 진정한 혁신적인 시도는 아직 드문 편이다.[1] 오스터함멜과 같은 지구사학자는 오히려 독일사의 경우, 문화전이 혹은 문화적 상호작용이 오직 변경에 국한하여 적용될 수 있으며 중심부에 대해서는 '민족 사회'라는 사회사적 범주가 훨씬 유용하다는 입장을 고수한다.[2]

변경사의 특별한 지구사적 함의는 바로 외부와의 문화적 상호작용이 가장 활발한 공간으로서의 '변경'의 지정학적 특성에서 파생된다. 오스터함멜의 경우는 사실상 근대 국사패러다임에서 전제해왔던 중심과 주변의 관계를 그대로 고수하려는 입장이나 다름없다. 즉 민족적 구심력이 작용하는 중심이 외부적 영향력에 노출되어있는 주변에 대해 행사하는 우위를 전제하며 중심에 의한 주변의 통합과 지배 과정으로서의 민족 형성(nation building) 개념에 충실한 입장이다. 그러나 변경적 문제의식의 핵심은 민족국가 단위이든 전 지구적 차원에서든 바로 이러한 이항대립적 인식을 부수는 데 있다. 국사패러다임을 전복하려는 트랜스내셔널 히스토리적 관심, 더 나아가서 지구사의 탈중심주의적 관심이 변경 연구와 필연적으로 만날 수밖에 없는 이유이기도 하다. 변경으로 나서는 일은 지구사적으로 열린 시각을 준비하는 것과 같다.

변경 연구가 본격화하기 이전부터 지방사 연구에서는 국민국가 형성을 주도했다고 여겨져온 중심의 지방성을 증거하는 한 편, 중심에 의해 항상 규정되고 타자화되어왔던 주변이 중심에 대해 행사했던 역방향의 영향력을 방증하는 작업이 활발했다. 후자의 연구 관심은 중심이 주변을 변경화하고 타자화하는 지배의 과정을 규명하는 작업과 사실상 표리관계에 있다. 따라서 변경 연구의 시선은 주로 중심과 민족국가에 의한 주변화 내지 지방화의 역사를 오리엔탈리즘적 문제의식에서 접근하거나, 중심과 네이션에 완전히 지배, 흡수, 통합되지 않고 끈질기게 지속되었던 주변과 지방의 독자적인 영향력을 혼종성이란 이름으로 재조명하거나, 아예 중심 자체가 또 하나의 지방에 지나지 않았음을 역설하는 데 맞추어져 있었다.

그러나 주변, 지방, 변경의 중심과의 관계는 그 이상의 함의를 갖는다. 중심의 선명하고도 통합적인 정체성과 문화의 공고성이란 뒤집어 보자면 중심에 대한 주변화와 변경화 작업의 성공 여부에 달려있기 때문이다. 최근의 지방 연구들은 변경에서의 문화적 상호작용이 오히려 중심부 문화 형성에 직접적으로 기여했다는 새로운 인식의 지평에

도전하고 있다.[3] 가장 마지막에 언급한 변경의 시선은 결국 중심이 주변을 주변으로 만드는 것이 아니라 중심을 중심으로 만드는 것이 주변이라는 역설을 이야기함으로써 중심을 해체하고 내파할 수 있는 파괴력을 갖는다. 앞서 2장에서 살펴보았던 포스트구조주의와 포스트식민주의적 문제의식을 변경사에도 들여와 적용하려는 시도로 볼 수 있다.

우리는 본 장에서 이러한 변경의 해체적 시선을 글로벌 변경의 성격을 가진 유라시아 변경과 결합하여 그 양단의 중심, 즉 유럽과 중화를 재고할 가능성을 모색해본다. 구체적으로 본 장에서는 독일 제국과 청 제국을 유럽과 중화라는 중심을 다시 읽을 창구로 삼을 것인데, 이 두 제국이야말로 오랫동안 각각 유럽과 중원의 눈으로 재단되면서 유럽중심주의와 중화주의를 역사적으로 공고히 구성하는 데 중요한 퍼즐 조각의 역할을 담당해왔기 때문이다. 독일 제국은 근대 유럽의 경로를 이탈하여 불행한 나치 역사로 파행하게 된 제3의 길로서 오랫동안 유럽적 근대성의 정당성을 뒷받침해왔다. 청 제국 역시 20세기 내내 중국사학계를 지배해온 핵심 테제, 즉 만주인들의 거의 완벽한 중화화(Sinicization)가 북서부 변경에서의 유례없는 성공을 가져왔다는 중화사관을 입증하는 소재로 활용되어왔다.

이 두 제국을 유럽과 중원이 아니라 유라시아 변경의 시선에서 읽는 작업은 이제까지 유럽과 동아시아를 연결하는 바닷길의 역사로부터 유라시아 내륙 역사로의 관점 이동을 의미하기도 한다. 제국주의적 유럽팽창에 이르는 해양교역 네트워크의 역사는 분명 지구사로 들어가는 중요한 진입로임에 분명하지만, 유라시아 내륙 역시 전 지구적 상호작용과 연결성을 이야기할 수 있는 좋은 진입로이다. 다만 서구 학계의 관심과 연구 동향의 압도적인 영향 하에 있는 지구사 연구에서 충분히 부각되거나 연구되지 않았을 뿐이다. 지구사 연구에서 중요한 축을 차지하는 인도양 세계 연구나 일본 연구자들의 아시아 교역 네트워크 연구는 공간적으로 인도양과 동아시아를 주된 대상으로 삼지만, 근본적으로 바닷길을 통해 유럽의 세계 진출 경로를 좇고 유럽팽창의 시선을 그대로 따르고 있다. 그러나 중국과 인도를 비롯하여 아시아의 제국 질서를 주도한 당대의 거대 제국들은 하나같이 내륙 기반의 정치 권력 구조를 유지했다. 따라서 내륙을 중심으로 진행되었던 지역정치적 차원은 간과하면서 해양교역체제에만 집중하는 연구들만으로 당시 아시아 지역질서의 변동과 구조를 제대로 파악하기 어렵다.

일례로 동아시아의 조공무역까지 연결되는 인도양 교역은 흔히 유럽 세력이 진출하기 전까지 매우 평화롭고 규제보다 관용이 우세한 규칙을 따라 진행되었다는 공고한 이미지를 구축해왔다. 아시아의 평화로운 교역질서는 아시아의 거대 제국들이 국부의 대부분을 내륙경제에서 충당했기 때문에 굳이 위험한 바다로 나갈 필요가 없었고 해양에 상대적으로 무관심했던 결과였지, 그 자체가 아시아 지역정치적 질서의 성격을 결정하는 '본질적인' 규정력이나 평화로운 실행이 항구적으로 지속될 수 있도록 보장할 수 있는 근거를 갖는 것은 아니다. 내륙의 관점에서 볼 때 아시아는 결코 평화체제를 견지하고 있지 않았으며 유럽 제국주의 시대 훨씬 이전부터 무력갈등으로 점철되어왔던 곳이다. 아시아 역내 교역에서도 유럽에서와 마찬가지로 무력행사, 상업적 이윤추구, 외교전략, 외세개입, 지역갈등이 늘 중요한 요인으로 작용

했지만 제대로 부각되지 않았을 뿐이다.[4]

이처럼 바닷길로부터 내륙으로 발길을 돌리는 것은 우리에게 동아시아의 지역질서를 좀 더 정교하게 이해하는 것을 도와줄 것이지만, 좀 더 유라시아 내륙 깊숙이 들어가 유라시아 변경에 서게 된다면 우리는 동아시아와 유럽이 하나의 대륙으로 연결되어있음은 물론 공통으로 면하고 있는 특별한 파동과 불안정한 동학을 확인하게 된다. 유라시아 변경에서 파생되는 역동성은 로마제국과 한제국의 시대 이래 실크로드를 따라 이루어져온 유라시아 양단의 상품, 사람, 사상의 교류와는 전혀 다른 함의를 품고 있다. 유라시아 변경에 서서 독일 제국과 청 제국을 재해석하는 것은 바로 이러한 유라시아 변경의 특별한 역동성과 그에 기초한 유라시아적 연결성에 주목하는 일이다. 이제 유라시아 변경으로 직접 가보자.

| 1 | 유라시아와 변경이 만날 때

근대에 들어와 국경과 변경의 개념이 빠르게 정착된 우리의 경우와 달리 오랜 기간에 걸쳐 수많은 접전을 통해 날카로운 선으로서의 국경을 상호조약을 통해 정착시켜온 유럽에서는 국경과 변경 개념이 뚜렷하지 않다. 정치학자들이 국경 개념으로 사용하는 대표적인 두 개념인 frontier와 border 둘 다 선과 공간을 동시 지칭하는 양의적인 의미역을 갖고 있기 때문이다. 양 개념이 처음부터 별개로 존재하지 않았고 후자가 점차 전자로 변환되어온 유럽으로 볼 때 당연한 현상이다. 정확한 물리적 경계선을 정하기 위한 지리학적 연구가 가장 앞서 있던 프랑

스 지리 사전에 'frontière'란 표현이 등장한 것은 1783년이었다.[5]

그러나 그 자체가 국경 개념의 탄생을 의미한 것은 아니었다. frontier은 본래 적과 직접 군사적으로 대면하는 영역을 의미하는 전선(front)이라는 군사적인 용어로 출발했다. 이후 유럽사에서는 frontier가 "관세, 경찰, 군대에 의해 대체로 통제, 구분되고 서로 다른 사법적 관할권이 만나는 정확한 선"을 의미하는 개념으로 정착해갔지만, 여전히 프랑스령 알사스처럼 한 지역을 지칭하는 의미 역시 보존되었다.[6] 선이 아닌 면의 의미에서 frontier를 재정의한 것이 터너(Frederick J. Turner)의 용례인데, 그는 미국 대륙 내의 유동적인 정착지를 frontier로 지칭했다. 터너의 지배적인 영향으로 인해서 미국에서는 frontier 대신에 border가 선적인 경계를 가리키는 개념으로 정착했고, 국제적으로도 유럽 정치학자들 외에는 frontier를 변경으로 이해하는 것이 일반화되었다.

청 제국을 한족중심주의에서 벗어나 만주적 관점에서 재해석하려는 신청사가 엘리엇(Mark Elliott)은 최근 학계에서 frontier가 borderland에 의해 빠르게 대체되는 새로운 추세를 언급했다.[7] 이는 유럽과 미국의 학자들 사이의 서로 다른 용례의 전통 때문에 혼동되기 쉬운 border와 frontier 대신에 제3의 개념을 통해 변경의 의미역을 확실히 확보하고자 하는 노력의 일환으로 보인다. 그럼에도 frontier로서의 변경과 borderland로서의 변경 사이에는 여전히 미세한 의미 차이가 존재한다. frontier가 서로 다른 정치권의 식민제국들의 영향력이 서로 겹쳐서 문화적 경제적 상호작용이 활발히 일어나고 그 결과로 혼종적 정치제도 혹은 문화교배가 활발해지는 "중간지대"로서의 성격에 주목한다면, borderland의 초점은 상호경쟁적인 측면, 즉 식민주의적 역동성에 맞추어진다. 즉 borderland는 중간지대의 혼종성보다는 명확한 정치적 경계선이 존재하지 않는 상태에서 팽창주의적 세력들이 자원과 동맹 세력 확보를 놓고 치열하게 경쟁하는 공간으로서의 성격에 더 초점을 맞춘다. 하지만 frontier의 중간지대적 혼종성과 상호작용이란 팽창주의적 경쟁과 권력 투쟁을 포함하기 마련이기 때문에 frontier를 borderland까지 아우르는 더 넓은 개념으로 이해하는 편이 합당할 것이다.[8]

유라시아 변경은 이 같은 국가와 국가 사이의 변경 이해를 기본으로 하면서도 출발 전제를 다소 달리해야 하는데, 그것이 운위되어온 맥락의 규모가 다르기 때문이다. 통상 유라시아 변경은 크게 두 가지 방식으로 이해되어왔다. 하나는 유럽과 아시아를 하나로 연결된 유라시아 대륙으로 이해하면서 유럽과 아시아 전역에 존재하는 분쟁 및 접촉 지대를 유라시아 변경으로 이해하는 방식이다.[9] 다른 하나는 동중부 유럽부터 중앙아시아로 이어지는 유럽과 아시아의 광역적 접촉 지대 자체를 유라시아 변경으로 이해하면서 그 특수한 지정학적, 더 나아가 좀 더 포괄적 의미의 지문화적(geo-cultural) 의미를 역사적으로 규명하는 것이다.[10]

후자의 의미의 유라시아 변경은 특히 1990년대 구소비에트 연방의 해체와 소속 국가들의 독립을 계기로 본격적으로 재조명되기 시작했다. 그러나 유라시아의 기마 유목민과 농경 정착민 간의 오랜 생태적 조우와 경쟁이 세계사적으로 드문 지정학적, 지문화적 동력을 산생시켜온 오랜 역사의 눈으로 바라보자면, 1990년대의 정치적 격변은 결코 놀라운 일만은 아니다. 오히려 놀라운 것은 이처럼 세계사적인 관점에서 유라시아 변경에 주목할 수 있는 초석을 지구사의 아버지로 꼽히는 맥닐이 이미 1960년대에 마련했다는 사실이다.

애초에 맥닐이 유라시아의 가장 서단이라 할 수 있는 헝가리 대평원으로부터 몰다비아와 트랜실바니아를 거쳐서 아조프 해에 이르는 다뉴브 유럽과 폰틱(Pontic) 유럽을 '유럽의 스텝 변경'으로 부르며 주목한 이유는 이곳이 미국 서부 변경과 너무나 달랐기 때문이었다. 미국 서부에는 군사적으로 위협적인 세력이 존재하지 않았던 반면에, 유럽의 스텝 변경은 모스코비 러시아, 오스만 투르크, 합스부르크 오스트리아, 프로이센 사이의 치열한 각축의 대상이 되었고 이는 서유럽 국가들의 힘의 균형 정책과 맞물리며 근대 유럽의 긴장을 높이는 갈고리 역할을 했다.[11] 레콩키스타의 중세 스페인 정도를 제외하면 유럽사 대부분을 인구 밀도가 높은 통일적 중심부가 지배한 역사로 파악하면서 변경사와는 무관한 것으로 이해하는 것이 일반적이었던 당시에 맥닐의 변경적 시각은 그 자체만으로 상당한 파격이었다.

맥닐은 유라시아 변경에서 전형적으로 나타난 유동성과 불안정성에 선구적으로 착목하였는데, 이러한 특징은 무엇보다도 중부유럽의 평원과 남동 유럽의 산악지대로부터 만주의 고지대와 한반도 북단의 동해안까지 걸쳐 있는 유라시아의 지형적 특성에서 기인하는 부분이 크다. 긴 겨울과 고온 건조한 여름의 대륙성 기후, 불충분한 수자원, 짧은 경작 시즌으로 인해 유목민족들은 북으로는 툰드라와 타이가로부터 남쪽으로는 숲과 초원이 섞여 있는 반건조 초원지대, 사막, 동부 고지대를 오가며 방목활동을 해왔다. 이러한 초원지대의 패턴은 서유라시아에서 달라지는데, 동쪽에 비해 풍부한 강수량은 국지적인 집수 지역을 형성하면서 좀 더 불규칙하고 다채로운 지형을 만들어냈다. 특히 맥닐이 주목한 폰틱 스텝지역은 피렌네와 알프스산맥으로부터 소아시아, 이란, 티벳을 거쳐서 태평양 연안에 이르는 거대한 산맥대가 흑해와 더불어 이 지역을 몇 개의 평원들로 서로 구분하고 다시 강으로 연결해내고 있다.[12]

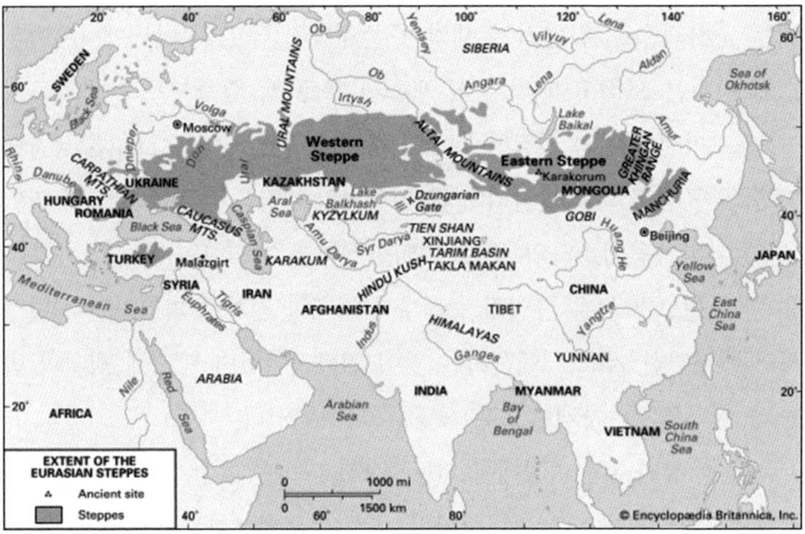

[지도 1] 유라시아 초원 지대

William H. McNeill, "the Steppe, geographical area, Eurasia," *Britanica*. https://www.britannica.com/place/the-Steppe(2022년도 5월 16일자 확인)

그에 비해 동유라시아의 초원지대에서는 훨씬 드넓고 뚫린 지형이 지배적이어서 가축 떼의 이동을 막을만한 장애물이 거의 없다. 동유라시아를 지나는 산맥대는 초원과 사막의 남쪽 가장자리를 둘러싸고 완만하게 상승하는 산세를 이루고 있기 때문에 높은 고도에서도 방목이

가능하다. 또한 산맥대가 주로 남서쪽에서 북서쪽으로 호를 그리며 지나기 때문에 서유라시아에서처럼 생태적으로 전혀 다른 틈새를 만들어내지도 않는다. 이처럼 광활한, 거의 굴곡 없는 유라시아의 초원은 기마족들에게 고속도로와 같은 기능을 하여, 고도의 인구 이동성이 서쪽에 비해 현저히 낮은 이 지역의 인구 밀도의 원인이 되고 있다.[13]

동서 유라시아의 서로 다른 지형에도 불구하고 초원지대의 유목사회와 인접한 농경 사회 간의 경계가 선명치 않고 중첩적이고 호환적이라는 공통점은 뚜렷하다. 라티모어(Owen Lattimore)의 표현대로 중심부 초원사회 주변에서 유목, 수렵, 농경, 도시 생활 간의 다양한 결합태가 생성되어왔기 때문이다. 이러한 현상은 문화적 요인에 의해서도 강화되었는데, 지배자의 수탈과 착취가 강화될 때마다 주민들은 주변의 숲이나 초원으로 도주했다. 역사적으로 우크라이나 스텝지역은 인근 제국들의 통치의 족쇄를 피해 흘러들어온 탈영병, 범죄자, 새로운 정착민 등이 모여든 대표적인 역사적 공간이었고 중화 제국의 몽골이나 만주의 변경지대 역시 유동적 정체성을 가진 다양한 이주자와 도주자들로 넘쳐났다.[14]

유라시아 변경지대 거주민들의 다양한 혼재와 유동적 정체성은 시간이 지남에 따라 자연히 하나로 동화되는 역사를 낳지 않았다. 일찍이 라티모어는 생태학적 관점에서 그렇게 될 수 없는 이유를 제시했는데, 유목 문명과 농경 문명 간의 기술적 내지 물질 문명적인 불균등이 생태적인 균형에 의해 상쇄되는 효과로 인하여 한쪽이 다른 한쪽의 문화권으로 완전히 흡수될 수 없었다는 것이다.[15] 그 결과, 유라시아에서는 유목민, 반유목민, 정착민이 수 세기에 걸쳐 접촉, 충돌하면서도 어느 한쪽이 다른 한쪽으로 쉽게 동화되지 않고 만화경처럼 변화무쌍하게 혼재하는 구도를 만들어냈다.

이러한 지문화적 특징을 바탕으로 유라시아 변경지대는 수많은 종족과 정치 세력들이 영향력 확장을 놓고 치열하게 맞붙어 온 전장이자 문화적 경제적으로 복잡하게 얽힌 교류의 장의 모습을 띨 때가 많았다. 물론 서유럽에서도 국제정치적 역학이 복잡해지면서 복수의 정치 세력들이 연루된 전쟁이 갈수록 증가해갔다. 그럼에도 두 개 이상의 다양한 종족과 언어권이 직접 접촉하며 잠재적 갈등 조건을 잉태하는 소위 파쇄지대(shatter zone)는 거의 형성되지 않았다. 알자스, 슐레스비히, 사부아, 이스트리아, 플랑드르, 스코틀랜드 고지대 모두가 두 개 언어종족이 혼재하며 군사적 정치적 긴장과 대치 상황을 연출한 지역이었다.

그에 반해 유라시아에서는 적어도 세 개 이상의 정치 세력들이 정치, 경제, 문화적 지배권 싸움을 벌이는, 즉 러시아사가 리버(Alfred J. Rieber)가 '복합 변경(complex frontier)'으로 명명한 상황이 반복되었다. 그 결과로 유라시아 지역의 국가 형성 과정 역시 복합적일 수밖에 없었다. 유라시아 변경에 인접한 국가들은 역사적으로 가장 오랫동안 어느 지역보다도 불명확하고 불안정하며 다공적인 경계를 유지했다.[16]

| 2 | 유라시아 변경에서 보는 독일 제국

1871년 탄생한 독일 제2제국은 정식 명칭이 제국임에도 불구하고 제국보다는 민족국가(nation state)로 이해되어왔다. 독일 제국은 유럽 내에서 뒤늦게 전쟁이라는 폭력적 방식을 통해 민족국가를 건설한 대표적인 사례로서, 시민혁명을 통해 자발적 통합 방식으로 전형적인 국민국가를 건설한 프랑스와 늘 비교되었다. 이처럼 서유럽적 경로에서 이탈한 독일의 정치사회적 발전 경로가 파국적 역사발전을 예정했다는 관점은 독일 사회사 연구의 기본 전제를 구성했다. 소위 '특수경로(Sonderweg)' 테제와 비판적인 거리를 유지한 대표적인 독사학자 니퍼다이(Thomas Nipperdey)조차 독일 제국을 동질적인 민족국가로 파악하는 것에서만큼은 이견이 없었다.

1866년에서 1918년에 이르는 독일사를 개관한 그의 대표작은 "독일사는 독일인들의 역사이자 독일 민족의 역사"라는 문장으로 시작하고 있다.[17] 독일 제국이 건립되기 이전의 19세기사를 다룬 다른 저작에서는 이러한 그의 관점이 더욱 두드러지는데, 보헤미아와 오스트리아도 엄연히 독일 연방의 일원이었음에도 불구하고 이 지역의 역사는 프로이센과의 외연적 관계에서만 다루어졌다.[18] 니퍼다이에게 독일사란 1871년 독일 제국의 경계에 따라 정의되는 개념이었던 것이다. 특수경로 테제의 대부격에 해당하는 벨러의 독일사가 프로이센 중심적인 것은 더 말할 나위도 없다. 그가 이끈 빌레펠트 학파에서 창간한 사회사 대표 학술지 '역사와 사회'에서는 1990년 말까지도 중부 유럽이란 단어가 등장조차 하지 않는다.[19]

그러나 독일 제국은 그 이름 그대로 오스트리아-헝가리 제국과 마찬가지로 서유럽에서 관철된 동질적인 민족국가와는 거리가 먼 다문화, 다민족 제국이었다. 흔히 독일 경우와 나란히 전쟁을 통해 민족국가 건립을 이룬 사례로 간주되지만, 이태리 통일은 사르데냐 왕국에 의한 대불 영토할양을 수반하며 이루어졌다. 반면에 독일은 거꾸로 주변국의 영토 분할을 통해 급격히 부상했고 이를 기반으로 민족국가 건립의 숙원을 달성했다. 1871년 독일 통일을 주도한 프로이센은 일찍이 프리드리히 대제의 공격적인 대외 팽창에 힘입어 언어적, 종족적으로 이질적인 소르벤인과 고지 슐레지엔인 등의 슬라브 소수민족, 체코인, 폴란드인이 거주하는 지역들을 대거 병합했다. 오스트리아 왕위계승전쟁과 7년 전쟁으로 슐레지엔을 병합한 것이나 세 차례에 걸친 폴란드 분할로 포젠(현재 폴란드명 포즈난), 서프로이센, 동프로이센을 차례로 병합한 것이 그것이다. 그 결과로 프로이센 인구의 10% 남짓이 폴란드인이었고 그 외의 슬라브계 인구 비중도 비슷한 규모에 이르렀다.[20]

일반적으로 프리드리히 대제의 이 같은 팽창주의적 정책은 프로이센의 군국주의를 통해 설명되고 있다. 하지만, 12세기 이래 18세기까지 걸쳐서 서유라시아 전역에서 이어진 독일인들의 동방정주(Ostsiedlung)의 긴 역사를 상기한다면 이것이 프리드리히 대제의 이 지역에 대한 정복전의 훌륭한 명분 또는 중요한 추동력으로 작용했을 가능성은 매우 충분해 보인다.

물론, 이 시기 독일인들의 식민화는 평화적으로 진행되었다. 12세기의 튜튼 기사단의 정복전을 제외하면, 대부분 보헤미아, 폴란드, 헝가리, 합스부르크의 지도자들이 몽골의 위협, 오스만 제국과 러시아 제국과의 경쟁 속에서 국가 경제와 국방을 정비하기 위해 독일인 전문기술인력을 초청하는 형태로 이루어졌기 때문이다. 18세기 말이면, 발틱 지방, 우크라이나 서부의 볼히니아(현재 우크라이나명 볼

린), 트란실바니아, 다뉴브강 유역, 합스부르크 제국의 군사변경지대, 볼가강 중부지역 등지에 독일어 인구 섬들이 형성되었다. 이들 지역의 독일인은 그럼에도 오랫동안 분리주의 내지 민족주의적 경향을 보이지 않았다. 그러나 독일 연방 내에서 민족주의 바람이 불기 시작하자, 프랑크푸르트 회의에 모인 자유주의적 민족주의자들까지도 독일어를 쓰는 모든 지역을 포괄하도록 조국의 범주를 확대해야 한다고 주장하기 시작했다.[21] 프리드리히 대제의 정복전은 민족주의에 의해 추동된 전쟁은 아니었지만, 그 전주곡쯤으로 볼 수는 있을 것이다.

프리드리히 대제 때 병합된 슬라브계 지역은 보오 전쟁 이후 북독일 연방에 편입된 후 1871년 독일 제국에 그대로 승계되었고, 이어진 보불 전쟁으로 알사스-로렌 지역이 추가되었다. 이로써 1871년 독일 제국은 국가연합이었던 1815년의 독일 연방보다 더 비동질적이고 혼종적인 성격의 정치체가 되었다. 19세기의 그 어느 서유럽 국가도 불과 한두 세대 전에 병합한 종족적, 언어적으로 전혀 이질적인 광대한 영역을 영유하지 않았다.

전후 독일사 연구에서 독일 제국사는 끊임없이 서유럽의 '정상적인' 민족국가 모델에 의거해서 해석되어왔지만, 독일 제국은 국가 발전부터 민족 형성, 민주화, 식민주의와 민족주의의 성장에 이르기까지 결코 서유럽의 민족국가들과 동일선상에서 비교할만한 접점 자체를 많이 갖고 있지 않았다. 독일 제국의 서유럽 국가들과의 진정한 차별성은 규범적 기준에 의해서가 아니라 제국의 실제 역사적 맥락, 즉 이제까지의 독일 제국사 연구에서 전혀 고려되지 않았던, 그러나 오랜 동방 정주와 18세기 정복 전쟁의 역사를 통해 형성된 제국의 동쪽과의 얽힌 관계 속에서 가장 잘 드러날 수 있을 것이다.

독일 제국의 동쪽과의 얽힌 관계는 독일의 민족국가 형성이 서유럽 국가들과 다른 방식과 형태로 진행될 수밖에 없었던 직접적인 조건으로 작용했다. 이를 두고 오스트리아 출신의 동유럽사학자 테어(Philipp Ther)는 "1772년과 1795년의 폴란드 분할이 1947년 프러시아가 역사에서 사라질 때까지 프러시아의 성격을 바꾸어 놓았다"고 표현했다.[22] 폴란드 분할 지역의 병합은 프로이센이 중부 유럽의 강대국으로 우뚝 설 수 있게 해주었지만, 독일인은 이들 대부분의 지역에서 소수 지배층에 불과했다. 따라서 독일 제국뿐만 아니라 사정이 비슷했던 러시아와 오스트리아-헝가리 제국에서도 서유럽식의 대의제는 '민족'을 형성하는 방식이 될 수 없었다.

게다가 나폴레옹의 해방 전쟁은 독일인들뿐만 아니라 폴란드인과 체코인들의 민족주의 감정과 자유주의적 개혁의 열망에도 불을 지폈다. 그 여파로, 1848년 프랑크푸르트 국민의회에서 진행된 독일 통일 방안의 논의가 매우 복잡해졌는데, 이제 포젠 대공국을 독일 연방과 선거권 범주에 포함시켜야 할지를 놓고 긴 논쟁을 벌여야 했기 때문이다. 이 논쟁에서 자유민족주의자들은 독일인들의 문화적 우월성과 국익을 내세워서 포젠을 지배할 권한을 주장하는 편에 섰다.[23] 보헤미아 지역의 민족 운동은 폴란드계보다 늦게 촉발되었지만, 1848년 혁명 당시 체코인 역사학자 팔라키(Franktisek Palacký)가 국민의회를 준비하던 프랑크푸르트 50인위원회의 초대를 거절하며 쓴 유명한 편지는 보헤미아의 결연한 민족의식을 선명하게 증언해준다.[24]

> 당신네 회의 목적은 이제까지의 영주연맹을 독일민족연맹으로 대체하고 독일 민족의 진정한 통일을 이루는 것이며 독일의 민족 감정을 강화함으로써 독일의 힘을 안팎으로 높이려는 데 있다. [...] 나는 독일인이 아니고 적어도 그렇게 느끼지 않기 때문에, 당신들도 견해도 의지도 없는 무조건적인 동조자로 나를 위원회에 참석시키기는 싫을 것이다. 나는 슬라브계 보헤미아인이고 내가 가진 적은 것이나마 모두 내 민족에게 완전히 그리고 영원히 바쳐왔다. [...] 이 민족은 작지만 항상 고유하고 독자적인 민족이었다. 그 지배자들은 수백 년 전부터 독일의 영주연맹에 참여해왔지만 그 자체가 [독일] 민족의 일부가 된 적은 없었고 그 세월 동안 다른 이들에 의해 그렇게 간주된 적도 없었다.

바르샤바 공국을 통한 자유주의적 입헌 개혁의 경험은 독일 동부 변경지대 전역에서 독일인들의 민족주의보다 훨씬 민주적이고 대중 지향적인 민족주의를 진수시키는 자양분이 되었다. 나폴레옹 몰락 이후 포젠, 프라하, 렘베르크(현 우크라이나명 리비우)를 거점으로 한 슬라브계 엘리트층은 프랑스와 미국 등의 민주주의 중심지와 활발한 교류 네트워크를 구축, 유지했다. 독일인 민족주의자들은 처음에는 이들의 열정에 열광했지만 곧 경쟁 관계에 돌입했다. 앞서도 언급한 1848 혁명 당시의 포젠 대공국 논쟁에서 독일의 자유주의적 민족주의자들은 포젠 폴란드인들의 민족주의적 주장을 부인하고 포젠 대공국에 대한 프로이센의 통치권을 재확인함으로써, 독일 민족주의의 보수적 발전 가능성을 예고했다.[25] 비스마르크의 전쟁이 시작되기 훨씬 이전부터 독일 민족주의의 향방은 슬라브계 민족주의 운동의 민주적 개혁 요구에 맞서서 제국 정부의 반자유주의적이고 반민주적인 정책을 동원해 현지 독일인들의 입지를 방어해야 하는 동쪽 변경지대의 현실 속에

서 결정나고 있었다.[26]

1863년의 폴란드인 봉기는 비교적 간접적이고 비형식적인 통치에 의존해온 프로이센의 대폴란드인 정책을 한층 강제적인 동화정책으로 전환하는 계기가 되었다. 이러한 정책 기조는 특히 제국 전역에서 국가와 가톨릭 세력 간의 싸움으로 비화된 문화투쟁(Kulturkampf)을 통해서 더욱 확대, 강화되었다. 비스마르크가 문화투쟁에서 승리했는가에 대해서는 의견이 분분하지만, 적어도 제국의 동쪽 변경지대만 놓고 보자면 슬라브계 가톨릭교도들을 더욱 소외시키고 종파를 뛰어넘은 독일 민족 형성을 다시 한번 저해하였다.[27] 바로 그 때문에 혹은 그럼에도 불구하고 독일 제국은 동질적인 민족 형성을 위한 본격적인 반폴란드인 정책의 추진에 나서게 되는데, 1866년의 정주법이 그것이다. 이에 앞서 제국 정부는 폴란드인과 유태인을 모두 "바람직하지 않은 요소"로 규정하고 1883년과 1885년 사이에 거의 4만여 명에 달하는 폴란드인과 폴란드 유태인을 러시아와 오스트리아의 폴란드 분할지로 추방했다. 이러한 사전 정지작업 후에 제국 정부는 독일 농민들의 동부 변경지대로의 이주를 통하여 폴란드 귀족 세력을 완전히 뿌리 뽑고자 했다. 그러나 정주법의 결과는 러시아령 폴란드 분할지에서의 '러시아화' 정책만큼 나빴다.[28]

소략하게나마 본 장에서 살펴 본 독일 제국은 동질적이고 통합적인 민족국가보다는 유라시아 변경지대에 면한 러시아 제국이나 합스부르크-헝가리 제국에 비견할만한 특성과 구조를 갖고 있었다. 이들 제국은 모두 19세기에 들어와 동질적 민족국가로 거듭나기 위한 개혁과 정책 추진에 의욕적으로 매진하지만 하나 같이 그 과정을 성공적으로 통과하지 못했다. 민족국가로 가는 길이 험난했던 이유는 제국 내부만큼이나 제국의 외부, 특히 유라시아 변경지대의 파쇄적 특징과 맞닿아 있었다.

| 3 | 유라시아 변경에서 보는 청 제국

서유라시아의 스텝 변경이 18세기 후반에 들어와 러시아와 독일 제국의 성공적인 팽창으로 닫혔다면, 동쪽의 스텝 변경 역시 비슷한 시기에 청 제국의 팽창으로 닫히게 된다. 그리고 러시아와 청 제국은 마침내 직접 얼굴을 서로 마주하게 된다. 1760년이면 청 제국은 고대로부터 수천 년간 지속되어온 북서부 초원 변경의 정체 상황에 종지부를 찍고 서몽고와 투르키스탄에 걸쳐서 자치국을 유지하던 준가르족의 몽골제국을 완전히 평정하기에 이른다. 더 나아가 신강이 1884년에 처음으로 중국의 직할령으로 편입되고 티벳과 몽골에 대해서도 청말 민초에 건성 논의가 전개되었다.[29]

중국 역사상 중원 권력과의 관계에서 가장 치명적이고 가공할만한 위협이었던 북서부 스텝 변경을 평정한 것은 몽골 제국 치하의 한 세기를 제외하면 전대미문의 사건이었다. 신청사가들이 청 제국의 이해에서 만주적 관점으로의 회귀를 주장하는 가장 큰 이유도 이러한 파격적인 사건의 역사적 의미를 제대로 평가하기 위해서이다. 신청사가들은 20세기 중국사학을 지배해온 한족중심주의적 핵심 테제에 과감히 맞서서 정반대를 주장했다. 즉 만주인들의 북부 변경 정복에 주효했던 것은 중화화가 아니라 청조 말까지 만주적 정체성을 분리 지속시키고

중원만큼 변경을 중시하는 혼종적 제국 전략을 주조해낸 것이라고 보았다.[30]

북서부 유라시아 초원의 변화무쌍한 변경지대를 다스리고 관리하는 일은 역대 중화 제국들의 공통된 최대 과제였다. 동아시아 국제관계학자인 존스톤(Alastair I. Johnston)에 의하면, 전통적으로 중국은 한편으로는 중화주의적 타협과 방어 전략, 다른 한편으로는 무력 충돌의 전략을 번갈아 구사하면서 내륙 아시아 변경 문제에 대처했다.[31] 북방 민족과의 호시 무역과 조공 관계, 장벽 건설, 이이제이(以夷制夷)가 전자의 전술에 해당했다면, 한 대부터 명 대까지 이어진 징벌적 차원 혹은 전면전 차원의 정복전은 후자의 전술의 일환이었다.

분명 청 제국은 북서부 변경에 대한 기본 인식과 접근 방법에서부터 전통적인 중화 제국들과 많이 달랐다. 북서 변경에 대해 청 제국은 훨씬 광범위하고도 적극적인 팽창 정책을 추진했다. 중원의 권력에 위협적인 북방 세력에 대한 방어적이고 징벌적인 정복전이 아니라 제국의 영토적 규모와 위세를 확장하기 위한 정복 전쟁을 추진한 것이다. 이는 초반에 몽골의 위협에 대해 적극적인 방어전을 벌이던 명이 16세기 말부터는 만리장성의 확대 건축으로 돌아선 것과 대조된다.

청 제국의 팽창주의적 전략 배후에는 신청사가들의 지적대로 만주 전통과 정체성을 활용하여 군부 영향력과 전쟁 수행력을 높이는 시스템적인 준비가 있었다. 한군(漢軍) 조직을 통해 한인들을 통합하고, 팔기군을 세습적 군사행정 엘리트층 내로 편입시킨 것이나 18세기 초반 군기처(軍機處)를 출범시킨 것이 그 대표적인 사례들이다. 특히 국가 최고 자문기관인 군기처를 대부분 무관 출신 인사들로 구성함으로써, 사실상 국정 전반이 군부에 의해 크게 좌우되도록 제도적 정비를 완성하였다. 신청사가 웨일리코엔(Joanna Waley-Cohen)은 이미 1636년부터 청 제국이 대외 팽창을 위한 준비를 시작하여 "18세기 후반이면 전쟁이 사실상 그 자체로서 청 제국의 주된 제도가 되었다"고 단언한다.[32]

또한 청 제국은 그들 자신이 변방 출신의 소수민족이었기 때문에 전통적인 중화사상으로부터 자유로울 수 있었고 이를 바탕으로 비중화주의적인 혁신적 발상과 전략을 구사하였다. 중화주의적 관점에서 청조를 해석하려는 측에서는 오랫동안 청의 북서 변경의 성공적인 평정을 전통적인 대일통(大一統) 사상을 계승, 실현한 것으로 보아왔다. 물론 청조가 대일통의 수사학을 동원한 것은 사실이지만, 이를 사상적 수사학적 전략의 차원 이상으로 해석한다면 오판이다.[33]

'대일통'이란 본래 "주 왕조 천자 아래에 천하의 제후들을 하나로 통합시키기 위한 개념"으로서 통상 진시황제의 천하 통일로부터 1911년 왕조체제가 붕괴한 시점까지 유지되었던 전제적 통치체제의 전통을 말한다. 중화사상에서 대일통에 따른 통치의 정당성은 오직 덕을 갖춘 왕권에 있었으므로, 만주족과 같은 이민족도 왕도 통치를 이행하는 한 얼마든지 대일통의 정통성을 주장할 수 있다. 그러나 중화사상의 또 다른 축이라 할 수 있는 화이지변(華夷之辨)의 경우는 다르다. 문명적으로 우월한 중화와 중화의 교화가 미치지 않는 화외 지역(化外之地)을 엄격히 구분하는 배타적인 이데올로기에 해당하기 때문이다. 화이지변은 한족이 주도하는 대통일의 지배만이 정통적이며 그에 대한 이민족의 반항은 있을 수 없는 소란으로 규정한다. 이러한 이유에서 옹정

제는 화이지변을 부정하고 대통일을 강조했다.[34]

> 쩡징(曾靜)의 『지신록(知新錄)』에는 천하일가, 만물인원(天下一家, 萬物一源)이라고 말하면서 한편으로는 중화세계 외부의 모든 지역은 모두 이적(夷狄)이며, 중앙을 의미하는 중토(中土)에 인접한 곳은 사람으로서의 기질을 갖고 있지만 이로부터 떨어진 곳은 금수와 같다고 했다. 천하일가, 만물일원이라고 하면서 어떻게 중화이적(中華夷狄)이란 구분이 존재할 수 있는가? ...... 중화와 이적은 서로 다른 두 개의 천지에 있다는 것을 말하고 있는 것인가?

중화주의에 대한 수정주의적이고 유연한 태도를 바탕으로 청 제국은 실제로 정복 지역에서 다종족적이고 다문화적인 통치 전략을 구사했다. 이러한 전략은 신강의 통치방식에서 가장 뚜렷이 나타났는데, 대표적 신청사가 퍼듀(Peter Perdue)는 19세기 중반까지 한인의 신강 이주를 금지하고, 군현제 대신에 몽골 팔기군, 만주 팔기군, 한족 정착민, 무슬림계 지역엘리트인 벡(beg) 등 복수의 행정체계를 통해 통치한 것 그리고 정복지 현지의 법체계나 종교적 사안에 대해 최대한 자율성을 보장한 것을 근거로 들었다.[35]

한대의 변군(邊郡), 당대의 기미부주(羈縻府州), 명청대의 토사(土司)도 간접 통치라는 동일 형식을 유지했지만, 이들 제도는 기본적으로 화이 이원론적인 세계관에 기초한 기미(羈縻)정책을 변용한 변방 관리 정책이었다.[36] 그에 반해 몽골 엘리트층을 지배층으로 흡수하여 제국으로 부상한 청은 변방 정책에서도 기존의 다양성을 수용하는 차원을 넘어서 새로운 다양성을 양산해내는 쪽을 선택했다. 청 황제들은 "중국 엘리트들에게는 유교 전통의 옹호자, 몽골인과 만주인들에게는 징기스칸의 계승자, 티벳인들에게는 보편적인 불교왕"을 동시에 자처하면서 제국의 변경의 다양한 소수 민족들에 따라 다양한 장르의 제국 이데올로기를 주조해냈다.[37]

마지막으로 청 제국은 선대의 중화 제국과 달리 조약체결에 적극적이었다. 1755년과 1758년 사이에 몽골의 마지막 제국인 준가르 제국을 완전히 평정하는 긴 장정에서 청은 러시아와의 조약을 십분 활용했다. 일찍이 라티모어가 '중국의 가장 대단한 변경 지방'으로 지칭한 몽골의 복합적인 상황은 1630년대부터 본격화된 청의 북서부 변경 원정과 그에 대한 대응 차원에서 서부 몽골인 오이라트(Oirat) 부족이 준가르 제국을 건립하면서 형성되기 시작했다. 1640년대에 내몽고를 복속시키고 1670년대에는 북부 몽골인 할하(Khalka) 부족까지 평정하려는 청 제국, 범몽골 제국으로 팽창하려는 준가르 제국, 러시아의 남하 정책은 19세기 중반까지 바로 이곳에서의 패권을 놓고 격돌하기 때문이다.

장기적 격전의 승부를 가리기 위한 결정적인 발판은 1689년의 네르친스크 조약을 통해 마련되었다. 청이 러시아를 군사적으로 압박하여 준가르, 청, 러시아 사이에서 줄타기를 해온 할하 부족을 복속시킴으로써 몽골 부족 내 균열을 일으키는 데 성공했던 것이다. 중국사 최초의 근대적 조약으로 분류되는 네르친스크 조약은 만주어, 몽골어, 러시아어, 라틴어 네 개 언어로 작성되었는데, 한문은 이에 포함되지 않았다. 중화사상적 관점으로 보자면 조약 체결이란 있을 수 없는 일이므로, 사실상 국제조약 체결 자체가 청 제국의 비중화주의적 정체성을 가장 극명하게 보여준 사건이라 할 수 있다. 1755년과 1758년 사이의 집중적인 공략전을 통해 준가르 제국을 최종 정벌하기에 앞서서 청은 다시 한번 1727년의 캬흐타 조약체결을 통하여 러시아가 청과 준가르 전쟁에서 중립을 지키도록 쐐기를 박았다.[38]

그러나 이 같은 청 제국의 전략적 유연성과 혁신성을 청의 만주적 기원과 비중화주의적 정체성에 기대서만 설명하는 것도 편향적인 판단일 수 있다. 청의 만주적 기원과 차별적 변경 정책에 대한 강조가 또 다른 종족중심주의나 본질주의적 이해로 경도되지 않기 위해서는 근본적으로 청 제국의 선택과 판단을 유라시아 변경의 역동성으로부터 이해할 필요가 있다. 서유라시아와 달리 동유라시아 초원 지대에서는 인구 밀도가 현저히 낮고 지형적으로도 서유라시아에 비해 훨씬 개방적이기 때문에 인구의 유동성이 커다란 요인으로 작용해왔다. 따라서 유라시아 변경지대의 공통된 특징에 해당하는 이질적인 다양한 종족들의 섞임과 착종 현상은 동유라시아의 차별적인 지정학적 동력을 산생해왔다. 17세기 북서 변경에서 보여준 청 제국의 특별함이란 바로 그들 스스로가 유라시아 변경 출신이라는 사실에 귀착되는 바가 적지 않기 때문이다. 따라서 본 절에서 서술한 내용은 청 제국의 성공적인 변경 스토리가 아니라 요동치는 유라시아 변경의 진행형 스토리의 일부로 이해되어야 할 것이다.

청은 18세기 중반에 북서 변경의 정복전에서 성공적인 일단락을 이루고 후대의 중화인민공화국에 역대 최대의 영토를 남겨주지만, 유라시아 변경지대의 역동성을 영구히 잠재우고 평정했다고 속단하기에는 이르다. 신강 지역에 대한 다문화주의적 통치 전략과 한인 이주의 금지에도 불구하고 청 제국의 신강 원정은 몽골인, 카자흐인, 키르기스인, 위구르인 등이 가까스로 균형을 이루고 있던 지역에 만주인과 한인의 새로운 유입을 의미했다. 이러한 잠재적 긴장은 결국 1864/65년의 대반란을 거쳐서 러시아와 영국의 개입으로까지 이어졌다.

청은 1878년 신강의 재정복을 달성한 후 통치원칙을 근본적으로 바꾸는데, 바로 1884년 신장성의 건립을 통한 한화 정책이 그것이었다. 한인 장군 좌종당(左宗棠)에 의해 제기, 주도된 신강 건성의 관철은 청 제국 전체로 봐서도 한인에 대한 만주 세력의 절대적 우위가 흔들리기 시작한 지점에 해당한다. 한화 정책의 깃발 아래 가속화된 한인 이주와 한인에 의한 벡 지도층 교체, 더 나아가서 위구르 엘리트층에 대한 유교 교육과 모든 비한인에 대한 중국어교육을 통한 적극적인 동화정책은 이 지역 내 민족주의를 자극하기에 충분한 것이었다.[39] 1911년 청 제국이 붕괴되기까지 북서부 변경지대에서의 긴장은 자결주의와 민족주의의 확산과 더불어 20세기의 새로운 갈등의 불씨로 꾸준히 성장했고, 이 불씨는 현재까지도 꺼지지 않고 있다.

| 4 | 유라시아 변경의 지구사적 의미

유라시아 변경의 유동성이 갖는 각별한 폭발력은 세계사 속의 굵직굵직한 근현대 전쟁들 대부분이 유라시아 변경지대를 무대로 일어났다는 사실에서 단적으로 엿볼 수 있다. 1절에서 언급한 러시아사학자 리버의 관찰에 의하면, 크림 전쟁(1854–1856), 러시아–터키 전쟁(1877–1878), 제2차 아프간 전쟁(1879), 청일전쟁(1894–1895), 러일전쟁(1904–1905), 두 차례의 발칸 전쟁(1913–1914), 제1차 세계대전

(1914–1918), 제2차 세계대전(1939–1945), 중국 내전(1946–1949), 한국전쟁(1950–1953)이 모두 유라시아 변경지대와 연계되어 발발했다.[40]

우리 모두 익히 잘 알고 있는 이 전쟁들은 거의 러시아, 유럽, 중국, 한반도라는 민족사 내지 그 확장판으로서의 지역사적 차원에서만 논의되어왔다. 제1, 2차 세계대전조차도 유럽 열강과 미국의 대서양 세계를 중심으로 기술되는 것이 일반적이었기에, 일본 제국주의, 태평양 전쟁, 중국 내전은 외전(外傳)처럼 다루어질 때가 많다. 그런 점에서 두아라가 일본 제국주의를 미국, 러시아의 제국주의와 함께 유럽 제국주의와는 차별적인, 내셔널 제국주의의 범주로 파악하려 한 것은 주목할만한 시도이다.[41]

놀랍게도 리버는 이들 전쟁을 유라시아 변경지대라는 새로운 공간축을 통해 횡적으로 연결해냄으로써, 전쟁의 동력을 민족의 구심력이 아닌 변경의 원심력에서 찾아보도록 제안한다. 본 장에서는 그간 민족국가 패러다임으로는 읽어내지 못했던 독일 제국과 청 제국의 새로운 면모를 발견하는 수준에서 유라시아 변경지대를 활용했지만, 여러 단층지대가 복잡하게 얽혀있는 이 변경지대의 파동력은 상기 전쟁들의 면면이 증언하듯이 파괴적이었고, 이것이야말로 유라시아 변경지대에서 새로이 발견할 수 있는 차별적인 지구사의 단면이다.

오늘날 세계질서는 국민국가체제 위에 구축되어있는데, 이러한 질서가 가장 불안정한 곳이 바로 유라시아 변경지대에 위치한 국가들이다. 내부적으로는 종족적, 정치적, 문화적, 생태적으로 비균질적인 혼종성의 조건이, 외부적으로는 변경지대를 둘러싸고 있는 핵심부 강대국들의 세계체제적 경쟁이 이곳에서 동질적이고 통합적인 국민국가의 건설을 어렵게 만든다. 일견, 후자의 외부적 조건에 의해 이곳이 일방적으로 파쇄되는, 예를 들어 러시아-우크라이나 전쟁과 같은 현상이 지배적이지만, 근본적인 추동력은 내부와 유라시아 변경 자체에 있다.

독일 제국과 청 제국이 각각 서유라시아 변경지대와 중앙아시아 깊숙이까지 팽창할 수 있었던 것은 프로이센의 군국주의적 전통이나 청 제국의 차별적인 제국 전략 덕분만 아니었다. 이들은 하나같이 복합변경으로서의 유라시아 변경지대의 지문화적 특성, 즉 파쇄적인 변동성, 불안정성, 파열성을 이용하여 제국을 일으키고 확장했다. 따라서 이들 제국의 역사는 유라시아 변경지대의 정복자이기 이전에 유라시아 변경의 역동성과 유동성을 증폭시킨 수많은 참여자들 중 하나의 역사로 복원되어야 한다.

이렇게 보자면, 신청사 연구는 지나치게 청의 만주적 기원을 강조하거나 청의 팽창주의 정책을 승리주의적 관점에 편향되게 들여다보는 경향이 있다. 청 제국이 북서부 변경에 대해 전통적인 중화 제국과 차별적인 접근을 통해서 전례 없는 성공을 거둔 것은 사실이다. 그러나 그 원인을 청 제국의 내부적 차원에서 구하는 데 그친다면, 중화주의를 탈피할 수 있을지언정 중국중심적 패러다임을 벗어나기는 힘들 것이다. 청 제국의 지구사적 서술은 소실점을 청 제국이 아닌 유라시아 변경지대로 옮김으로써 시작될 수 있으며, 이러한 지구사는 서양 열강과 직접 충돌한 아편전쟁을 결정적인 시대구분점으로 고수할 필요가 없어진다.

독일 제국사의 지구사적 서술 역시 마찬가지이다. 독일 소장파 학자들은 4장에서 살펴보았듯이 유럽 열강의 바다를 통한 해외팽창을 기본틀로 삼고 여기에 포스트식민주의적 문제의식을 더하는 방식으로 지구적 전환을 꾀하고자 하지만, 독일 제국의 지구사는 유라시아 내륙과 접한 변경지대의 얽힌 역사를 함께 고려할 때 제대로 서술 가능하다. 독일 제국은 동쪽 변경에서 훨씬 오래전부터 식민화와 이주의 역사를 써왔고, 이것이 제국의 정치, 경제, 문화적 성격을 결정지었다. 우리는 독일 사회사 연구가 천착해온 독일의 특수경로와 제3의 길에 관한 질문들을 서쪽이 아닌 동쪽을 향해 던질 때 한층 명확한 답을 얻을 수 있다.

요컨대, 독일 제국은 서유럽과 동유럽 사이에서 민족국가적 통합과 제국적 지배를 둘 다 추구하면서 그 사이에서 길을 찾고자 하였다. 독일 제국은 분명 서쪽에서 밀려오는 민족주의와 민족국가 건립이라는 아젠다에 압도되어 있었지만, 1871년부터 1914년까지의 제국의 성격과 정체성으로 볼 때 독일은 파행적 민족국가라기보다 청 제국과 같은 다문화적이고 다종족적인 제국에 더 가까웠다. 독일이 성공적이고 '정상적인' 국민국가로 다시 설 수 있었던 것은 1945년 이후 동쪽의 혼종적인 영토와 결별한 이후였다.

그렇다고 독일이 1945년 이후 유라시아 변경지대와 완전히 멀어진 것은 아니었다. 최근까지도 독일은 동쪽과 얽혀온 역사적 자산을 활용하여 중국이나 러시아와 우호적인 관계를 다지는 데 서유럽 국가들보다 한발 앞서는 행보를 보여왔다. 지난 수년간 유라시아의 독일과 중국은 뚜렷이 상호접근하는 움직임을 보였는데, 트럼프주의가 유럽을 자극하기 이전부터 중국은 미국을 제치고 독일의 최대 무역 파트너가 되었다. 유라시아의 독일이 중국을 향해 동진하기 시작한 것이 비교적 최근의 일이라면, 러시아와의 유대 관계는 훨씬 역사가 길다. 러시아-우크라이나 전쟁을 계기로 독일의 대러시아 유화 정책이 갑작스레 비판의 과녁이 되었지만, 양국 간의 협력 사례는 프랑스 혁명기까지 거슬러 올라간다. 혁명 프랑스에 대적한 대불동맹 전쟁으로부터 히틀러와 스탈린의 상호불가침조약, 1969년 브란트의 동방정책, 슈뢰더 총리의 친러 행보, 그리고 메르켈 총리의 노드스트림2 사업 강행에 이르기까지 양국은 다양한 전략적 고려에 따라 반복적으로 손을 잡았다. 중국과 달리 러시아와는 유라시아 변경지대의 맥락을 공유하고 있기 때문이다.

키신저는 최근작에서 향후 유럽이 선택할 수 있는 3가지 방향을 대서양, 중립, 비유럽으로 요약한 바 있다.[42] 외교전략 대가답게 이미 트럼프 행정부 출범 이전부터 대서양체제 밖에서 일기 시작하는 새로운 세계 균형의 변화를 신중히 관찰하였다. 신냉전 구도가 상승세에 있는 현재 국면에서는 확률이 낮아졌지만, 대서양 동맹체제의 활력 여부에 따라서 유럽이 비유럽 강대국들과 협력을 시도할 가능성은 여전히 열려 있다. 만약 그런 조건이 무르익는다면, 독일은 다시 유라시아적 맥락을 활용하여 미국 주도의 유럽질서에 대한 대안 모색에 가장 먼저 나서지 않을까?

이처럼 유라시아 변경지대는 동서 유라시아를 잇는 교량적 잠재력을 내포하기도 하지만, 본문에서 살펴본 대로, 유라시아 변경지대의 생태문화적 조건은 유라시아 양단과는 질적으로 다른 파열성, 유동성, 역동성을 증폭시켜왔다. 이러한 단층지대와도 같은 불안정성은 오늘날 이 지역까지 도달한 산업화와 근대화의 물결 속에서도 쉽게 사라지지 않고 있으며, 오히려 근대화를 통해 자본주의 세계체제와 맞물리면서 새로운 양상으로 진화 중이다. 중국의 일대일로 사업을 통한 서진과 이에 화답하며 동진하려는 독일의 움직임은 유라시아 변경지대를 둘러싼 새로운 이해관계와 동학의 산생을 보여준다.

그럼에도 모두의 예상을 깨고 발발한 러시아-우크라이나 전쟁은 유라시아 변경지대의 파열성이 21세기에도 건재함을 보여주는 예표이다. 국가명 자체가 변경을 뜻하는 우크라이나는 이 전쟁으로 19세기 후반 러시아 팽창에 의해 닫혔던 서유라시아 변경을 다시 열어젖혔다. 표면적으로 우크라이나는 전쟁을 계기로 변경이 아닌 '진짜' 국민국가로 거듭나고 있는 듯 보인다. 그럼에도 국민 총동원체제와 서방 공조로 돈바스 지역을 지켜내더라도, 나토와 러시아 간의 대립 양상이 날로 첨예화하는 상황에서 서구와 러시아 간의 완충지대로서의 우크라이나의 근본 성격이 크게 변하기는 어려울 것이다.

21세기 그레이트 게임의 판은 중앙아시아 내륙을 무대로 했던 20세기의 그것보다 훨씬 서쪽에서 시작되는 모양새이다. 동유럽 국가들의 나토 가입과 함께 높아지기 시작한 지정학적 긴장은 이제 스웨덴과 핀란드의 나토 합류를 통하여 당분간 더 고조될 전망이다. 이것이 동쪽의 유라시아 변경지대에 어떤 영향을 미칠지는 더 지켜볼 일이겠지만, 중국 굴기 및 북핵 위기와 어떤 식으로든 결합할 가능성을 배제하기 힘들다. 초기 근대의 유라시아 제국들의 경로와 달리 청 제국의 영토를 거의 그대로 계승한 현대 중국은 독일이 결별한 유라시아 변경지대의 폭발적 파쇄성을 그대로 떠안고 있다. 이것이 어떤 나비효과를 일으킬지는 이 변경지대의 모든 구성원들의 움직임에 달려있다.

공교롭게도 이 지역에는 이미 새로운 바람이 불기 시작했다. 2009년에 출범한 '돌궐국가연맹(Organization of Turkic States)'은 이미 국제 지정학적인 새로운 변수로 부상 중에 있다. 터키를 중심으로 우즈

베키스탄, 키르기스스탄, 아제르바이잔 등 6개 국가가 경제, 군사적으로 협력하는 돌궐 문화권의 부상은 중국에 부담스러울 수밖에 없다. 분리주의 운동이 여전히 진행 중이고 국제적으로도 인권 침해 이슈의 타겟이 되고 있는 중국의 신장 위구르와 언어적, 혈통적으로 연결될 수 있는 접점이 매우 넓기 때문이다. 건륭제가 닫았던 중국의 서북 변경은 20세기 민족자결주의의 바람 속에서 끊임없이 갈등의 발원지 역할을 담당해왔다. 그 불씨가 21세기 유라시아 변경지대의 파열성을 증폭시킬 불쏘시개로 작용할지 주목할만하다.

세계질서는 급격하게 인도-태평양으로 그 축을 옮기고 있다. 20세기 냉전과 21세기 신냉전의 차이는 바로 이러한 힘의 축의 이동과 밀접히 연결된다. 1990년대 초반과는 사뭇 달라진 지구화의 현주소를 고려할 때 지구사의 축도 함께 옮겨져야 할 필요성이 곳곳에서 감지되고 있다. 유라시아 변경의 단층지대에서 보이는 지구사를 상상하는 것은 좋은 시작점이 될 수 있다.

나가는 말:
지구사에서 지구의 역사(Earth history)로

코로나19 팬데믹, 기후변화, 사회적 불평등의 심화, 4차 산업혁명 본격화, 신냉전 등 21세기에 들어와 불안하게 요동치는 최근의 급변세는 30년 전 지구사가 하나의 세계를 낙관하며 등장하던 때와는 180도 다른 분위기에 있다. 탈냉전 시대의 전 인류의 연대와 발전, 세계시민 의식, 탈경계적 이동과 교류를 기본값으로 한 새로운 시대와 사회의 유포리아는 완전히 증발하였다. 국민국가의 힘은 더 커졌고, 신냉전 시대의 개막과 함께 이데올로기 경쟁도 재점화되었다. 1990년대 초 메즐리쉬와 쉐퍼는 학문적 이유에서 지구사를 시대착오적인 미션 임파시블로 공격했지만, 오늘날 하나의 세계의 지구사는 비현실적인 공허한 슬로건처럼 들린다.

지구사의 부상을 가능케 했던 2000년대 초의 현상적 조건들이 빠르게 위축되면서 하나의 세계는 그야말로 허상이고 하나의 구호로 전락하고 말 것인가? 그렇다면 지구사 패러다임 역시 용도 폐기되는 것이 정해진 수순이 아닐까? 기후변화의 속도가 2년간의 코로나19 팬데믹에도 크게 둔화되지 않았고 세계기상기구(WMO)의 '2021 글로벌 기후

현황 보고서'의 결과가 충격적인 수준으로 발표된 상황에서 지구사를 건너뛰고 바로 빅히스토리, 글로벌 환경사, 기후사 등으로 패러다임 전환하는 것이 차라리 바람직하지 않을까? 이하에서는 본문의 내용을 요약, 반복하는 대신에 지구사 패러다임의 미래에 초점을 두고 크게 이 두 가지 질문에 대한 답변을 모색하는 것으로 결론장을 대신하고자 한다. 이 과정에서 본서에서 역설했던 복수의 지구사의 지평이 다시 한번 확장될 수 있을 것이다.

우선, 첫째 질문과 관련하여 단도직입적으로 말하자면, 작금의 지구화 역행 현상과 전망 때문에 지구사의 용도 폐기를 거론하는 것 자체가 지구화에 대한 신자유주의적 이해, 즉 자본의 거침 없는 확장과 이동을 주된 잣대로 삼는 이해를 드러내는 것이나 다름없다. 인간, 자본, 정보, 상품의 전 지구적 연결과 이동은 각지의 국지적 요인들과 만나 복잡계적 상호작용과 피드백 관계를 증폭시켜왔다. 근대세계의 자본주의체제가 국민국가체제의 부상과 함께 어떤 격동의 세계사, 즉 팽창과 충돌, 통합과 분열, 연결과 파열을 만들어왔는지 우리는 유럽의 근대화와 세계의 유럽화 과정을 통과하며 충분히 경험하였다.

이러한 지구화의 복잡한 면모에 대한 가장 정확한 통찰은 1장과 3장에서도 언급되었던 게이어와 브라이트의 1995년도 논문을 꼽을 수 있는데, 이것은 오늘날까지도 지구사의 부상에 있어서 획기적인 (pathbreaking) 논문으로 꼽힌다. 많은 사람들이 하나의 세계를 향한 지구화의 방향성을 확신하던 1990년대 중반에 이들은 전혀 다른 내용의 주장을 전개했다. 즉 우리는 지구적 통합을 향해 일방향적으로 직진하고 있지 않으며, 통합의 가속화가 오히려 시간이 갈수록 차이의 증식과 폭력의 증가를 낳을 것이기에, 여기에 이르게 된 역사를 서술할 수 있는 새로운 서사 모델이 필요하다는 것이었다. 그 방법으로서 그들은 세계 전역의 복수의 과거를 소환할 것을 제안했다.

게이어와 브라이트의 관점에서 보면, 오늘날 지구화의 주행과 역행이 뒤섞여 있는 현상이야말로 지구화의 진면목이다. 20세기 말의 급속한 통합형 지구화는 21세기에 들어와 본격적으로 지역적 저항에 봉착하기 시작했다. 반지구화 투쟁를 본격화시킨 1999년 시애틀 전투와 이후 82개국 900여개 도시로 확산되었던 2011년의 '월가를 점령하라' 시위 모두가 신자유주의적 지구화의 심장부 미국에서 발생했다. 이처럼 반지구화 투쟁은 지구화와 거의 동시 진행되어왔고 그 자체로서 지구화의 일부이다. 따라서 갈수록 복잡하게 얽힌 피드백 관계에 의해 전개되어가는 지구화의 양상은 지구사 패러다임의 폐기가 아니라 오히려 심화를 요청한다. 그렇다면 패러다임의 심화는 어떤 방향으로 진행되어야 할까?

이제까지 최대한 많은 수의 국가간 연결성과 상호작용을 고려하려는 네트워크 분석이 지구사 연구에서 활발히 진행되어왔지만, 실상은 상호작용 자체보다 각 결절점과 그것에 의해 결정되는 연결에 방점을 두고 주로 결절점들의 구조적 특성으로부터 상호작용을 말하는 데 그칠 때가 많았다. 말하자면, 상호작용이라는 다소 추상적 현상에 '환원주의적'으로 접근하여 개별 결절점에서 일어나는 교환, 접촉, 갈등을 설명함으로써 구체화하는 방식을 취해온 것이다. 환원주의가 인문사회계뿐 아니라 과학계에서도 가장 강력한 연구방법론인 것만큼은 부인할 수 없다. 다만, 오늘날 복잡계 연구에서 환원주의를 전체론적 시각과 방법론으로 보완하려는 움직임이 활발한 것은 지구사 연구의 발전을 위해서 매우 고무적인 사실이다. 날로 분열과 통합 양방향으로 동시에 치달으며 비선형적인 패턴으로 전개되는 지구화의 양상이 복잡계와 유사하게 전개되고 있는 만큼 - 더 정확히 말하자면, 수많은 참여자들 간의 복잡한 상호작용에 의해 전개되어온 지구화는 항상 복잡계적 현상이었다. 역사학자들이 이를 유럽, 민족국가 중심으로 단순하게 이해, 설명해왔을 뿐이다 –, 과학적 방법론의 최근 혁신은 초점을 복잡한 상호작용 자체로 옮겨서 지구화의 역사성을 좀 더 정확히 규명하는 데 도움을 줄 수 있다.

이러한 전향을 위한 하나의 방법은 2장에서 살펴본 세 개의 지구사 하위패러다임을 동시적으로 활용하여 한층 융합적이고 복합적인 지구사 패러다임의 구성을 시도하는 것이다. 특히 세계체제론과 포스트식민주의는 각 결절점으로서의 국가, 도시, 식민지의 독자적 주체성보다 관계적 주체성과 상호작용적 동학을 훨씬 중시한다. 덕분에 양 이론은 2장에서 살펴본 대로 각각 자본주의 세계체제와 식민지 모국과의 관계로부터 산생하는 뒤엉킨 갈등 구조와 혼종적 주체성을 규명하는 데 크게 기여하였다. 연구방법론적으로도 세계체제론과 포스트식민주의는 개별 구성요소의 미시적 분석에 치중하는 환원주의적 접근에서 벗어나려는 중요한 시도였다. 세계체제를 구성하는 각국의 자본주의가 아니라 전체로서의 근대세계체제, 그리고 식민 모국과 식민지인들을 별개의 항으로 두지 않고 혼종적인 식민주체에서부터 출발하여 이러한 전체적 유기적 관계성을 만들어낸 상호작용을 분석을 연구 대상으로 삼는 전체론적 접근을 보여주었기 때문이다.

또 다른 방법은 최근에 자연과학계에서 폭발적으로 진행되고 있는 복잡계 연구, 특히 복잡계 네트워크(complexity network) 연구성과를 활용, 응용하는 것이다.[1] 지구화 자체가 복잡계적 현상이므로 이러한 복잡계 네트워크 연구와의 접목을 충분히 고려해 볼 수 있고, 또 성공적으로 접목될 경우 새로운 수준의 지구화 분석과 지구사 서술까지 기대해 볼 수 있다.

복잡계 네트워크란 특정 시스템이 복잡한 구조, 즉 상호관계성을 보이는 현상으로서, 소수의 결절점이 다수의 연결선을 갖는 소위 허브가 창발되는 것이 특징이다. 요컨대, 여러 부분들의 비선형적인 상호작용으로 과독점적 허브가 만들어질 가능성이 높은 네트워크가 복잡계 네트워크이다. 실제로 인간이 만든 항공망이나 인터넷 연결망뿐 아니라 자연계에 편재하는 단백질 네트워크와 뇌 신경계도 복잡계 네트워크에 해당한다. 점과 연결선만 있으면 성립되는 네트워크 개념은 복잡성을 단순화한 뼈대에 해당하므로, 네트워크 분석을 활용하면 복잡계의 구조, 패턴, 동학의 이해에 비교적 손쉽게 다가설 수 있다. 무엇보다도 복잡계 네트워크 연구는 개별 결절점이 아니라 이들 사이의 상호작용의 구조적 특성에 대한 전체론적 관심에서 출발하므로, 지구사 서술에 충분히 적용해 볼만하다.

다만, 네트워크 과학 연구는 철저히 상호연결과 상호작용의 현상을 구조적으로 파악하여 그 비선형적 패턴을 읽어내고 상호작용의 결과물로서의 기능을 분석하는 데 관심을 집중할 뿐, 왜 이러한 상호작용이 나타나는지의 원인 규명에는 관심을 두지 않는다. 원인과 속성까지 설명하기 위해서는 개별 결절점, 예를 들어 허브의 사회적 중력에 대한 충분한 질적인 분석이 병행되어야 한다. 즉 근대세계체제론에서 핵심부, 반주변부, 주변부, 외부 지역을 심층 분석하거나 포스트식민주의에서 식민 모국, 식민지, 그리고 양자를 하나로 잇는 동력으로서 전 지구적 노동분업체제를 논의하는 작업이 이에 해당할 수 있다. 그러나 2장에서 살펴보았듯이, 세계체제론의 경우 외부 지역을 상호작용 메커니즘에서 완전히 배제하였고, 포스트식민주의의 경우 전 지구적 노동분업체제 분석을 소홀히 하는 경향을 보이므로, 이를 극복할 방법을 함께 모색해야 할 것이다.

모든 네트워크는 점과 선으로 이루어진 극히 단순한 메커니즘에서 시작하지만, 연결점이 늘어날수록 전혀 새로운 패턴과 성격으로 진화한다. 인간 몸이 약 37조 개의 세포로 구성되지만 인간의 생명 현상이 세포들의 대사과정으로 설명될 수 없는 것과 같다. 날로 예측 불가의 복잡한 패턴으로 진화해가는 글로벌 네트워크를 사후적으로라도 제대로 설명하기 위해서는 비유럽적 허브를 잘 이해하는 것이 중요하다.[2] 지구사에서 네트워크는 여전히 유럽중심적인 연결점과 허브에 의존해서 설명되는 경향이 매우 강하다. 유럽중심주의의 진정한 극복은 비유럽 세계의 결절점들을 지구사적 서사에 더 많이 추가하고 기존 유럽적 결절점들과의 관계성 속에서 드러나는 새로운 패턴을 읽어낼 수 있을 때 가능하다. 그런 의미에서 5, 6장은 지구사의 새로운 서술 모델이 창발하는 데 중요한 연결점들을 탐사할 수 있는 중요한 진입로이다.

이제 두 번째 질문, 지구사는 빅히스토리, 글로벌 환경사, 기후사와 같은 좀 더 큰 규모의 패러다임으로 교체되어야 할 것인가의 문제로 넘어가 보자. 현대 인류가 직면하고 있는 문명사적 대전환의 도전에 문화와 자연, 인간과 환경의 이분법적 이해로 응전할 수 없다는 것은 자명해 보인다. 프랑스의 과학철학자 라투르(Bruno Latour)는 문화와 자연은 물론이고 이러한 해체주의적 시각을 주체와 객체 간의 관계로까지 확장하여, 주체성/행위성을 물질이나 기술 차원으로까지 확대 분배할 것을 주장한다.[3] 독일의 포스트휴머니스트 문학자 하이제(Ursula Heise)는 라투르의 새로운 주체 이해를 한층 명확하게 개념화하는데, 동물, 식물, 물질, 물체, 기술을 포함하는 '산종적 행위성의 네트워크(networks of distributed agencies)'가 그것이다. 인간의 행위성이란 이러한 네트워크의 일부에 불과하다.

> '나는 내일 베를린에 간다'라는 너무나 자명한 나 자신의 행위성조차도 내가 부분적으로만 통제할 수 있거나 전혀 통제할 수 없는 다양한 물체, 요소, 과정, 제도들(몇 개만 언급하더라도 카페인, 밀, 아스피린, 개솔린, 고무, 아스팔트, 고속도로, 자동차 제조업자들, 항공 통제, 스케줄, 수하물, 휴대폰 네트워크)에 종속되어있다.[4]

이 시대가 당면한 위기는 삼중 위기, 즉 과학기술 발전의 도전, 환경의 역습, 사회 불평등의 심화가 상호연동하는 복합적인 외양을 띠고 있다. 역사학의 과거 지식을 온고지신(溫故知新)적 의미로 활용해서 해답을 찾을 수 있는 차원의 문제들이 아닌 것이다. 인공지능과 생명과학 분야의 급속한 발전은 이미 '트랜스휴머니즘' 담론을 통하여 기술과 인간의 융합에 의한 인간의 새로운 종적인 진화와 기술의 행위성을 논하는 단계에 와있다.[5] '인류세(Anthropocene)' 개념으로 집약되는 기후 위기 또한 인간중심적인 사고를 극복하여 주체성의 범주를 자연으로까지 확장할 것을 요청하고 있으며, 무엇보다도 세 가지 위기가 한꺼번에 얽혀있는 라투르의 '신기후체제'의 문제는 그 자체로 빅퀘스천이다. 이렇게 보자면, 인간, 사회, 문명에 매몰되어있는 지구사 패러다임을 벗어나서 좀 더 거시적인 차원에서 인류의 고도 문명의 근본적인 취약성을 돌아보고 인간 문명의 생존 조건을 모색할 빅프레임의 패러다임으로 갈아타는 것이 정답일 듯하다. 빅히스토리, 글로벌 환경사, 기후사는 인간 사회 내부 메커니즘과 동학을 더 이상 주된 고찰의 대상으로 삼지 않고 빅퀘스천을 던지고 있는 대표적인 새로운 역사학 패러다임이다.

과연 인류세 시대에서 볼 때 지구사 패러다임에서 다루어온 인간, 사회, 지역, 문명의 문제는 낡고 편협한 인간중심주의적 인식의 유산에 불과할 것인가? 한 가지 간과하지 말아야 할 사실은 빅히스토리, 글로벌 환경사, 기후사가 상위 개념으로 상정하고 있는 '지구시스템'에서 가장 위력적인 구성인자는 인류세 개념이 역설적으로 증언하듯이 인류라는 점이다. 라투르는 흥미롭게도 오늘날의 기후변화를 둘러싼 공방을 갈릴레이 지동설과 종교재판소 사이의 갈등에 비유한다. 즉 인류세 개념은 '지구가 돈다'는 갈릴레이의 주장을 '인간이 지구를 돌게 만든다'는 주장으로 대체한 것이나 다름없는데, 인류세의 이러한 신(新)지동설 역시 인간이 기후변화의 원인이라는 사실을 부정하는 산업계와 정치계의 종교재판소와 싸우고 있다는 것이다.[6]

이처럼 라투르 역시 산종적 주체성의 네트워크를 주장하면서도, 이 네트워크의 과독점적 허브로서의 인간의 힘 또한 인류세 테제를 사용하여 분명히 하고 있다. 분명 우리는 고작 6천 년 정도의 인류 문명사를 통해 모든 역사를 논해온 편협한 고글을 벗어 던지고 모든 학문적 스펙트럼을 지배하고 있는 인간중심주의를 비판적으로 성찰해야 할 때가 되었다. 그러나 그것이 빅히스토리에서처럼 지구시스템 혹은 우주적 관점의 또 다른 거대서사로 회귀하는 방식이라면 곤란하다. 빅히스토리는 빅뱅 직후 우주에서 결정된 일반 법칙에 따른 기원론적 서사 구조를 고수한다. 즉 인간들 사이에서 일어나는 일들과 별들 사이에서 일어나는 일들이 기본적으로 복잡성의 증가라는 동일 법칙 아래 진행되는 거대한 하나의 이야기라는 것이다.[7] 그러나 현재 대기가 21%의 산소 농도를 갖게 된 것은 30억 년 전 등장한 시아노 박테리아의 광합성 작용 덕분이었고, 인류는 농경 시작 이후 꾸준히 대기 중 이산화탄소 농도를 증가시킴으로써 기후시스템에 지대한 영향을 미쳐왔다.[8] 물론 이러한 사실들 자체가 우주의 일반 법칙의 반증에 해당하지 않는다.

중요한 것은 두 가지이다. 하나는 지구시스템이라는 복잡계가 결코 자기완결형의 폐쇄적 시스템이 아니라 인간과 생명체를 포함한 무수한 동인들의 비선형적 상호작용에 의해 결정되는 '열린 계'라는 것이고, 다른 하나는 이 복잡계의 현재 변곡점을 좌우할 가장 중요한 키는 인간이 쥐고 있다는 사실이다. 인류세의 최대 역설은 지질적 규모의 위기 앞의 인류 문명의 취약성와 함께 그 위기의 해결을 좌우할 지질적 힘으로서의 인류를 동시에 지목한다는 것이다. 우리가 직면해 있는 전대미문의 빅퀘스천의 해법은 우주적 복잡계의 법칙으로부터 자동으로 도출될 가능성보다 인간이 앞으로 만들어갈 역사에 의해 창발될 가능성이 크다.

따라서 우리에게 가장 절박한 지식은 지구시스템을 제대로 이해하면서도 이를 인간 삶과 밀착시킬 수 있는 자연과학과 인문학의 융합적 지식이다. 환경사학자 케리(Mark Carey)의 예리한 지적대로 기후과학자들은 지난 수십 년간 인간에 의한 기후변화를 증명하는 데에만 집중하여 기후변화와 관련한 인간의 경험이나 대응의 탐구는 소홀히 해왔다. 지구온난화 부정론자들은 바로 이러한 공백을 지렛대로 활용하여 영향력을 넓힐 수 있었다. 기후과학적 지식, 즉 미래 해양수위의 증가율, 보다 강력한 허리케인의 발생율, 산사태 촉발 기제 등에 대한 더 나은 이해가 기후변화에 대한 더 나은 기술적 대응이나 인간의 적응 혹은 종적인 차원의 책임 있는 행동을 직접 보장해 줄 수는 없다. 이것의 성패는 "사회관계, 권력의 동학, 가능한 기술, 신념, 종교, 과거와 미래에 관한 이야기"에 달려있다.[9] 이제까지 기후정책과 관련한 의사결정을 좌우한 것은 기후과학과 무관한 사회경제적, 정치적, 문화적 요인들이었고, 그로 인해 탄소 감축을 위한 국제공조는 현재까지도 사회문화적, 권력적, 이해관계적 관계망을 쉽사리 돌파하지 못하고 있기 때문이다.[10]

그런 의미에서 우리 시대의 삼중 위기를 돌파하기 위해서는 인간의 집단적 행위성과 지구시스템 간의 비선형적 피드백 관계를 연구하고 우주, 환경, 기후시스템을 이해하는 만큼 우리 자신과 사회의 동학에 대해 잘 아는 것이 중요하다. 우리는 양쪽 지식을 나누거나 양자택일할 수 있는 안일한 상황에 더 이상 있지 않기에, 지구사 패러다임의 미래는 빅히스토리, 글로벌 환경사, 기후사와 더욱 긴밀히 융합, 연결하는 방향으로 갈 수밖에 없다. 포메란츠의 『대분기』(2001)는 생태학적 고찰을 경제사적 분석과 혁신적으로 결합시킨 대표적인 성과이다.

지구사는 지난 30여 년간 인간의 집단적 행위성과 그 메커니즘의 전모에 다가서기 위해서 글로벌 차원의 역사적 사실과 맥락을 조합, 배열, 재구성하는 연구를 축적해왔다. 인류세 시대의 지구사는 지구시스템이라는 또 다른 층위를 문제의식으로든, 생태환경적 조건으로서든, 또 다른 행위성으로서든 고려하지 않을 수 없다. 21세기의 지구사는 지구시스템을 기존의 글로벌 네트워크에 추가했을 때 어떤 새로운 상호작용의 동학을 얻게 될 것인지에 관한 창의적 상상력을 절실히 필요로 한다. 이러한 글로벌 네트워크의 새로운 방정식이 만들어진다면, 지구사는 빅히스토리, 글로벌 히스토리, 기후사 못지않게 지구의 역사에 가까운 모습으로 거듭나게 될 것이다.

| 미주 |

들어가는 말

1 본 단락에서 언급한 세 권의 입문서는 Pamela K. Crossley, *What is Global History?*, Cambridge and Malden: Polity Press, 2008(국내 번역본은 파멜라 크로슬리, 강선주 역, 『글로벌 히스토리란 무엇인가』, 휴머니스트, 2010. 다만 본서에서는 개인적인 편의에 따라 번역본이 아닌 원서를 사용하였다); Sebastian Conrad, *What Is Global History?*, Princeton: Princenton University Press, 2016; Patrick Manning, *Navigating World History. Historians Create a Great Past*, New York: Palgrave Macmillan, 2003이다.

1장

1 Sven Beckert and Dominic Sachsenmaier, *Global History, Globally. Research and Practice around the World*, New York: Bloomsbury Publishing, 2018. 이 책은 작센마이어가 일찍이 2007년도에 제기한 문제의식을 발전시킨 결과물이다. Dominic Sachsenmaier, "World History as Ecumenical History?" *Journal of World History*, 18(4), 2007을 참고할 것.

2 조지형, 「지구사란 무엇인가?」, 『서양사론』, 92, 2007, p. 324.

3 이하의 분류는 Michael Geyer and Charles Bright, "World History in a Global Age," *American Historical Review*, 100, 1995, pp. 1038–1040에 의거한 것이다.

4 재닛 아부-루고드, 박흥식 역, 『유럽 패권 이전』, 까치, 2006; K. N. 쵸두리, 임민자 역, 『유럽 이전의 아시아』, 심산, 2011; Marshall G. S. Hodgson, *Rethinking World History: Essays on Europe, Islam and World History*, Cambridge: Cambridge University Press, 1993.

5 Paul Gilroy, *The Black Atlantic: Modernity and Double Consciousness*, Cambridge: Harvard University Press, 1993; Wang Gungwu, ed., *Global History and Migrations*, Boulder, CO: Westview Press, 1997; Anthony Reid, ed., *Sojourners and Settlers: Histories of Southeast Asia and the Chinese*, Honolulu, University of Hawai'i Press, 1996.

6 Sachsenmaier, "World History," p. 465.

7 보편사와 달리 통합사는 우리에게 낯선 개념인데, 기본 컨셉에 있어서 종교적이지만, 모든 인류의 행위가 신의 섭리와 같은 하나의 원칙 아래 있고 하나의 이야기로 통합될 수 있다는 가정에서 출발한다. 따라서 보편사나 세계사처럼 보편 지향적이다.

8 Pierre Grosser, "World/Global History: An Exuberant but Difficult Youth," *Vingtième Siècle. Revue d'histoire,* 110(2), 2011, pp. 4–5.

9 Michel Espagne and Michael Werner, "Deutsch–französischer Kultur–Transfer als Forschungsgegenstand," eidem, *Transferts. Relations interculturelles dans l'espace franco–allemand (XVIIIe–XIXe siecle)*, Paris: Editions Recherche sur les Civilisations, 1988, pp. 11–34; Michael Werner, "Maßstab und Untersuchungsebene. Zu einem Grundproblem der vergleichenden Kulturtransfer–Forschung," Lothar Jordan and Bernd Kortländer, eds., *Nationale Grenzen und internationaler Austausch. Studies zum Kultur– und Wissenschaftstransfer in Europa,* Tübingen: Niemeyer, 1995, pp. 20–33; Johannes Paulmann, "Internationaler Vergleich und interkultureller Transfer. Zwei Forschungsansätze zur europäischen Geschichte des 18. bis 20. Jahrhunderts," *Historische Zeitschrift*, 267 (1998), pp. 649–685. 프랑스의 문화전이 및 교차역사 연구에 대해서는 이어지는 2장에서 좀 더 상세히 다룰 것이다.

10 Marvin Harris, *Kannibalen und Könige. Die Wachstumsgrenzen der Hochkulturen,* München 1977; Hans Liebmann, *Ein Planet wird unbewohnbar. Ein Sündenregister der Menschheit von der Antike bis zur Gegenwart,* München 1973; Clive Ponting, *A Green History of the World,* London 1991.

11 Corona Gabriella, ed., "What is Global Environmental History? Conversation with Piero Bevilacqua, Guillermo Castro, Ranjan Chakrabarti, Kobus du Pisani, John R. McNeill, Donald Worster," *Global Environment*, 2, 2008, pp. 228–249; J. R. McNeill and Erin Stewart Mauldin, eds., *A Companion to Global Environmental History*, Hoboken, NJ: Wiley–Blackwell, 2012; John R. McNeill and Alan Roe, eds., *Global Environmental History. An Introductory Reader*, New York: Routledge, 2012.

12 Alfred W. Crosby, *The Columbian Exchange: Biological and Cultural Consequences of 1492*, London: Greenwood, 1973, p. XXV.

13 David Christian, "'Big History', Globalization and Australia: Towards a More Inclusive Account of the Past," *Australian Academy of the Humanities, Proceedings,* 25, 2000, p. 132 이하.

14 Daniel Lord Smail, *On Deep History and the Brain*, University of California Press, 2008; Andrew Shryock and Daniel Lord Smail, *Deep History. The Architecture of Past and Present,* University of California Press, 2011.

15 빅히스토리와 깊은 역사에 대해서는 박혜정, 「21세기 교양교육의 융합학문적 지도 그리기 - 빅히스토리의 인문학적 전환을 통하여」『교양교육연구』 14, 6, 2020, pp. 25–37를 참고할 수 있다.

16 이에 관해서는 박혜정, 「유럽중심주의 극복과 전 지구적 연계성 사이에서–미국 대학용 세계사 교과서 7종의 인도양, 산업혁명, 제국주의 내용 분석–」『역사교육논집』 68(3),

2018의 서론장을 참고할 것.

17 Crossley, *Global History*, p. 107; Philip Pomper, "Introduction: The Theory and Practice of World History," Philip Pomper, Richard H. Elphick, and Richard T. Vann, eds., *World History – Ideologies, Structures, and Identities*, Malden/Oxford: Blackwell Publisher, 1998, p. 3; Carol Gluck, "Asia in World History," Ainslie T. Embree and Carol Gluck, eds., *Asia in Western and World History. A Guide for Teaching*, New York: M.E. Sharpe, 1997, p. 201.

18 Bruce Mazlish, "Crossing Boundaries: Ecumenical, World, Global History," Pomper et al., eds., *World History*, p. 41. 인용구는 Crossley, *Global History*, pp. 106–107.

19 Bruce Mazlish, "Die Neue Globalgeschichte," *Zeitschrift fur Weltgeschichte*, 3(1), 2002, pp. 9–22.

20 Wolf Schäfer, "Global History: Historiographical Feasibility and Environmental Reality," Bruce Mazlish and Ralph Buultjens, eds., *Conceptualizing Global History*, Boulder: Westview, 1993, p. 50.

21 Mazlish, "Crossing Boundaries," p. 44.

22 Wolf Schäfer, "Global History," p. 49.

23 Wolf Schäfer, "Global History," p. 54.

24 Michael Adas, "Foreword," Alfred W. Crosby, *The Columbian Voyages, the Columbian Exchange, and Their Historians*, Washington D.C.: American Historical Association, 1987, p. v.

25 Mazlish, "Die Neue Globalgeschichte," pp. 9–22; Mazlish, "Crossing Boundaries," p. 46.

26 Ulf Engel and Matthias Middell, "Bruchzonen der Globalisierung, globale Krisen und Territorialitätsregimes – Kategorien einer Globalgeschichtsschreibung," *Comparativ*, 15(5/6), 2005, pp. 5–38. 프로젝트의 내용에 대해서는 박혜정, 「트랜스내셔널 사회사, 상호전이사, 지구사 – 독일에서의 민족사 패러다임의 트랜스내셔널 확대 논의」, 『독일연구』, 18(2), 2009의 IV장을 참고할 것.

27 Arif Dirlik, 「De–Centering: Worlds and Histories」, 『유럽중심주의를 넘어 지구사로』, 이화여자대학교 지구사연구소, 2008, p. 200.

28 Crossley, *Global History*, p. 107.

29 Mazlish, "Crossing Boundaries," pp. 42–43.

30 Manning, *Navigating World History*, p. 54.

31 오스월드 슈펭글러, 박광순 역, 『서구의 몰락』, 총3권, 범우사, 1995. 아놀드 조셉 토인비, D. C. 서머벨 편, 김규태, 조종상 역, 『역사의 연구』, 총3권, 더스타일, 2012. 이 역서는 일반 독자들의 이해를 위하여 원판을 약 6분의 1로 편집한 Arnold J. Toynbee, *A Study of History*, Abridgement of Vols 1~6, edited by David Churchill Somervell, 2 Vols, New York: Oxford University Press, 1947을 완역한 것이다.

32 슈펭글러는 서구 문화의 몰락이라는 운명을 극복할 수 있는 서구 문명의 명운을 쥐고 있는 최후의 국가가 프로이센 정신의 독일이라고 확신했다. 이 최후의 국가의 영도하에서 서구 문명은 문명의 최고 단계인 '세계 지배'라는 전성기를 구가할 것으로 예측했다. Manning, *Navigating World History*, p. 25, 39.

33 서구 담론은 독일 보수주의의 지적 전통을 이루는 담론으로서 기독교적 유럽 공동체의 회복을 목표로 제1차 세계대전 이후 부상하여 1950년대까지 긴 생명력을 유지한 문화비판 담론이자 정치 운동이다. 이에 대해서는 박혜정, 「서구의 아토피아적 위치 - 유럽, 서양, 제국 사이에서」, 『이화사학연구』, 59(2), 2019, pp. 323-358을 참고.

34 Pomper, "Introduction," p. 4; Manning, *Navigating World History*, p. 38.

35 Manning, *Navigating World History*, p. 38.

36 Michael L. Fitzhugh and William H. Leckie, Jr., "Agency, Postmodernism and the Causes of Change," *History and Theory*, 40, 2001, pp. 58-81.

37 이 표는 토인비 원본을 참조해 만든 위키피디아의 표(A Study of History: https://en.wikipedia.org/wiki/A_Study_of_History)를 기본으로 하되, 토인비, 김규태, 조종상 역, 『역사의 연구』, 제1권, pp. 74-112의 내용에 맞추어 재정리한 것이다.

38 Manning, *Navigating World History*, p. 41.

39 Schäfer, "Global History,"pp. 50-52.

40 William H. McNeill, "The Changing Shape of World History," Pomper et al., eds., *World History*, p. 26; Manning, *Navigating World History*, pp. 42-43.

41 Manning, *Navigating World History*, p. 52.

42 McNeill, "The Changing Shape of World History," p. 28.

43 Ibid, p. 29.

44 Manning, *Navigating World History*, p. 53.

45 존 맥닐, 윌리엄 맥닐, 유정희, 김우영 역, 『휴먼 웹』, 이산, 2007, p. 250.

46 서발턴 연구를 계기로 서구 역사학에서 발굴된 하위주체성의 문제에 대해서는 다음 장의 3절에서 상론할 것이다.

47 윌리엄 H. 맥닐, 허정 역, 『전염병과 인류의 역사』, 한울, 1998, 옮긴이 서문.

48 Schäfer, "Global History," pp. 50-52.

49 윌리엄 H. 맥닐, 『전염병과 인류의 역사』, p. 83.

50 Bruce Mazlish, "Crossing Boundaries," p. 44.

51 Jerry H. Bentley, "Review of Mazlish, Bruce, Buultjens, Ralph, *Conceptualizing Global History*," *H-Net Reviews in the Humanities & Social Sciences*, August 1995, http://www.h-net.org/reviews/showrev.php?id=137.

52 McNeill, "The Changing Shape of World History," pp. 27-28, 38-39. 인용은 p. 28.

53 윌리엄 맥닐, 「추천의 글」, 데이비드 크리스천, 이근영 역, 『시간의 지도』, 심산, 2013, pp. 9–14.

54 Matthias Middell and Katja Naumann, "Global History and the spatial turn: from the impact of area studies to the study of critical junctures of globalization," *Journal of Global History*, 5, 2010, pp. 149–170.

55 Dipesh Chakrabarty, "The Climate of History: Four Theses," *Critical Inquiry*, 35, 2009, p. 206, 214.

56 브뤼노 라투르, 박범순 역, 『지구와 충돌하지 않고 착륙하는 방법. 신기후체제의 정치』, 이음, 2021, p. 66, 125.

57 이는 한국서양사학회, 『유럽중심주의를 넘어서 세계사들로』, 푸른역사, 2009뿐 아니라 국내의 수많은 논문 저작들을 관통하는 하나의 공통점이다.

58 Prasannan Parthasarathi, *Why Europe Grew Rich and Asia Did Not. Global Economic Divergence, 1600–1850*, Cambridge: Cambridge University Press, 2011, p. 21.

59 Jerry Bentley, "Beyond Modernocentrism: Toward Fresh Visions of the Global Past," Victor H. Mairin, ed., *Contact and Exchange in the Ancient World*, Honolulu, HI: University of Hawai'i Press, 2006, pp. 17–29.

60 Arif Dirlik, "Contemporary Perspectives on Modernity: A Critical Discussion," *Sungkyun Journal of East Asian Studies*, 8(1), 2008, p. 92.

61 Schäfer, "Global History," pp. 50–52. 인용구는 p. 50.

62 Gluck, "Asia in World History," p. 203.

63 여기서 유물론은 마르크스주의적 사적 유물론과 무관한 범주로서, 사변적이고 선험적 전제에 입각한 이상주의와 결별하여 철저히 경험적이고 과학적인 접근을 추구하려는 사조를 가리킨다. 이러한 의미로 보자면, 마르크스주의적 사적 유물론은 역사 발전단계와 종착지를 선험적으로 가정하는 대전제에 기초하는 만큼 오히려 이상주의적 역사철학의 전통에 서 있다고 보아야 할 것이다.

2장

1 Peter N. Stearns, *World History: Patterns of Change and Continuity*, New York, Harper and Row, 1987, p. 3.

2 Dirlik, 「De-Centering」, p. 200.

3 그 대표적인 연구서들로는 Philip D. Curtin, *Cross-Cultural Trade in World History*, Cambridge: Cambridge University Press, 1984; 제리 벤틀리, 김병화 역, 『고대 세계의 만남』, 학고재, 2006; Neal Ascherson, *Black Sea*, New York, Hill and Wang, 1995; K. N. 쵸두리, 임민자 역, 『유럽 이전의 아시아』, 심산, 2011 등을 들 수 있다.

4 지구사 패러다임의 역사교육학적 수용에 대해서는 강선주, 「세계화 시대의 세계사

교육: 상호관련성을 중심원리로 한 내용구성」『역사교육』 82, 2002; 정선영, 「지구적 시각에 기초한 세계사 교육에의 접근 방안」『역사교육』 85, 2005; 윤세철, 「세계사 교육의 방향과 가능성」『역사교육의 방향과 국사교육 – 윤세철교수 정년기념 역사학논총』, 솔 2001; 이영효, 「세계사교육에서의 '타자 읽기'–서구중심주의와 자민족중심주의를 넘어」『역사교육』 86, 2003 등을 참고할 것.

5 Jürgen Osterhammel, "Transnationale Gesellschaftsgeschichte: Erweiterung oder Alternative?," *Geschichte und Gesellschaft*, 27, 2001, p. 477; Jürgen Osterhammel, "Internationale Geschichte, Globalisierung und die Pluralität der Kulturen," Loth, Wilfried and Jürgen Osterhammel, eds., *Internationale Geschichte: Themen, Ergebnisse, Aussichten,* München: Oldenbourg, 2000, pp. 405–407.

6 Michael Werner, "Kulturtransfer und Histoire croisée. Zu einigen Methodenfragen der Untersuchung soziokultureller Interaktionen," Stephan Braese and Ruth Vogel–Klein, eds., *Zwischen Kahlschlag und Rive Gauche. Deutsch–französische Kulturbeziehungen 1945–1960,* Würzburg: Königshausen & Neumann, 2015, pp. 26–27.

7 Ibid., p. 39; Matthias Middell, "Kulturtransfer und Historische Komparatistik – Thesen zu ihrem Verhältnis," *Comparativ,* 10(1), 2000, p. 17.

8 Jerry Bentley, "Globalizing history and historicizing globalization," Barry K. Gills and William R. Thompson, eds., *Globalization and Global History,* New York: Routledge, 2006, p. 30.

9 Crossley, *Global History*, p. 118.

10 Gluck, "Asia in World History," p. 203.

11 Roger B. Beck et al., *World History: Patterns of Interaction,* McDougal Littell/Houghton Mifflin, 2003.

12 Steven Vertovec, "Migration and other Modes of Transnationalism: Towards Conceptual Cross–Fertilization," *International Migration Review*, 37(3), 2003, pp. 646–647.

13 Daniel Lerner, "Modernization: Social Aspects," *International Encyclopedia of the Social Sciences,* New York: Macmillan, 1968, p. 386.

14 Dirlik, 「De–Centering」, pp. 200–202.

15 특히 포메란츠의 경우, 토픽(Steven Topik)과의 2006년도 공동저작 『설탕, 커피, 폭력』, 심산, 2003에서 그 발전주의적 관심을 더욱 노골적으로 드러내고 있다. 일본의 지구사학자들이 세계체제론에 대한 대안으로 제안된 세계네트워크분석(World Network Analysis)도 근대성 형성에서의 불평등성의 문제는 철저히 간과되고 있다.

16 Mark Newman, *Networks,* Oxford: Oxford University Press, 2018, pp. 316–319.

17 매슈 O. 잭슨, 박선진 역, 『휴먼네트워크』, 바다출판사, 2021; 최영, 『허브와 커넥터:

독점과 배제의 네트워크』, 한울아카데미, 2019.

18 Craig A. Lockard, "Global History, Modernization, and the World-System Approach," Ross Dunn, ed., *The New World History. A Teacher's Companion*, Boston & New York, Bedford/St. Martin's, 2000, p. 234.

19 Immanuel Wallerstein, "The Rise and Future Demise of the World Capitalist System: Concepts for Comparative Analysis," *Comparative Studies in Society and History*, 16(4), 1974, p. 390.

20 강성호, 「근대 자본주의 세계체제와 유럽」, 『유럽중심주의 세계사를 넘어 세계사들로』, 푸른역사, 2009, pp. 196-229; 유재건, 「유럽중심주의와 자본주의」, 같은 책, pp. 230-257; 페르낭 브로델, 김홍식 역, 『물질문명과 자본주의 읽기. 자본주의라는 이름의 히드라 이야기』, 갈라파고스, 2012, 강의 2.

21 David Lane, "Global Capitalism and the Transformation of State Socialism," *Studies in Comparative International Development*, 44, 2009, p. 98.

22 Crossley, *Global History*, Chapter 5; Lockard, "Global History"; William A. Green, "Periodizing World History," Pomper et al., *World History*, p. 64. 국내에서도 세계체제론을 본격적으로 세계사 서술에 적용한 책이 출간되었다. 민유기, 정지호, 홍용진, 『네트워크 세계사 인류는 어떻게 소통하고 교류하는가』, 자유의길, 2021.

23 맥닐, 『휴먼 웹』, pp. 245-249.

24 아부-루고드, 『유럽 패권 이전』; 안드레 군더 프랑크, 이희재 역, 『리오리엔트』, 이산, 2011.

25 아부-루고드, 『유럽 패권 이전』, pp. 390-392, 393-398.

26 Arif Dirlik, *Global Modernity. Modernity in the Age of Global Capitalism*, Boulder: Paradigm Publisher, 2007.

27 Andre Gunder Frank, "The Modern World System Revisited," Stephen Sanderson, ed., *Civilizations and World Systems: Studying World-historical Change*, Walnut Creek, CA: Altamira Press, 1995, pp. 180-181.

28 유재건, 「유럽중심주의와 자본주의」, pp. 242-243. 인용은 p. 243.

29 프랑크, 『리오리엔트』, pp. 450-455. 인용은 p. 451.

30 이매뉴얼 월러스틴, 「유럽중심주의와 그 화신들」, 『창작과비평』 25(1), 1997, pp. 405-406.

31 유재건, 「유럽중심주의와 자본주의」, p. 243.

32 월러스틴, 「유럽중심주의와 그 화신들」, p. 403.

33 이는 무엇보다도 매년 크게 성장하고 있는 대학용 지구사교과서 시장에서 존재감이 없다는 것에서 간접적으로 엿볼 수 있다. 서발턴 연구자 프라카쉬(Gyan Prakash)가 공동저자로 참여한 Robert Tignor et al., *Worlds Together Worlds Apart*, New York: W. W. Norton & Company, 2008 정도를 포스트식민주의적 시각을 적극적으로 반영한 지구사 교과서로 꼽을 수 있다. 제국주의 시대에 급진전된 문화접촉과

트랜스문화적 번역이 낳은 혼종성의 문제를 깊이 있게 다루는 점에서 다른 교과서들과 차별적이다.

34 앙겔리카 에플레, 「새로운 지구사와 서발턴 연구의 도전 – 아래로부터의 지구사를 위한 변호」, 『로컬리티 인문학』, 3, 2010, pp. 157–158.

35 Bart Moore–Gilbert, "Spivak and Bhabha," Henry Schwarz and Sangreeta Ray, eds., *A Companion to Postcolonial Studies,* Malden, MA: Blackwell Publishing, 2005, p. 451.

36 에플레, 「아래로부터의 지구사를 위한 변호」, p. 158.

37 이것은 이화여자대학교 지구사연구소 제2회 국제학술대회(2010년 4월 23일–24일)에 참석한 벤틀리가 종합토론에서 발언한 내용이다.

38 Ella Shohat, "Notes on Postcolonial," *Social Text,* 31/32, 1992, pp. 99–113. 문화주의 규정은 Arif Dirlik, "The Postcolonial Aura: Third World Criticism in the Age of Global Capitalism," *Critical Inquiry*, 20, 1994, pp. 328–356.

39 김택현, 『서발턴과 역사학 비판』, 박종철출판사, 2003.

40 스피박은 1998년 논문을 수정하여 1999년에 재출간했는데, 이 두 버전의 「서발턴은 말할 수 있는가?」를 모두 수록한 국내 번역서가 발간되어있다. 로절린드 C. 모리스 외, 태혜숙 역, 『서발턴은 말할 수 있는가? 서발턴 개념의 역사에 관한 성찰들』, 그린비, 2013.

41 Gayatri C. Spivak, "Can Subaltern Speak?," Cary Nelson and Lawrence Grossberg, eds., *Marxism and the Interpretation of Culture,* Urbana–Champaign: University of Illinois Press, 1988, pp. 276–277; Moore–Gilbert, "Spivak and Bhabha," pp. 452–453.

42 김상수, 「자끄 데리다와 해체」, 『서양사연구』, 33, 2005, p. 123.

43 오민석, 『현대문학이론의 길잡이』, 시인동네, 2017, p. 166.

44 근대의 실험실 테제에 대해서는 Ann L. Stoler and Frederick Cooper, "Between Metropole and Colony: Rethinking a Research Agenda," eidem, eds., *Tensions of Empire. Colonial Cultures in a Bourgeois World,* Berkeley: University of California Press, 1997, pp. 1–56; 식민적 근대성에 관한 논의에 관해서는 Tanie Barlow, "Introduction: On 'Colonial Modernity'," idem, ed., *Formations of Colonial Modernity in East Asia,* Durham, NC: Duke University Press, 1997, pp. 1–20을 참고할 수 있다.

45 릴라 간디, 이영욱 역, 『포스트식민주의란 무엇인가?』, 현실문화연구, 2000, p. 155.

46 호미 바바, 나병철 역, 『문화의 위치. 탈식민주의 문화이론』, 소명출판, 2012.

47 식민화 이후의 인도양 세계에 대해서는 식민제국의 금융, 기술, 정치, 군사적 우월성에 의해서 이 지역의 체제를 완전히 압도했다는 전제를 당연시하는 태도가 오랫동안 지배적이었다. 식민경제에서 근대적 경제부문과 전통적 경제부문이 공존한다는 뵈케(Julius H. Boeke)의 '이중경제 모델'은 이러한 가정의 가장 고전적인 사례이다. Julius Herman Boeke, *Economics and Economic Policy of Dual Societies,* New York: Institute

of Pacific Relations, 1953.

48 이에 대한 실증 연구들로는 Rajat K. Ray, "Asian Capital in the Age of European Expansion: The Rise of the Bazaar, 1800-1914," *Modern Asian Studies*, 29(3), 1995; Sugata Bose, *A Hundred Horizons: The Indian Ocean in the Age of Global Empire*, Cambridge, MA: Harvard University Press, 2006을 참고할 수 있다.

49 월러스틴, 「유럽중심주의와 그 화신들」, p. 402.

50 두아라의 내셔널 제국주의에 대해서는 Presenjit Duara, "Asia Redux: Conceptualizing a Region for Our Time," *The Journal of Asian Studies*, 69(4), 2010, p. 966를 참고.

51 김택현, 『서발턴과 역사학 비판』, 제1장 5절.

52 Bruce Mazlish, "Crossing Boundaries," p. 44에서 재인용.

53 Arif Dirlik, "Contemporary Perspectives on Modernity," p. 92, 96.

54 Moore-Gilbert, "Spivak and Bhabha," pp. 462-464; Dirlik, "Postcolonial Aura," p. 347.

55 Crossley, *Global History*, p. 4.

56 *Ibid.*, p. 107.

57 Green, "Periodizing World History," pp. 63-64.

58 David Blackbourn, "Das Kaiserreich transnational. Eine Skizze," Sebastian Conrad and Jürgen Osterhammel, eds., *Das Kaiserreich transnational: Deutschland in der Welt 1871-1914*, Göttingen: Vandenhoeck & Ruprecht, 2004, p. 303.

3장

1 오경환, 「"트랜스내셔널 역사" 역사: 회고와 전망」, 김상현 편, 『트랜스내셔널 인문학으로의 초대』, 한양대학교출판부, 2017, p. 20; 황정아, 「문학에서의 트랜스내셔널 패러다임: 민족문학론과 세계문학론의 쟁점을 중심으로」, 같은 책, pp. 42-43; 이문영, 「지역연구의 비판적 재구성과 트랜스내셔널리즘」, 같은 책, pp. 118-119.

2 Matthias Middell, "Transnationalisierung und Globalgeschichte," *Traverse*, 1, 2005, p. 19.

3 Ron Robin, "The Exhaustion of Enclosures. A Critique of Internationalization," Thomas Bender, ed., *Rethinking American History in a Global Age*, Berkeley: University of California Press, 2002, pp. 370-371.

4 Osterhammel, "Gesellschaftsgeschichte," p. 471.

5 Mazlish, "Crossing Boundaries," p. 50.

6 Jerry H. Bentley, "Von der Nationalgeschichte zur Weltgeschichte," Matthias Middell, ed., *Weltgeschichtsschreibung im 20. Jahrhundert*, Leipzig: Leipziger

Universitätsverlag, 2002, pp. 60–70; idem, "Cross–Cultural Interaction and Periodization in World History," Ross E. Dunn, ed., *The New World History. A Field Guide for Teachers and Researchers,* Berkley: University of California Press, 2000, pp. 376–383.

7 Akira Iriye, "Internationalizing International History," Bender, ed., *Rethinking,* p. 51, 53.

8 이에 대해서는 해당 프로젝트 관련해서 발간된 총서 시리즈, 특히 RICH 트랜스내셔널 인문학총서 5권, 김상현 편, 『트랜스내셔널 인문학으로의 초대』을 참고할 수 있다.

9 Mohammed A. Bamyeh, "Postnationalism," *Bulletin of the Royal Institute of Inter–Faith Studies,* 3(2), 2001.

10 민족은 국가 없이도 존재할 수 있고, 국가 또한 통일된 민족 없이 존재할 수 있다. 본 장에서 반복적으로 사용한 '민족(국가)'은 민족과 국가를 동일한 차원이나 의미에서 이해하려는 표현이 아니라, 민족과 민족국가 그리고 양자 간의 관계설정 모두를 포괄하기 위한 표현임을 밝혀둔다. '민족적인 것(the national 혹은 nation–ness)' 역시 이 같은 포괄적인 의미에서 사용되었다. 민족의 통일과 독립에 성공했든 실패했든 간에 민족국가의 형성 과정과 연관된 모든 것을 아우르는 의미의 민족적인 것은 근대 역사서술의 근간을 이루어왔다. 미국과 같이 다양한 이민자들이 국가를 건국한 다민족 · 다인종 사회의 경우조차도 '이민자 민족'이라는 상징과 '미국적 예외주의'라는 민족주의와 다름없는 이데올로기를 만들어내어 역사를 본질주의화 시킨 것이 그 단적인 예이다. 민족적인 것의 해체를 목표로 하는 포스트민족주의 담론은 민족적인 것과 집중적으로 논전함으로써, 아이러니하게도 민족사 패러다임의 중심성을 또 다른 형태로 방증하고 있다.

11 Geyer and Bright, "World History," pp. 1042, 1052–1053.

12 Aiwah Ong, *Flexible Citizenship: The Cultural Logics of Transnationality,* Durham: Duke University Press, 1999, p. 4.

13 Middell and Naumann, "Global History and the spatial turn," pp. 154–155.

14 Ian Tyrrell, *Transnational Nation. United States History in Global Perspective Since 1789,* New York: Bloomsbury Publishing, 2007, pp. 3–4.

15 Osterhammel, "Gesellschaftsgeschichte," p. 474.

16 윤해동, 「트랜스내셔널 히스토리(Transnational History)의 가능성」, 『역사학보』, 200, 2008, p. 34.

17 이진일, 「비교사(vergleichende Geschichte)에서 교류사(Transfergeschichte)로?」, 『사림』, 28, 2007, p. 40.

18 정현백, 「트랜스내셔널 히스토리의 가능성과 한계」, 『역사교육』, 108, 2008. p. 188.

19 Vertovec, "Migration and Other Modes of Transnationalism," p. 643.

20 Stuart Hall, "Wann gab es 'das Postkoloniale'? Denken an der Grenze," Sebastian Conrad and Shalini Randeria, eds., *Jenseits des Eurozentrismus. Pokoloniale Perspektive in den Geschichts– und Kulturwissenschaften,* Frankfurt/New York: Campus Verlag, 2002, pp. 226–227.

21 이처럼 재현 개념을 다시 묘사와 대표로 구분한 것은 스피박에 따른 것이다. Spivak, "Can Subaltern Speak?," pp. 276-277.

22 Kiran K. Patel, "Transatlantische Perspektiven transnationaler Geschichte," *Geschichte und Gesellschaft*, 29(4), 2003, p. 629.

23 Donna R. Gabaccia, "Is Everywhere Nowhere? Nomads, Nations, and the Immigrant Paradigm of United States History," *The Journal of American History*, 86(3), 1999, p. 1123.

24 Ibid., p. 1117.

25 David Thelen, "The Nation and Beyond: Transnational Perspectives on United States History," *Journal of American History*, 86(3), 1999, pp. 965-975. 인용은 p. 967.

26 프로젝트의 결과물은 여러 곳에서 여러 차례에 걸쳐 출간되었는데, 미국에서는 Donna R. Gabaccia and Fraser M. Ottanelli, eds., *Italian Workers of the World: Labor Migration and the Formation of Multiethnic States*, Urbana-Champaign: University of Illinois Press, 2001로 출판되었다.

27 Gabaccia, "Is Everywhere Nowhere?," p. 1134.

28 Pransenjit Duara, "Transnationalism and the Challenge to National Histories," Bender, ed., *Rethinking*, pp. 34-35. 인용문은 p. 35.

29 Tyrrell, *Transnational Nation*. p. 3.

30 Prasenjit Duara, *Culture, Power, and the State. Rural North China, 1900-1942*, Stanford: Stanford University Press, 1988.

31 Duara, "Transnationalism," pp. 43-44.

32 Roy Rosenzweig and David Thelen, *The Presence of the Past: Popular Use of History in American Life*, New York: Columbia University Press, 1998, pp. 12-13.

33 David Thelen, "Making History and Making the United States," *Journal of American Studies*, 32(3), 1998, pp. 377-378.

34 Thelen, "The Nation and Beyond," p. 974.

35 Dipesh Chakrabarty, "Europa provinzialisieren. Postkolonialität und die Kritik der Geschichte," Conrad and Randeria, eds., *Jenseits des Eurozentrismus*, p. 308.

36 Robin, "The Exhaustion of Enclosures," p. 368; Patel, "Transatlantische Perspektiven," p. 628.

37 Jonathan Burack, "The Student, the World, and the Global Education Ideology," James S. Leming, Lucien Ellington and Kathleen Porter, eds., *Where did Social Studies go Wrong?*, Maryland: Thomas B. Fordham Foundation, 2003, pp. 45-47.

38 Thomas Bender, *The LaPietra Report: A Report to the Profession,* 2000. http://www.oah.org/activities/lapietra/final.html (2022년 5월 16일자 확인)

39 Carl J. Guarneri, "Internationalizing the United States survey course: American history for a global age," *History Teacher*, 36(1), 2002, p. 46.

40 Thomas Bender, "Introduction: Historians, the Nation, and the Plenitude of Narratives," idem, ed., *Rethinking*, p. 1, 8, 10.

41 Tyrrell, *Transnational Nation*. p. 3.

42 Sebastian Conrad and Jürgen Osterhammel, "Einleitung," eidem, eds., *Das Kaiserreich transnational*, p. 13, 15.

43 Osterhammel, "Gesellschaftsgeschichte," p. 478.

44 이러한 판단은 필자가 콘라드에게서 받은 2009년 11월 15일자 이메일 내용에 근거한 것이다.

45 Conrad and Osterhammel, "Einleitung," p. 13, 15.

46 Osterhammel, "Gesellschaftsgeschichte," p. 471.

47 Helmut Walser Smith, ed., *Oxford Handbook of Modern German History*, Oxford: Oxford University Press, 2015.

48 2010년도 독일역사학대회에서 진행된 옥스퍼드 편람 토론 내용에 대해서는 https://www.hsozkult.de/searching/id/fdkn-122023?title=ht-2010-wie-schreibt-man-deutsche-geschichte-im-zeitalter-der-transnationalitaet-die-neukonzeption-des-oxford-handbook-of-modern-german-history-in-der-diskussion&q=Oxford%20Handbook%20%20of%20Modern%20German%20History&sort=relevance&fq=&total=173&recno=3&subType=fdkn을 참고할 것.

49 Middell, "Transnationalisierung," p. 42.

50 Osterhammel, "Gesellschaftsgeschichte," pp. 474-478. 이는 특히 지구사의 학문적 기초의 취약성이나 포스트식민주의의 사회구조사적 기초의 취약성에 대한 비판을 고려할 때, 재맥락화 아젠다의 트랜스내셔널 히스토리의 강점으로 간주될 수 있다.

51 Middell, "Transnationalisierung," p. 41.

52 Bentley, "Von der Nationalgeschichte zur Weltgeschichte," pp. 60-70.

53 19세기 제국주의는 근대 민족국가들의 각축전 속에 민족주의를 주된 동력으로 삼아 태동하여 격화되었다. 서구 열강들이 국가 주도하에 해외 식민지 쟁탈전에 뛰어든 시점은 하나같이 민족국가 건설 이후였다는 점이 이를 방증한다. 제국주의와 민족국가의 관계에 대해서는 프라센지트 두아라, 「제국주의와 민족국가」, 『만주연구』, 2, 2005, pp. 29-45.

54 Bamyeh, "Postnationalism."

55 Duara, "Asia Redux," p. 979.

56 Arif Dirlik, "History without a Center? Reflections on Eurocentrism," Eckhardt

Fuchs and Benedikt Stuchtey, eds., *Across Cultural Borders: Historiography in Global Perspective,* Lanham, MD: Rowman & Littlefield, 2002, pp. 247–284; idem, "Confounding Metaphors, Inventions of the World: What Is World History For?," Benedikt Stuchtey and Eckhardt Fuchs, eds., *Writing World History 1800–2000,* New York: Oxford University Press, 2003, pp. 91–133.

57 Patel, "Transatlantische Perspektiven," p. 629.

58 Charles Bright and Michael Geyer, "Weltgeschichte als Globalgeschichte," *Comparativ,* 4, 1994, p. 14. 인용은 Geyer and Bright, "World History," p. 1042.

4장

1 마셜 호지슨, 에드먼드 버크 3세 엮음, 이은정 역, 『마셜 호지슨의 세계사론. 유럽, 이슬람, 세계사 다시 보기』, 사계절, 2006, p. 425, 432.

2 Lutz Raphael, "Nationalzentrierte Sozialgeschichte in programmatischer Absicht. Die Zeitschrift 'Geschichte und Gesellschaft. Zeitschrift für Historische Sozialwissenschaft' in den ersten 25 Jahren ihres Bestehens," *Geschichte und Gesellschaft,* 25, 1999, pp. 5–37.

3 Dominic Sachsenmaier, "Recent Trends in European History: The World beyond Europe and Alternative Historical Spaces," *Journal of Modern European History,* 7, 2009, p. 5.

4 Bradley Naranch, "Forum: Asia, Germany and the Transnational Turn," *German History,* 28(4), 2010, p. 515.

5 Osterhammel, "Gesellschaftsgeschichte," p. 471.

6 Young–Sun, Hong, "Beyond the National/Transnational Divide: Doing Histories in A Global Age," presented at University of North Carolina, Chapel Hill, April 7, 2006, p. 9.

7 볼프강 슈말레, 박용희 역, 『유럽의 재발견. 신화와 정체성으로 보는 유럽의 역사』, 을유문화사, 2006, p. 24.

8 같은 책, p. 25. 최근 유럽 개념과 그 타당성에 대해서는 책의 8장 이후를 참고할 것.

9 Hannes Siegrist and Rolf Petri, "Einleitung: Geschichten Europas. Kritik, Methoden und Perspektiven," Rolf Petri and Hannes Siegrist, eds., *Probleme und Perspektiven der Europa–Historiographie,* Leipzig: Leipziger Universitätsverlag, 2004, p. 10.

10 이진일, 「서양 지리학과 동양인식 – 20세기 전환기 동아시아를 지리적으로 위치짓기」, 『아시아문화연구』, 26, 2012, pp. 105–110. 재인용은 p. 110.

11 Joachim Rohlfes, Europa. *Einheit und Vielfalt in Vergangenheit und Gegenwart,* Stuttgart and Leipzig: Klett, 2005, p. 6, 8, 10.

12 Richard Schröder, "Europa, was ist das?," *Forum Classicum,* 45, 2002, p. 86.

13 Ibid, p. 85.

14 헤로도토스, 박현태 역, 『헤로도토스 역사』, 동서문화사, 2008, p. 15, 578, 706.

15 원준호, 「에우로페(Europe) 신화와 고대 그리스에서의 유럽 개념의 전개」, 『정치사상연구』 8, 2003, p. 62.

16 Siegrist and Petri, "Einleitung," p. 11.

17 슈말레, 『유럽의 재발견』, p. 15에서 재인용.

18 Peter Brown, *Die Entstehung des christlichen Europa*, München: C.H. Beck, 1996, p. 319. 인용구에 등장하는 서구는 그 자체로서 매우 복잡한 역사를 갖는 개념이다. 서구는 역사적으로 유럽 개념과 중첩적으로 사용되면서 발전했지만, 로마카톨릭 교회가 중심이 되는 라틴기독교 세계를 지칭하는 내용적 핵이 너무 뚜렷하여 공간적으로 확장이 불가능한 개념이기도 하다. 이에 대해서는 박혜정, 「서구의 아토피아적 위치 - 유럽, 서양, 제국 사이에서」, 『이화사학연구』, 59(2), 2019, pp. 323–358을 참고할 것.

19 Bassam Tibi, *Kreuzzug und Jihad. Der Islam und die christliche Welt*, Bielefeld: C. Bertelsmann, 2003, p. 99.

20 김차규, 「비잔티움 세계와 서유럽: 시각의 차이」, 『유럽중심주의 세계사를 넘어 세계사들로』, pp. 144–145.

21 Heinz Hürten, "Europa und Abendland - Zwei unterschiedliche Begriffe politischer Orientierung," Philipp W. Hildmann, ed., *Vom christlichen Abendland zum christlichen Europa. Perspektiven eines religiös geprägten Europabegriffs für das 21. Jahrhundert*, München: Hans Seidel Stiftung, 2009, pp. 9–10.

22 Axel Schildt, *Zwischen Abendland und Amerika. Studien zur westdeutschen Ideenlandschaft der 50er Jahre*, München: Oldenbourg, 1999, p. 24.

23 김차규, 「비잔티움 세계와 서유럽」, p. 139.

24 그 전형적인 예로는 Wolfram Fischer, ed., Handbuch der europäischen Wirtschafts- und Sozialgeschichte, 6 Bde. Stuttgart, 1980~1990을 들 수 있다.

25 Siegrist and Petri, "Einleitung," p. 11.

26 유럽헌법은 2004년 비준 과정에서 부결되어서 2009년 효력 발생한 리스본 조약으로 대체되었다. 리스본 조약은 기존의 유럽 연합 조약 등을 수정하는 선에서 확정되었다.

27 The EU Constitution. The Reader-Friendly Edition by Jens-Peter Bonde. http://en.euabc.com/upload/rfConstitution_en.pdf

28 리스본 조약의 수정 내용을 반영한 Council of European Union, Consolidated Version of the Treaty on European Union and the Treaty on the Functioning of the European Union and the Charter of Fundamental Rights of the European Union, Brussels, 2013.11.12.
http://register.consilium.europa.eu/pdf/en/08/st06/st06655-re07.en08.pdf

29 Ute Frevert, "Europeanizing Germany's Twentieth Century," *History and*

Memory, 17, 2005, pp. 87–116; Helmut Kaelble, A Social History of Western Europe, 1880–1980, Dublin, 1990; idem, *Wege zur Demokratie. Von der Französischen Revolution zur Eruopäischen Union*, Stuttgart and München, 2001; Wolfgang Reinhard, "Was ist europäische politische Kultur? Versuch zur Begründung einer politischen Historischen Anthropologie," *Geschichte und Gesellschaft*, 27, 2001, pp. 593–616; idem, *Lebensformen Europas. Eine historische Kulturanthropologie*, München, 2004.

30 Hartmut Kaelble, *Europäer über Europa. Die Entstehung des europäischen Selbstverständnisses im 19. und 20. Jahrhundert*, Frankfurt, 2001; Ute Frevert, *Eurovisionen: Ansichten guter Eruopäer im 19. und 20. Jahrhundert*, Frankfurt, 2003; Alexander Schmidt–Gering, "Gibt es eine 'europäische Identität'? Konzeptionelle Überlegungen zum Zusammenhang transnationaler Erfahrungsräume, kollektiver Identitäten und öffentlicher Diskurse in Westeuropa seit dem Zweiten Weltkrieg," Hartmut Kaelbel and Jürgen Schriewer, eds., *Diskurse und Entwicklungspfade. Gesellschaftsvergleiche in Geschichts– und Sozialwissenschaften*, Frankfurt, 1999, pp. 163–210.

31 '유럽 짓기' 시리즈 출간에 가장 앞장 섰던 독일의 출판사 C.H. Beck에서는 1993년부터 2008년까지 부정기적으로 총 24권 규모로 출간되었다. 총 편집자 르 고프 스스로도 2004년에 *Die Geburt Europas im Mittelalter*를 시리즈에 추가하였다.

32 Matthias Middell, "Europäische Geschichte oder global history – master narratives oder Fragmentierung," Konrad H. Jarausch and Martin Sabrow, eds., *Die historische Meistererzählung. Deutungslinien der deutschen Nationalgeschichte nach 1945*, Göttingen, 2002, pp. 247–248. 지방적인 것의 재발견에 대해서는 Rolf Lindner, "Region als Forschungsgegenstand der Europäischen Ethnologie," Gerhard Brunn, ed., *Region und Regionsbildung in Europa*, Baden–Baden, 1996을 참고할 것.

33 Bayerisches Staatsministerium für Unterricht und Kultus, ed., Bayerischer Lehrplan für Geschichte Jgst. 11/12. Online–Fassung (2004), http://www.isb–gym8–lehrplan.de/contentserv/3.1.neu/g8.de/index.php?StoryID=26818

34 Konrad H. Jarausch, "Die Krise der nationalen Meistererzählungen. Ein Plädoyer für plurale, interdependente Narrative," idem and Martin Sabrow, eds., *Die historische Meistererzählung*, p. 156.

35 Petri and Siegrist, "Einleitung," p. 8, 9.

36 Hagen Schulze, *Phoenix Europa: Die Moderne. Von 1740 bis heute*, Berlin, 1998; Gunther Mai, *Europa 1918–1939. Mentalitäten, Lebensweisen, Politik zwischen den Weltkriegen* Stuttgart, 2001는 그 대표적인 사례들이다.

37 Sachsenmaier, "Recent Trends in European History," p. 3.

38 Michael Salewski, *Geschichte Europas. Staaten und Nationen von der Antike*

bis zur Gegenwart, München, 2000; Andreas Gestrich, Jens-Uwe Krause and Michael Mitterauer, *Geschichte der Familie*, Stuttgart, 2003; Michael Mitterauer, *Warum Europa? Mittelalterlich Grundlagen eines Sonderwegs*, München, 2004을 예로 들 수 있다.

39 Werner, "Kulturtransfer und Histoire croisée," pp. 28-33; Middell, "Kulturtransfer und Historische Komparatistik," *Comparativ*, 10(1), 2000, p. 17.

40 Matthias Middell, "Die konstruktivistische Wende, der spatial turn und das Interesse an der Globalisierung in der gegenwärtigen Geschichtswissenschaft," *Geographische Zeitschrift*, 93(1), 2005, pp. 42-43; idem, "Kulturtransfer und Historische Komparatistik - Thesen zu ihrem Verhältnis," *Comparativ*, 10(1), 2000, p. 17.

41 Sachsenmaier, "Recent Trends in European History," p. 2, 18. 인용구는 p. 18.

42 Susanne Grindel, "Kolonialvergangenheit und europäische Selbstbeschreibung. Erinnerungsdebatten, Bildungspolitik und Schulbücher in Frankreich im Vergleich," Frank Bösch et al., eds., *Europabilder im 20. Jahrhundert. Entstehung an der Peripherie*, Göttingen, 2012, pp. 100-107.

43 이러한 궤도 수정에 기여한 연구들로는 Philipp Ther, "Deutsche Geschichte als imperiale Geschichte: Polen, slawophone Minderheiten und das Kaiserreich als kontinentales Empire," Conrad and Osterhammel, eds., *Das Kaiserreich transnational*, pp. 129-148; Krista M. O'Donnell et al., eds., *The Heimat Abroad: The Boundaries of Germannes*, Ann Arbor, 2005; Daniel J. Walther, *Creating Germans Abroad: Cultural Policies and national Identity in Namibia*, Athens, 2006; Malte Fuhrmann, *Der Traum vom deutschen Orient: Zwei deutsche Kolonien im osmanischen Reich 1851-1914*, Frankfurt, 2006; Andrew Zimmermann, *Alabama in Africa. Booker T. Washington, the German Empire, and the Globalization of the New South*, Princeton and Oxford, 2010을 들 수 있다.

44 Friedrich Cooper, "Provincializing France," Ann L. Stoler et al., eds., *Imperial Formations*, Santa Fe: School for Advanced Research Press, 2007, pp. 341-377.

45 Hans-Ulrich Wehler, "Transnationale Geschichte - der neue Königsweg historischer Forschung?," Gunilla Budde et al., eds., *Transnationale Geschichte. Themen, Tendenzen und Theorien*, Göttingen: Vandenhoeck & Ruprecht, 2006, p. 168.

46 Osterhammel, "Gesellschaftsgeschichte," p. 469.

47 Ute Frevert, "Europeanizing German History," *GHI Bulletin*, 36, 2005, p. 10.

48 Ibid., p. 12.

49 Sebastian Conrad, "Doppelte Marginalisierung. Plädoyer für eine transnationale Perspective auf die deutsche Geschichte," *Geschichte und*

Gesellschaft, 28, 2002, p. 147.

50 Shalini Randeria, "Geteilte Geschichte und verwobene Moderne," Jörn Rüsen et al., eds., *Zukunftsentwürfe. Ideen für eine Kultur der Veränderung*, Frankfurt, 1999, pp. 87–96.

51 Sebastian Conrad and Shalini Randeria, "Einleitung: Geteilte Geschichten – Europa in einer postkolonialen Welt," eidem, *Jenseits des Eurozentrismus. Postkoloniale Perspektiven in den Geschichts- und Kulturwissenschaften*, Frankfurt a. M.: Campus, 2002, p. 17. 이 논문집은 독일 내 포스트식민주의 연구자들을 한 자리에 모아놓아서 연구사를 손쉽게 개관할 수 있는 책이기도 하다.

52 Shalini Randeria, "Entangled histories of uneven modernities: Civil society, caste solidarities and legal pluralism in post-colonial India," Yehuda Elkana et al., eds., *Unraveling Ties: From Social Cohesion to New Practices of Connectedness*, Frankfurt a. M.: Campus, 2002, pp. 284–311.

53 Conrad and Randeria, "Einleitung," p. 18.

54 Ann L. Stoler and Frederick Cooper, "Between Metropole and Colony. Rethinking a Research Agenda," eidem, eds., *Tensions of Empire. Colonial Cultures in a Bourgeois World*, Berkeley: University of California Press, 1997, p. 1.

55 Richard J. Evans, *Cosmopolitian Inslanders: British Historians and the European Continent*, Cambridge: Cambridge University Press, 2009, pp. 223–234.

56 Grosser, "World/Global History," p. 3.

57 근래에는 독일 제국사를 넘어서 제3제국의 역사도 영미 역사학자들과의 협업을 통해 지구사적 맥락에서 다시 쓰는 성과를 내고 있다. Shelly Baranowski, *Nazi Empire: German Colonialism and Imperialism form Bismark to Hitler*, Cambridge: Cambridge University Press, 2010; Dan Stone, *Histories of the Holocaust*, Oxford: Oxford University Press, 2010.

58 Sebastian Conrad, "Rethinking German Colonialism in a Global Age," *The Journal of Imperial and Commonwealth History*, 41(4), 2013, pp. 2–3. 그가 이러한 비판적 관점에서 사례로 꼽고 있는 저작들은 Sara Friedrichsmeyer, Sara Lenox, and Susanne Zantop, eds., *The Imperialist Imagination: German Colonialism and its Legacy*, Ann Arbor, 1998; Pascal Grosse, *Konlonialismus, Eugenik und bürgerliche Gesellschaft in Deutschland 1850–1918*, Frankfurt, 2000; Lora Wildenthal, *German Women for Empire 1884–1945*, Durham, 2001; Birthe Kundrus, *Moderne Imperialisten: Das Kaiserreich im Spiegel seiner Kolonien*, Köln, 2003; Eric Ames, Marcia Klotz, und Lora Wildenthal, eds., *Germany's Colonial Pasts*, Lincoln, 2005.

59 Sebastian Conrad, "Rethinking German Colonialism," p. 3.

60 Ibid., pp. 20–21, 22.

61 Arif Dirlik, "Postcolonial Aura: Third World Criticism in the Age of Global Capitalism," *Critical Inquiry*, 20(2), 1994, p. 347.

62 Black European Studies, "Challenging Europe: Black European Studies in the 21st Century," Conference Proceedings from the First International Interdisciplinary Conference in Mainz, Nov. 10-13, 2005.

63 BEST - Black European Studies: H-Soz-Kult, 23. 04. 2005, www.hsozkult.de/event/id/event-54580.

64 2014년 런던대학(University College of London)을 중심으로 독일어권 중부유럽의 천 년 흑인 역사를 추적하는 '검은 중부유럽 연구 네트워크'가 설립, 운영되고 있다. Black Central Europe: https://blackcentraleurope.com/

5장

1 김기봉, 『역사를 통한 동아시아 공동체 만들기』, 푸른역사, 2006; 윤해동, 『동아시아사로 가는 길. 트랜스내셔널 역사학과 식민지근대』, 책과함께, 2018.

2 Thomas L. Friedman, "Foreign Affairs; Now a Word From X," 〈New York Times〉, May 2, 1998.
https://www.nytimes.com/1998/05/02/opinion/foreign-affairs-now-a-word-from-x.html

3 김명섭, 「동아시아 냉전질서의 탄생 '극동'의 부정과 '대동아'의 온존」, 『동아시아의 지역질서. 제국을 넘어 공동체로』, 창비 2005, p. 296.

4 이남주, 「동아시아 협력론에 대한 비판적 검토. 국민국가들의 협력인가, 국민국가의 극복인가」, 『동아시아의 지역질서』, pp. 398-399.

5 Yasumasa Komori, "The New Dynamics of East Asian Regional Economy: Japanese and Chinese Strategies in Asia," *Pacific Focus*, 21(2), 2006, 137-138.

6 이성시, 「일본 역사학계의 동아시아세계론에 대한 재검토」, 『역사학보』, 216, 2012, p. 66.

7 Wang Hui, "'Modernity' and 'Asia' in the Study of Chinese History," Eckhardt Fuchs and Benedikt Stuchtey, eds., *Across Cultural Borders: Historiography in Global Perspective*, Lanham: Rowman and Littlefield, 2002, p. 322; Edwin O. Reischauer, "The Sinic World in Perspective," *Foreign Affairs*, 52(2), 1974, 341-348.

8 이성시, 『만들어진 고대: 근대 국민국가의 동아시아 이야기』, 삼인, 2001의 제3부를 참고하면 니시지마 동아시아세계론에 관한 좀 더 근본적인 비판을 읽을 수 있다.

9 이성시, 「일본 역사학계의 동아시아세계론에 대한 재검토」, pp. 65-66.

10 박원호, 「'동아시아사로서의 한국사'를 위한 마지막 提言」, 『역사학보』 216, 2012, p. 48.

11 이는 필자가 중국 연변대학교 대학원 과정에서 동아시아사를 전공하고 있는 중국인

학생과의 이메일을 통해 확인한 사실이다. 중국의 애국주의에 경도된 중국의 지구사 연구 특징에 대해서는 Grosser, "World/Global History," p. 9.

12 쑨거, 「동아시아 시각의 인식론적 의의」, 『아세아연구』, 51(1), 2009.

13 Chun-chie Huang, "Some Observations on the Study of the History of Cultural Interactions in East Asia," *Journal of Cultural Interaction in East Asia*, 1, 2010, pp. 11-35. 대만 사상계의 석학 황준걸의 글은 성균관대학교출판부의 '다시 보는 동아시아' 시리즈를 통해서 국내에서도 접할 수 있게 되었다. 황준걸(황쥔지에), 정선모 역, 『대만의 역사와 정체성을 찾아서. 대만의식과 대만문화』, 성균관대학교출판부, 2021.

14 Wang Hui, "The Idea of Asia and Its Ambiguities," *The Journal of Asian Studies*, 69(4), 2010, pp. 988-989.

15 E. Lee, "East Asia Discourses in Contemporary Korea," Steffi Richter, ed., *Contested Views of a Common Past*, Frankfurt a. M.: Campus, 2008, pp. 181-203. 근래 출간된 동아시아 담론 저서로는 고성빈, 『동아시아 담론의 논리와 지향』, 고려대학교출판문화원, 2017; 윤여일, 『동아시아 담론 1990-2000년대 한국사상계의 한 단면』, 돌베개, 2016.

16 고성빈, 「한국과 중국의 '동아시아담론'」, 『국제지역연구』, 16 (2007), pp. 34-36.

17 백영서, 『동아시아의 귀환』, 창작과 비평사, 2000; 최원식, 『문학의 귀환』, 창작과 비평사, 2001; 백낙청, 『한반도식 통일, 현재진행형』, 창작과 비평사, 2006.

18 이정훈, 「비판적 지식담론의 자기비판과 동아시아론 - 쑨꺼의 다케우치 요시미론에 관한 일고찰」, 『중국현대문학』, 41, 2007, p. 9.

19 인용은 Sebastian Conrad and Presenjit Duara, *Viewing Regionalisms from East Asia*, Washington D.C.: American History Association, 2013, p. 1. Duara, "Asia Redux," p. 963도 같은 맥락에서 참고할 수 있다.

20 차혜원, 「중국 복건지역의 임진전쟁(1592-1598) 대응」, 『동방학지』, 174, 2016, pp. 137-162; 강진아, 『동순태호, 동아시아 화교자본과 근대 조선』, 경북대학교출판부, 2011; 강진아, 『이주와 유통으로 본 근대 동아시아 경제사』, 아연출판부, 2018; 한석정, 『만주, 동아시아 융합의 공간』, 소명, 2008.

21 윤해동, 『동아시아사로 가는 길』, pp. 62-63, 69. 그 외에도 윤해동, 『트랜스내셔널 노동이주와 한국』, 소명, 2017; 윤해동, 「트랜스내셔널 동아시아의 근대적 변용 - 한국사를 중심으로」, 『역사학보』, 221, 2014, pp. 61-85을 참고할 수 있다.

22 Yu Yong-tae, "For a Regional History of East Asia: Comments on the Article by Professor Fujii," *Sungkyun Journal of East Asian Studies*, 3(2), 2003, p. 211. 한국역사학회가 두 해 연속으로 주최했던 동아시아사를 주제로 한 2012년과 2013년의 학술대회의 발표 내용도 대체로 이러한 사유 유형을 크게 벗어나지 못했다.

23 김기봉, 『동아시아 공동체 만들기』, pp. 141-142.

24 이는 실제로 2012년 10월 6일 역사학회 창립 60주년 기념 추계학술대회 '동아시아사의 방법과 서술 - 한국사 및 세계사와 연관하여'에서 나온 질문들이다. 동아시아사 서술과

교육을 주제로 동, 서양, 한국사, 역사교육계의 전문가가 한자리에 모여 집중 논의를 진행한 거의 유일한 학술행사로 꼽힌다. 시간이 많이 지나기는 했지만, 윤해동의 트랜스내셔널 동아시아론이 개진된 『동아시아사로 가는 길』을 보건대, 이러한 질문은 여전히 유효한 듯하다.

25 야심차게 '융합 학문'으로서의 동아시아학을 내세우지만 한중일의 테두리를 벗어나지 못하는 배항섭 외, 『동아시아 연구, 어떻게 할 것인가』, 성균관대학교출판부, 2016이 그렇고, 몽골과 베트남을 추가하기는 했지만 기본적으로 국가 중심의 패러다임에 갇혀 있는 동북아역사재단 편집부, 『동아시아사 입문』, 동북아역사재단, 2020도 마찬가지이다. 국가주의와 냉전 패러다임을 동시에 극복할 트랜스내셔널 동아시아사론을 펼치는 윤해동의 『동아시아사로 가는 길』 역시 한중일 중심의 논의를 벗어나고 있지 않다.

26 이에 대해서는 4절에서 좀 더 상세히 논의하기로 한다.

27 Takeshi Hamashita, *China, East Asia and the Global Economy. Regional and historical perspectives*, edited by Linda Grove and Mark Selden, New York: Routledge, 2008, p. 12, 26, 44.

28 Conrad and Duara, *Viewing Regionalisms*, p. 2.

29 Gluck, "Asia in World History," p. 208.

30 Gayatri C. Spivak, *Other Asias*, Oxford: Blackwell Publishing, 2008, p. 210, 213.

31 Ibid., p. 211

32 Chun-chieh Huang, "The Idea of 'Zhongguo' and Its Transformation in Early Modern Japan and Contemporary Taiwan," *Nihon kanbungaku kenkyu*[日本漢文學硏究] 2, 2007, pp. 398-408.

33 Bose, *A Hundred Horizons*, pp. 44-45.

34 Hugh R. Clark, "Frontier Discourse and China's Maritime Frontier," *Journal of World History*, 20(1), 2009, pp. 21-27; Jane Kate Leonard, *Wei Yuan and China's Rediscovery of the Maritime World*, Cambridge, MA and London: Harvard University Press, 1984, p. 42. 조영헌이 최근 출간한 『대운하의 시대 1415~1784: 중국은 왜 해양진출을 '주저'했는가?』, 민음사, 2021에서 던진 부제의 질문에 대해서도 같은 맥락에서 대운하 외의 답을 모색해 볼 수 있다.

35 Conrad and Randeria, "Einleitung: Geteilte Geschichten"; Randeria, "Geteilte Geschichte und verwobene Moderne"; Randeria, "Entangled histories of uneven modernities."

36 Wang Hui, *The Politics of Imagining Asia*, edited by Theodore Huters, Cambridge, MA: Harvard University Press, 2011, p. 61.

37 Eisuke Sakakibara and Sharon Yamakawa, *Regional Integration in East Asia: Challenges and Opportunities*, Washington D.C.: World Bank, 2003, p. v.

38 Ibid., p. 2, 13.

39 Christopher J. Baker, *An Indian Rural Economy: The Tamilnad Countryside,*

1880-1955, Delhi: Oxford University Press, 1984; Sugata Bose, *Agrarian Bengal: Economy, Social Structure and Politics, 1919-1947*, Cambridge: Cambridge University Press, 1986; Ray, "Asian Capital in the Age of European Expansion,"; Prasannan Parthasarathi, *Why Europe Grew Rich and Asia Did Not*, Cambridge: Cambridge University Press, 2011.

40 Sinya Sugiyama and Linda Grove, eds., *Commercial Networks in Modern Asia*, Richmond: Curzon Press, 2001; Kaoru Sugihara, ed., *Japan, China and the Growth of the Asian International Economy*, Oxford: Oxford University Press, 2005; A. J. H. Latham and Heita Kawakatzu, eds., *Japanese Industrialization and the Asian Economy*, London: Routledge, 1994.

41 Hamashita, *China, East Asia and the Global Economy*, p. 12.

42 Zhang Yongjin and Barry Buzan, "The Tributary System as International Society in Theory and Practice," *The Chinese Journal of International Politics*, 5, 2012, p. 19.

43 Roy Bin Wong, "Reflections on Qing Institutions of Governance: Chinese Empire in Comparative Perspective," *Crossroads*, 5, 2012, p. 110.

44 Wang, *The Politics of Imagining Asia*, p. 49.

45 청 제국의 북서부 내륙아시아 변경과 해양 변경을 연결지어 보려는 시각에 대해서는 Peter Perdue, "A frontier view of Chineseness," Giovanni Arrighi et al., eds., *The Resurgence of East Asia*를 참고할 것. 이러한 퍼듀의 시각에서 자극을 얻어 양 변경을 한 그림에 넣어보려는 시도로는 박혜정, 「변경에서 보는 청 제국: 북서부 스텝과 동남 해안의 사이에서」, 『역사학보』 236(4), 2017, pp. 343-372가 있다.

46 Ray, "Asian Capital," p. 453.

47 Duara, "Asia Redux," pp. 967-973.

48 Giovanni Arrighi, Takeshi Hamashita, and Mark Selden, "Introduction: The rise of East Asia in regional and world historical perspective," eidem, eds., *The Resurgence of East Asia,* p. 8, 9.

49 Conrad and Duara, *Viewing Regionalisms,* pp. 11-24.

50 Jürgen Osterhammel, *Geschichtswissenschaft jenseits des Nationalstaates. Studien zu Beziehungsgeschichte und Zivilisationsvergleich,* Göttingen: Vandenhoeck & Ruprecht, 2001, pp. 337-338.

51 전인갑, 「동아시아, 하나의 중심과 다부중심의 지역질서 - 동아시아 개념의 재구축 시론」, 『역사학보』, 221, 2014, 92-93.

52 김명섭, 「동아시아 냉전질서의 탄생 '극동'의 부정과 '대동아'의 온존'」, p. 295.

53 Maneesha Tripathi, "European Union and ASEAN: A Comparison," *International Journal of Research*, 2(1), 2015, p. 377-378.

54 호지슨의 세계지역 개념에 대해서는 4장 도입부를 참고하시오.

55 Wang, "The Idea of Asia and Its Ambiguities," p. 985.

56 케네스 포메란츠, 김규태, 이남희, 심은경 역, 『대분기: 중국과 유럽, 그리고 근대세계 경제의 형성』, 에코리브르, 2016; R. Bin Wong, *China Transformed. Historical Change and the Limits of European Experience*, Ithaca: Cornell University Press, 1997; Jean-Laurent Rosenthal and R. Bin Wong, *Before and Beyond Divergence. The Politics of Economic Change in China and Europe*, Cambridge, MA: Harvard University Press, 2011; Anthony Reid, ed., *Sojourners and Settlers;* , Honolulu: University of Hawai'i Press, 1996; 오모토 케이이치, 『바다의 아시아 1: 바다의 패러다임』, 다리미디어, 2003; 모모키 시로 편, 최연식 역, 『해역아시아사 연구 입문』, 민속원, 2012.

57 이러한 시각의 가장 대표적인 저서로는 강진아, 『이주와 유통으로 본 근대 동아시아 경제사: 동순태호 담걸생 이야기』와 그의 다른 일련의 연구들을 꼽을 수 있겠다.

6장

1 Dan Jones, "The Significance of the Frontier in World History," *History Compass* 1, 2003, p. 2.

2 Osterhammel, "Gesellschaftsgeschichte," pp. 464-479.

3 Kären Wiegen, "Culture, Power, and Place: The New Landscape of East Asian Regionalism," *American Historical Review*, 104(4), 1999, p. 1198. 이러한 인식의 선구적 단초를 보여주는 연구로는 Robert Bartlett, *The Making of Europe: Conquest, Colonization, and Cultural Change*, Princeton: Princeton University Press, 1994를 꼽을 수 있다.

4 Nicola Di Cosmo, *Ancient China and Its Enemies: The Rise of Normadic Power in East Asian History*, Cambridge: Cambridge University Press, 2002; Tansen Sen, "The Intricacies of Premodern Asian Connections," *The Journal of Asian Studies*, 69(4), 2010,

5 Emmanuel Brunet-Jailly, "The State of Borders and Borderlands Studies 2009: A Historical View and a View from the Journal of Borderlands Studies," *Eurasia Border Review*, 1(1), 2010, pp. 2-3.

6 Malcolm Anderson, *Frontiers: Territory and State Formation in the Modern World*, Cambridge: Polity Press, 2004, p. 9.

7 Mark Elliott, "Frontier Stories: Periphery as Center in Qing History," *Frontiers of History in China*, 9(3), 2014, p. 340.

8 C. Patterson Giersch, *Asian Borderlands. The Transformation of Qing China's Yunnan Frontier*, Cambridge, MA & London: England: Harvard University Press, 2006, pp. 3-4.

9 Daniel Power, *Frontiers in Question: Eurasian Borderlands, 700-1700*,

London: Palgrave Macmillan, 1999.

10 Irina Marin, *Contested Frontiers in the Balkans: Ottoman and Habsburg Rivalries in Eastern Europe,* London & New York: I.B. Tauris, 2012; Alfred J. Rieber, *The Struggle for the Eurasian Borderlands. From the Rise of Early Modern Empires to the End of the First World War,* Cambridge: Cambridge University Press, 2014. 지정학적 관심이 정치적 결정과 동학에 미치는 지리적 조건을 중시한다면, 아날 학파에서 시작된 지문화적 관점은 지형 조건을 독립 변수가 아니라, 특정 공간의 사회와 공동체들 내의 권력 집중과 분배 및 정책적 선택을 포함한 포괄적 의미의 문화적 요인들과 상호작용하는 하나의 관계 변수로 활용하는 데 관심을 둔다. Rieber, *Eurasian Borderlands,* p. 8.

11 William H. McNeill, *Europe's Steppe Frontier: 1500–1800,* Chicago: University of Chicago Press, 1964.

12 *Ibid.*, pp. 2–3.

13 Rieber, *Eurasian Borderlands,* p. 11.

14 Peter Perdue, "Boundaries, Maps, and Movement: Chinese, Russian, and Mongolian Empires in Early Modern Central Eurasia," *The International History Review,* 20(2), 1998, pp. 265–266.

15 Owen Lattimore, *Inner Asian Frontiers of Asia,* Boston: Beacon Press, 1951, pp. 113–114.

16 Rieber, *Eurasian Borderlands,* p. 9.

17 Thomas Nipperdey, *Deutsche Geschichte 1866–1918. Band I. Arbeitswelt und Bürgergeist,* München: C.H.Beck, 1990, p. 9.

18 Thomas Nipperdey, *Deutsche Geschiche 1800–1866. Bürgerwelt und starker Staat,* München: C.H.Beck, 1987.

19 Raphael, "Nationalzentrierte Sozialgeschichte," pp. 5–37.

20 Philpp Ther, "Imperial instead of National History: Positioning Modern German History on the Map of European Empires," Alexei Miller and Alfred J. Rieber, eds., *Imperial Rule,* Budapest: Central European University Press, 2004, p. 52.

21 Rieber, *Eurasian Borderlands,* pp. 41–49.

22 Ther, "Imperial instead of National History," p. 52.

23 Hans Henning Hahn, "The Polish Nation in Revolution 1846–49," Dieter Dowe et al., eds., *Europe in 1848: Revolution and Reform,* New York & Oxford: Berghahn Books, 2008, p. 179.

24 Rainer Bendick et al., eds., *Histoire/Geschichte. Bd. 1: Europa und die Welt von der Antike bis 1815,* Stuttgart and Leipzig: Ernst Klett Verlag, 2011, p. 23.

25 전체 논쟁에 대해서는 Michael G. Müller and Bernd Schönemann, *Die "Polen-Debatte" in der Frankfurter Paulskirche: Darstellung, Lernziele, Materialien,* Frankfurt a. M.: Diesterweg Verlag, 1991.

26 Ther, "Imperial instead of National History," pp. 54-55.

27 Philipp Ther, "Die Grenzen des Nationalismus: Der Wandel in Identitäten in Oberschlesien von der Mitte des 19. Jahrhunderts bis 1939," Ulrike von Hischhausen and Jörn Leonhard, eds., *Nationalismen in Europa: West- und Osteuropa im Vergleich,* Göttingen: Wallstein Verlag, 2000, pp. 322-346.

28 Dieter Gosewinkel, *Einbürgern und Ausschließen. Die Nationalisierung der Staatsangehörigkeit vom Deutschen Bund bis zur Bundesrepublik Deutschland,* Göttingen: Vandenhoeck&Ruprecht, 2001, p. 265.

29 문명기, 「청말 신강의 건성(1884)과 재정: 대만 건성(1885)과의 비교를 겸하여」, 『중국학보』 63, 2011, p. 198.

30 Mark Elliott, "Frontier Stories," p. 348.

31 Alastair I. Johnston, *Cultural Realism. Strategic Culture and Grand Strategy in Ming China,* Princeton: Princeton University Press, 1995, p. ix.

32 Joanna Waley-Cohen, "Changing Spaces of Empire in Eighteenth-Century Qing China," Nicola Di Cosmo and Don J. Wyatt, eds., *Political Frontiers, Ethnic Boundaries, and Human Geographies in Chinese History,* London & N. Y.: Routledge, 2003, pp. 325-328. 인용은 p. 327.

33 Mark Elliott, "Frontier Stories," p. 344, 348.

34 요코야마 히로야키 지음, 이용빈 옮김, 『중화민족의 탄생. 중국의 이민족 지배논리』, 한울아카데미, 2012, p. 37, 44. 인용은 p. 42.

35 Peter Perdue, "Empire and Nation in Comparative Perspective: Frontier Administration in Eighteenth-Century China," *Journal of Early Modern History,* 5(4), 2001, p. 303.

36 김한규, 「전통시대 중국 중심의 동아시아 세계질서」, 『역사비평』, 50, 2000, p. 296.

37 William M. Coleman, IV., *Making the State on the Sino-Tibetan Frontier: Chinese Expansion and Local Power in Batang 1842-1939.* Dissertation, Columbia University, 2014, p. 16.

38 Alfred J. Rieber, "The Comparative Ecology of Complex Frontiers," Miller and Rieber, eds., *Imperial Rule,* pp. 194-195.

39 James A. Milward, *Eurasian Crossroads: A History of Xinjiang,* New York: Columbia University, 2007, p. 124, 137, 148-149.

40 Rieber, Eurasian Borderlands, p. 1.

41 두아라, 「제국주의와 민족국가 - 일본과 만주국」, pp. 30-31; 프래신짓트 두아라, 『주권과 순수성: 만주국과 동아시아적 근대』, 나남 2008, pp. 41-45.

42 헨리 키신저, 이현주 역, 『헨리 키신저의 세계질서』, 민음사, 2016, 2장.

나가는 말

1 복잡계 네트워크 이론에 대해서는 강병남 외, 「복잡계 네트워크의 구조적 특징과 동역학 현상」, 『새물리』, 48(20), 2004; 정하웅, 강병남, 「복잡계 네트워크에 대한 최근 연구 동향」, 『물리학과 첨단 기술』, 16(10), 2007; 정하웅, 강병남, 「세상을 묶는 끈들의 갈래 따기: 복잡계 네트워크 과학에 관하여」, 최재천, 주일우 편, 『지식의 통섭: 학문의 경계를 넘다』, 이음, 2017 등을 참고할 수 있다.

2 6장에서 언급한 키신저의 『헨리 키신저의 세계질서』는 새로운 세계질서의 재편 방향을 신중하게 탐색하지만, 유럽 이외 지역에 대해서는 유럽 수준의 분석이 이루어지지 않은 탓에 신뢰할만한 전망을 내놓지 못한다.

3 Latour, Bruno, “Agency at the Time of the Anthropocene,” *New Literary History,* 45, 2014, pp. 1-18.

4 Ursula Heise, “Posthumanism: Reimagining the Human,” Nina Möllers, Christian Schwägerl and Helmuth Trischler, eds., *Welcome to the Anthropocene: The Earth in Our Hands,* Munich: Deutsches Museum, 2015, p. 40.

5 1990년 철학자 모어(Max More)에 의해 도입된 트랜스 휴머니즘은, 인간을 교육적, 문화적으로 도야하는 방법에만 의존해온 기존의 휴머니즘과 달리, 인간의 생물학적, 유전적 한계를 극복하는 기술 사용을 적극적으로 옹호하는 담론이다. Max More, “Transhumanism: Towards a Futurist Philosophy,” *Extropy,* 6, 1990.

6 Latour, “Agency,” pp. 3–4.

7 필자의 빅히스토리에 대한 비판적 분석에 대해서는 박혜정, 「21세기 교양교육의 융합학문적 지도 그리기」를 참고할 수 있다.

8 러디먼(William Ruddiman)은 ‘조기 인류세’ 테제를 통하여 농경의 시작이 현세의 빙하기 시작을 저지했다고 주장한다. 윌리엄 F. 러디먼, 김홍옥 역, 『인류는 어떻게 기후에 영향을 미치게 되었는가』, 에코리브르, 2017.

9 Mark Carey, “Climate and history: a critical review of historical climatology and climate change historiography,” *Wiley Interdisciplinary Review: Climate Change* 3, p. 242.

10 러시아-우크라이나 전쟁 장기화로 에너지 안보의 위기감이 확산되자, 탄소중립의 선봉장이었던 독일마저 후퇴하고 있다. 전기차 전환에 급제동을 걸고, 중단했던 갈탄 광산 3개를 다시 가동하여 석탄발전을 늘리는 긴급조치에 나선 것이다. 임경업, “에너지대란에 석탄발전 부활 ... 탄소중립, ESG도 역주행,” 『조선일보』, 2022년 6월 27일 B1.

| 참고문헌 |

참고문헌의 목록이 지나치게 길어지는 것을 방지하기 위해서 실제 연구에 참고한 자료만 정리하여 실었다. 연구 동향을 소개하는 차원에서 언급한 연구서들의 서지사항은 관련 본문에서 확인할 수 있다.

국내 문헌

간디, 릴라, 이영욱 역, 『포스트식민주의란 무엇인가?』, 현실문화연구, 2000.

강성호, 「근대 자본주의 세계체제와 유럽」, 『유럽중심주의 세계사를 넘어 세계사들로』, 푸른역사, 2009.

고성빈, 『동아시아 담론의 논리와 지향』, 고려대학교출판문화원, 2017.

김기봉, 『역사를 통한 동아시아 공동체 만들기』, 푸른역사, 2006.

김명섭, 「동아시아 냉전질서의 탄생 '극동'의 부정과 '대동아'의 온존」, 『동아시아의 지역질서. 제국을 넘어 공동체로』, 창비 2005.

김상수, 「자끄 데리다와 해체」, 『서양사연구』, 33, 2005.

김상현 편, 『트랜스내셔널 인문학으로의 초대』, 한양대학교출판부, 2017.

김택현, 『서발턴과 역사학 비판』, 박종철출판사, 2003.

김차규, 「비잔티움 세계와 서유럽: 시각의 차이」, 『유럽중심주의 세계사를 넘어 세계사들로』.

김한규, 「전통시대 중국 중심의 동아시아 세계질서」, 『역사비평』, 50, 2000.

동북역사재단 편집부, 『동아시아사 입문』, 동북역사재단, 2020.

두아라, 프라센지트, 「제국주의와 민족국가 - 일본과 만주국」, 『만주연구』, 2, 2005.

두아라, 프래신짓트, 한석정 역, 『주권과 순수성: 만주국과 동아시아적 근대』, 나남, 2008.
라투르, 브뤼노, 박범순 역, 『지구와 충돌하지 않고 착륙하는 방법. 신기후체제의 정치』, 이음, 2021.
러디먼, 윌리엄 F., 김홍옥 역, 『인류는 어떻게 기후에 영향을 미치게 되었는가』, 에코리브르, 2017.
맥닐, 윌리엄 H., 허정 역, 『전염병과 인류의 역사』, 한울, 1998.
——, 「추천의 글」, 데이비드 크리스천, 이근영 역, 『시간의 지도』, 심산, 2013.
맥닐, 존, 윌리엄 맥닐, 유정희, 김우영 역, 『휴먼 웹』, 이산, 2007.
문명기, 「청말 신강의 건성(1884)과 재정: 대만 건성(1885)과의 비교를 겸하여」, 『중국학보』, 63, 2011.
바바, 호미, 나병철 역, 『문화의 위치. 탈식민주의 문화이론』, 소명출판, 2012.
박원호, 「'동아시아사로서의 한국사'를 위한 마지막 提言」, 『역사학보』, 216, 2012.
박혜정, 「트랜스내셔널 사회사, 상호전이사, 지구사 – 독일에서의 민족사 패러다임의 트랜스내셔널 확대 논의」, 『독일연구』, 18(2), 2009.
——, 「변경에서 보는 청 제국: 북서부 스텝과 동남 해안의 사이에서」, 『역사학보』, 236(4), 2017.
——, 「유럽중심주의 극복과 전 지구적 연계성 사이에서–미국 대학용 세계사 교과서 7종의 인도양, 산업혁명, 제국주의 내용 분석–」 『역사교육논집』 68(3), 2018.
——, 「서구의 아토피아적 위치 – 유럽, 서양, 제국 사이에서」, 『이화사학연구』, 59(2), 2019.
——, 「21세기 교양교육의 융합학문적 지도 그리기 – 빅히스토리의 인문학적 전환을 통하여」, 『교양교육연구』, 14, 6, 2020.
배항섭 외, 『동아시아 연구, 어떻게 할 것인가』, 성균관대학교출판부, 2016.

백영서 외,『동아시아의 지역질서. 제국을 넘어 공동체로』, 창비 2005.
브로델, 페르낭, 김홍식 역,『물질문명과 자본주의 읽기. 자본주의라는 이름의 히드라 이야기』, 갈라파고스, 2012.
슈말레, 볼프강, 박용희 역,『유럽의 재발견. 신화와 정체성으로 보는 유럽의 역사』, 을유문화사, 2006.
쑨거,「동아시아 시각의 인식론적 의의」,『아세아연구』, 51(1), 2009.
아부-루고드, 재닛, 박흥식 역,『유럽 패권 이전』, 까치, 2006.
에플레, 앙겔리카,「새로운 지구사와 서발턴 연구의 도전 - 아래로부터의 지구사를 위한 변호」,『로컬리티 인문학』, 3, 2010.
오민석,『현대문학이론의 길잡이』, 시인동네, 2017.
요코야마 히로야키, 이용빈 역,『중화민족의 탄생. 중국의 이민족 지배논리』, 한울아카데미, 2012.
유재건,「유럽중심주의와 자본주의」,『유럽중심주의 세계사를 넘어 세계사들로』.
윤해동,「트랜스내셔널 히스토리(Transnational History)의 가능성」,『역사학보』, 200, 2008.
--,『동아시아사로 가는 길. 트랜스내셔널 역사학과 식민지근대』, 책과함께, 2018.
원준호,「에우로페(Europe) 신화와 고대 그리스에서의 유럽 개념의 전개」,『정치사상연구』, 8, 2003.
월러스틴, 이매뉴얼,「유럽중심주의와 그 화신들」,『창작과비평』, 25(1), 1997.
이남주,「동아시아 협력론에 대한 비판적 검토. 국민국가들의 협력인가, 국민국가의 극복인가」,『동아시아의 지역질서』.
이성시,『만들어진 고대: 근대 국민국가의 동아시아 이야기』, 삼인, 2001
--,「일본 역사학계의 동아시아세계론에 대한 재검토」,『역사학보』, 216, 2012.
이정훈,「비판적 지식담론의 자기비판과 동아시아론 - 쑨꺼의 다케우치 요시미론에 관한 일고찰」, 『중국현대문학』, 41, 2007.
이진일, 「비교사(vergleichende Geschichte)에서 교류사(Transfergeschichte)로?」, 『사림』, 28, 2007.
--, 「서양 지리학과 동양인식 - 20세기 전환기 동아시아를 지리적으로 위치짓기」, 『아시아문화연구』, 26, 2012.
전인갑, 「동아시아, 하나의 중심과 다부중심의 지역질서 - 동아시아 개념의 재구축 시론」, 『역사학보』, 221, 2014.
정현백, 「트랜스내셔널 히스토리의 가능성과 한계」, 『역사교육』, 108, 2008.
조영헌, 『대운하의 시대 1415~1784: 중국은 왜 해양진출을 '주저'했는가?』, 민음사, 2021.
조지형, 「지구사란 무엇인가?」, 『서양사론』, 92, 2007.
크리스천, 데이비드, 이근영 역, 『시간의 지도』, 심산, 2013.
키신저, 헨리, 이현주 역, 『헨리 키신저의 세계질서』, 민음사, 2016.
포메란츠, 케네스, 스티븐 토픽, 박광식 역, 『설탕, 커피, 폭력』, 심산, 2003.
프랑크, 안드레 군더, 이희재 역, 『리오리엔트』, 이산, 2011.
토인비, 아놀드 조셉, 김규태, 조종상 역, 『역사의 연구』, 총3권, 더스타일, 2012.
한국서양사학회, 『유럽중심주의를 넘어서 세계사들로』, 푸른역사, 2009.
헤로도토스, 박현태 역, 『헤로도토스 역사』, 동서문화사, 2008.
호지슨, 마셜, 에드먼드 버크 3세 엮음, 이은정 역, 『마셜 호지슨의 세계사론. 유럽, 이슬람, 세계사 다시 보기』, 사계절, 2006.

해외 문헌

Adas, Michael, "Foreword," Alfred W. Crosby, *The Columbian*

Voyages, the Columbian Exchange, and Their Historians, Washington D.C.: American Historical Association, 1987.

Anderson, Malcolm, *Frontiers: Territory and State Formation in the Modern World*, Cambridge: Polity Press, 2004.

Arrighi, Giovanni, Takeshi Hamashita, and Mark Selden, "Introduction: The rise of East Asia in regional and world historical perspective," eidem, eds., *The Resurgence of East Asia: 500, 150 and 50 year perspectives*, London & New York: Routledge, 2003.

Bamyeh, Mohammed A., "Postnationalism," *Bulletin of the Royal Institute of Inter-Faith Studies*, 3(2), 2001.

Bartlett, Robert, *The Making of Europe: Conquest, Colonization, and Cultural Change*, Princeton: Princeton University Press, 1994.

Beck, Roger B., et al., *World History: Patterns of Interaction*, McDougal Littell/Houghton Mifflin, 2003.

Beckert, Sven, and Dominic Sachsenmaier, *Global History, Globally. Research and Practice around the World*, New York: Bloomsbury Publishing, 2018.

Bender, Thomas, "Introduction: Historians, the Nation, and the Plenitude of Narratives," idem, ed., *Rethinking American History in a Global Age*, Berkeley: University of California Press, 2002.

Bendick, Rainer, et al., eds., *Histoire/Geschichte. Bd. 1: Europa und die Welt von der Antike bis 1815*, Stuttgart and Leipzig: Ernst Klett Verlag, 2011.

Bentley, Jerry H., "Beyond Modernocentrism: Toward Fresh Visions of the Global Past," Victor H. Mairin, ed., *Contact*

and Exchange in the Ancient World, Honolulu, HI: University of Hawai'i Press, 2006.
――, "Globalizing history and historicizing globalization," Barry K. Gills and William R. Thompson, eds., *Globalization and Global History*, New York: Routledge, 2006.
――, "Von der Nationalgeschichte zur Weltgeschichte," Matthias Middell, ed., *Weltgeschichtsschreibung im 20. Jahrhundert*, Leipzig: Leipziger Universitätsverlag, 2002.
――, "Cross-Cultural Interaction and Periodization in World History," Ross E. Dunn, ed., *The New World History. A Field Guide for Teachers and Researchers*, Berkley: University of California Press, 2000.
Blackbourn, David, "Das Kaiserreich transnational. Eine Skizze," Sebastian Conrad and Jürgen Osterhammel, eds., *Das Kaiserreich transnational: Deutschland in der Welt 1871-1914*, Göttingen: Vandenhoeck & Ruprecht, 2004.
Black European Studies, "Challenging Europe: Black European Studies in the 21st Century," Conference Proceedings from the First International Interdisciplinary Conference in Mainz, Nov. 10-13, 2005.
Bose, Sugata, *A Hundred Horizons: The Indian Ocean in the Age of Global Empire*, Cambridge, MA: Harvard University Press, 2006.
Bright, Charles, and Michael Geyer, "Weltgeschichte als Globalgeschichte," *Comparativ*, 4, 1994.
Brown, Peter, *Die Entstehung des christlichen Europa*, München: C.H. Beck, 1996.
Brunet-Jailly, Emmanuel, "The State of Borders and

Borderlands Studies 2009: A Historical View and a View from the Journal of Borderlands Studies," *Eurasia Border Review,* 1(1), 2010.

Burack, Jonathan, "The Student, the World, and the Global Education Ideology," James S. Leming, Lucien Ellington and Kathleen Porter, eds., *Where did Social Studies go Wrong?,* Maryland: Thomas B. Fordham Foundation, 2003.

Carey, Mark, "Climate and history: a critical review of historical climatology and climate change historiography," *Wiley Interdisciplinary Review: Climate Change* 3, 2012.

Chakrabarty, Dipesh, "Europa provinzialisieren. Postkolonialität und die Kritik der Geschichte," Sebastian Conrad and Shalini Randeria, eds., *Jenseits des Eurozentrismus. Postkoloniale Perspektive in den Geschichts- und Kulturwissenschaften,* Frankfurt/New York: Campus Verlag, 2002.

--, "The Climate of History: Four Theses," *Critical Inquiry,* 35, 2009.

Christian, David, "'Big History', Globalization and Australia: Towards a More Inclusive Account of the Past," *Australian Academy of the Humanities, Proceedings,* 25, 2000.

Coleman, IV., William M., *Making the State on the Sino-Tibetan Frontier: Chinese Expansion and Local Power in Batang 1842-1939.* Dissertation, Columbia University, 2014.

Conrad, Sebastian, "Doppelte Marginalisierung. Plädoyer für eine transnationale Perspective auf die deutsche Geschichte," *Geschichte und Gesellschaft,* 28, 2002.

-- and Shalini Randeria, "Einleitung: Geteilte Geschichten - Europa in einer postkolonialen Welt," eidem, eds., *Jenseits des Eurozentrismus. Postkoloniale Perspektiven in den Geschichts- und Kulturwissenschaften*, Frankfurt a. M.: Campus, 2002.

-- and Jürgen Osterhammel, "Einleitung," eidem, eds., *Das Kaiserreich transnational.*

--, "Rethinking German Colonialism in a Global Age," *The Journal of Imperial and Commonwealth History*, 41(4), 2013.

-- and Presenjit Duara, *Viewing Regionalisms from East Asia*, Washington D.C.: American History Association, 2013.

--, *What Is Global History?*, Princeton: Princenton University Press, 2016.

Cooper, Friedrich, "Provincializing France," Ann L. Stoler et al., eds., *Imperial Formations*, Santa Fe: School for Advanced Research Press, 2007.

Cosmo, Nicola Di, *Ancient China and Its Enemies: The Rise of Normadic Power in East Asian History*, Cambridge: Cambridge University Press, 2002.

Clark, Hugh R., "Frontier Discourse and China's Maritime Frontier," *Journal of World History*, 20(1), 2009.

Crosby, Alfred W., *The Columbian Exchange: Biological and Cultural Consequences of 1492*, London: Greenwood, 1973.

Crossley, Pamela K., *What is Global History?*, Cambridge and Malden: Polity Press, 2008.

Dirlik, Arif, "The Postcolonial Aura: Third World Criticism in the Age of Global Capitalism," *Critical Inquiry*, 20, 1994.

--, "History without a Center? Reflections on Eurocentrism," Eckhardt Fuchs and Benedikt Stuchtey, eds., *Across Cultural Borders: Historiography in Global Perspective*,

Lanham, MD: Rowman & Littlefield, 2002.

——, "Confounding Metaphors, Inventions of the World: What Is World History For?," Benedikt Stuchtey and Eckhardt Fuchs, eds., *Writing World History 1800–2000,* New York: Oxford University Press, 2003.

——, *Global Modernity. Modernity in the Age of Global Capitalism,* Boulder: Paradigm Publisher, 2007.

——, 「De–Centering: Worlds and Histories」, 『유럽중심주의를 넘어 지구사로』, 이화여자대학교 지구사연구소, 2008.

——, "Contemporary Perspectives on Modernity: A Critical Discussion," *Sungkyun Journal of East Asian Studies,* 8(1), 2008.

Duara, Pransenjit, *Culture, Power, and the State. Rural North China, 1900–1942,* Stanford: Stanford University Press, 1988.

——, "Transnationalism and the Challenge to National Histories," Bender, ed., *Rethinking American History in a Global Age.*

——, "Asia Redux: Conceptualizing a Region for Our Time," *The Journal of Asian Studies,* 69(4), 2010.

Elliott, Mark, "Frontier Stories: Periphery as Center in Qing History," *Frontiers of History in China,* 9(3), 2014.

Engel, Ulf, and Matthias Middell, "Bruchzonen der Globalisierung, globale Krisen und Territorialitätsregimes – Kategorien einer Globalgeschichtsschreibung," *Comparativ,* 15(5/6), 2005.

Evans, Richard J., *Cosmopolitian Inslanders: British Historians and the European Continent,* Cambridge: Cambridge

University Press, 2009.
Fischer, Wolfram, ed., *Handbuch der europäischen Wirtschafts- und Sozialgeschichte*, 6 Bde. Stuttgart, 1980~1990.
Fitzhugh, Michael L., and William H. Leckie, Jr., "Agency, Postmodernism and the Causes of Change," *History and Theory*, 40, 2001.
Frank, Andre Gunder, "The Modern World System Revisited," Stephen Sanderson, ed., *Civilizations and World Systems: Studying World-historical Change*, Walnut Creek, CA: Altamira Press, 1995.
Frevert, Ute, "Europeanizing Germany's Twentieth Century," *History and Memory*, 17, 2005.
——, "Europeanizing German History," *GHI Bulletin*, 36, 2005.
Gabaccia, Donna R., "Is Everywhere Nowhere? Nomads, Nations, and the Immigrant Paradigm of United States History," *The Journal of American History*, 86(3), 1999.
Geyer, Michael, and Charles Bright, "World History in a Global Age," *American Historical Review*, 100, 1995.
Giersch, C. Patterson, *Asian Borderlands. The Transformation of Qing China's Yunnan Frontier*, Cambridge, MA & London: England: Harvard University Press, 2006.
Gluck, Carol, "Asia in World History," Ainslie T. Embree and Carol Gluck, eds., *Asia in Western and World History. A Guide for Teaching*, New York: M.E. Sharpe, 1997.
Gosewinkel, Dieter, *Einbürgern und Ausschließen. Die Nationalisierung der Staatsangehörigkeit vom Deutschen Bund bis zur Bundesrepublik Deutschland*, Göttingen: Vandenhoeck & Ruprecht, 2001.

Green, William A., "Periodizing World History," Philip Pomper, Richard H. Elphick, and Richard T. Vann, eds., *World History – Ideologies, Structures, and Identities,* Malden/Oxford: Blackwell Publisher, 1998.

Grindel, Susanne, "Kolonialvergangenheit und europäische Selbstbeschreibung. Erinnerungsdebatten, Bildungspolitik und Schulbücher in Frankreich im Vergleich," Frank Bösch et al., eds., *Europabilder im 20. Jahrhundert. Entstehung an der Peripherie*, Göttingen, 2012.

Grosser, Pierre, "World/Global History: An Exuberant but Difficult Youth," *Vingtième Siècle. Revue d'histoire,* 110(2), 2011.

Guarneri, Carl J., "Internationalizing the United States survey course: American history for a global age," *History Teacher*, 36(1), 2002.

Hall, Stuart, "Wann gab es 'das Postkoloniale'? Denken an der Grenze," Conrad and Randeria, eds., *Jenseits des Eurozentrismus.*

Hahn, Hans Henning, "The Polish Nation in Revolution 1846–49," Dieter Dowe et al., eds., *Europe in 1848: Revolution and Reform,* New York & Oxford: Berghahn Books, 2008.

Hamashita, Takeshi, *China, East Asia and the Global Economy. Regional and historical perspectives*, edited by Linda Grove and Mark Selden, New York: Routledge, 2008.

Heise, Ursula, "Posthumanism: Reimagining the Human," Nina Möllers, Christian Schwägerl and Helmuth Trischler, eds., *Welcome to the Anthropocene: The Earth in Our Hands*, Munich: Deutsches Museum, 2015.

Hong, Young-Sun, "Beyond the National/Transnational Divide: Doing Histories in A Global Age," presented at University of North Carolina, Chapel Hill, April 7, 2006.

Huang, Chun-chie, "The Idea of 'Zhongguo' and Its Transformation in Early Modern Japan and Contemporary Taiwan," *Nihon kanbungaku kenkyu*[日本漢文學研究] 2, 2007.

--, "Some Observations on the Study of theHistory of Cultural Interactions in East Asia," *Journal of Cultural Interaction in East Asia*, 1, 2010.

Hürten, Heinz, "Europa und Abendland - Zwei unterschiedliche Begriffe politischer Orientierung," Philipp W. Hildmann, ed., *Vom christlichen Abendland zum christlichen Europa. Perspektiven eines religiös geprägten Europabegriffs für das 21. Jahrhundert*, München: Hans Seidel Stiftung, 2009.

Iriye, Akira, "Internationalizing International History," Bender, ed., *Rethinking American History in a Global Age*.

Jarausch, Konrad H., "Die Krise der nationalen Meistererzählungen. Ein Plädoyer für plurale, interdependente Narrative," idem and Martin Sabrow, eds., *Die historische Meistererzählung. Deutungslinien der deutschen Nationalgeschichte nach 1945*, Göttingen: Vandenhoeck & Ruprecht, 2002.

Jones, Dan, "The Significance of the Frontier in World History," *History Compass* 1, 2003.

Johnston, Alastair I., *Cultural Realism. Strategic Culture and Grand Strategy in Ming China,* Princeton: Princeton University Press, 1995.

Komori, Yasumasa, "The New Dynamics of East Asian Regional

Economy: Japanese and Chinese Strategies in Asia," *Pacific Focus*, 21(2), 2006.

Lane, David, "Global Capitalism and the Transformation of State Socialism," *Studies in Comparative International Development*, 44, 2009.

Latour, Bruno, "Agency at the Time of the Anthropocene," *New Literary History*, 45, 2014.

Lattimore, Owen, *Inner Asian Frontiers of Asia,* Boston: Beacon Press, 1951.

Lee, E., "East Asia Discourses in Contemporary Korea," Steffi Richter, ed., *Contested Views of a Common Past,* Frankfurt a. M.: Campus, 2008.

Leonard, Jane Kate, *Wei Yuan and China's Rediscovery of the Maritime World*, Cambridge, MA and London: Harvard University Press, 1984.

Lerner, Daniel, "Modernization: Social Aspects," *International Encyclopedia of the Social Sciences,* New York: Macmillan, 1968.

Lockard, Craig A., "Global History, Modernization, and the World-System Approach," Ross Dunn, ed., *The New World History. A Teacher's Companion*, Boston & New York, Bedford/St. Martin's, 2000.

Manning, Patrick, *Navigating World History. Historians Create a Great Past*, New York: Palgrave Macmillan, 2003.

Mazlish, Bruce, "Crossing Boundaries: Ecumenical, World, Global History," Pomper et al., eds., *World History*.

--, "Die Neue Globalgeschichte," *Zeitschrift fur Weltgeschichte,* 3(1), 2002.

McNeill, William H., *The Rise of the West: A History of the Human Community,* Chicago: University of Chicago Press, 1963.

--, *Europe's Steppe Frontier: 1500–1800,* Chicago: University of Chicago Press, 1964.

--, "The Changing Shape of World History," Pomper et al., eds., *World History.*

Middell, Matthias, "Kulturtransfer und Historische Komparatistik – Thesen zu ihrem Verhältnis," *Comparativ,* 10(1), 2000.

--, "Europäische Geschichte oder global history – master narratives oder Fragmentierung," Jarausch and Sabrow, eds., *Die historische Meistererzählung.*

--, "Transnationalisierung und Globalgeschichte," *Traverse,* 1, 2005.

--, "Die konstruktivistische Wende, der spatial turn und das Interesse an der Globalisierung in der gegenwärtigen Geschichtswissenschaft," *Geographische Zeitschrift,* 93(1), 2005.

--, and Katja Naumann, "Global History and the spatial turn: from the impact of area studies to the study of critical junctures of globalization," *Journal of Global History,* 5, 2010.

Milward, James A., *Eurasian Crossroads: A History of Xinjiang,* New York: Columbia University, 2007.

Moore-Gilbert, Bart, "Spivak and Bhabha," Henry Schwarz and Sangreeta Ray, eds., *A Companion to Postcolonial Studies,* Malden, MA: Blackwell Publishing, 2005.

Müller, Michael G., and Bernd Schönemann, *Die "Polen-Debatte" in der Frankfurter Paulskirche: Darstellung, Lernziele, Materialien,* Frankfurt a. M.: Diesterweg Verlag, 1991.

Naranch, Bradley, "Forum: Asia, Germany and the Transnational Turn," *German History*, 28(4), 2010.

Newman, Mark, *Networks,* Oxford: Oxford University Press, 2018.

Nipperdey, Thomas, *Deutsche Geschiche 1800-1866. Bürgerwelt und starker Staat,* München: C.H.Beck, 1987.

--, *Deutsche Geschichte 1866-1918. Band I. Arbeitswelt und Bürgergeist,* München: C.H.Beck, 1990.

Nye, Jr., Joseph S., and Robert O. Keohane, "Transnational Relations and World Politics: An Introduction," *International Organization*, 25(3), 1971.

Ong, Aiwah, *Flexible Citizenship: The Cultural Logics of Transnationality,* Durham: Duke University Press, 1999.

Osterhammel, Jürgen, "Internationale Geschichte, Globalisierung und die Pluralität der Kulturen," Loth, Wilfried and Jürgen Osterhammel, eds., *Internationale Geschichte: Themen, Ergebnisse, Aussichten,* München: Oldenbourg, 2000.

--, *Geschichtswissenschaft jenseits des Nationalstaates. Studien zu Beziehungsgeschichte und Zivilisationsvergleich,* Göttingen: Vandenhoeck & Ruprecht, 2001.

--, "Transnationale Gesellschaftsgeschichte: Erweiterung oder Alternative?," *Geschichte und Gesellschaft*, 27, 2001.

Parthasarathi, Prasannan, *Why Europe Grew Rich and Asia Did Not. Global Economic Divergence, 1600-1850*, Cambridge: Cambridge University Press, 2011.

Patel, Kiran K., "Transatlantische Perspektiven transnationaler

Geschichte," *Geschichte und Gesellschaft*, 29(4), 2003.

Perdue, Peter, "Boundaries, Maps, and Movement: Chinese, Russian, and Mongolian Empires in Early Modern Central Eurasia," *The International History Review*, 20(2), 1998.

--, "Empire and Nation in Comparative Perspective: Frontier Administration in Eighteenth-Century China," *Journal of Early Modern History*, 5(4), 2001.

--, "A frontier view of Chineseness," Arrighi et al., eds., *The Resurgence of East Asia*.

Pomper, Philip, "Introduction: The Theory and Practice of World History," idem et al., eds., *World History*.

Randeria, Shalini, "Geteilte Geschichte und verwobene Moderne," Jörn Rüsen et al., eds., *Zukunftsentwürfe. Ideen für eine Kultur der Veränderung*, Frankfurt, 1999.

--, "Entangled histories of uneven modernities: Civil society, caste solidarities and legal pluralism in post-colonial India," Yehuda Elkana et al., eds., *Unraveling Ties: From Social Cohesion to New Practices of Connectedness*, Frankfurt a. M.: Campus, 2002.

Raphael, Lutz, "Nationalzentrierte Sozialgeschichte in programmatischer Absicht. Die Zeitschrift 'Geschichte und Gesellschaft. Zeitschrift für Historische Sozialwissenschaft' in den ersten 25 Jahren ihres Bestehens," *Geschichte und Gesellschaft*, 25, 1999.

Ray, Rajat K., "Asian Capital in the Age of European Expansion: The Rise of the Bazaar, 1800-1914," *Modern Asian Studies*, 29(3), 1995.

Reischauer, Edwin O., "The Sinic World in Perspective," *Foreign*

Affairs, 52(2), 1974.

Rieber, Alfred J., "The Comparative Ecology of Complex Frontiers," Alexei Miller and Alfred J. Rieber, eds., *Imperial Rule,* Budapest: Central European University Press, 2004.

--, *The Struggle for the Eurasian Borderlands. From the Rise of Early Modern Empires to the End of the First World War,* Cambridge: Cambridge University Press, 2014.

Robin, Ron, "The Exhaustion of Enclosures. A Critique of Internationalization," Bender, ed., *Rethinking American History in a Global Age.*

Rohlfes, Joachim, *Europa. Einheit und Vielfalt in Vergangenheit und Gegenwart*, Stuttgart and Leipzig: Klett, 2005.

Rosenzweig, Roy, and David Thelen, *The Presence of the Past: Popular Use of History in American Life*, New York: Columbia University Press, 1998.

Sachsenmaier, Dominic, "World History as Ecumenical History?," *Journal of World History*, 18(4), 2007.

--, "Recent Trends in European History: The World beyond Europe and Alternative Historical Spaces," *Journal of Modern European History*, 7, 2009.

Sakakibara, Eisuke, and Sharon Yamakawa, *Regional Integration in East Asia: Challenges and Opportunities*, Washington D.C.: World Bank, 2003.

Schäfer, Wolf, "Global History: Historiographical Feasibility and Environmental Reality," Bruce Mazlish and Ralph Buultjens, eds., *Conceptualizing Global History,* Boulder: Westview, 1993.

Schildt, Axel, *Zwischen Abendland und Amerika. Studien zur westdeutschen Ideenlandschaft der 50er Jahre*, München: Oldenbourg, 1999.

Sen, Tansen, "The Intricacies of Premodern Asian Connections," *The Journal of Asian Studies*, 69(4), 2010.

Shohat, Ella, "Notes on Postcolonial," *Social Text,* 31/32, 1992.

Schröder, Richard, "Europa, was ist das?," *Forum Classicum*, 45, 2002.

Siegrist, Hannes, and Rolf Petri, "Einleitung: Geschichten Europas. Kritik, Methoden und Perspektiven," Rolf Petri and Hannes Siegrist, eds., *Probleme und Perspektiven der Europa-Historiographie*, Leipzig: Leipziger Universitätsverlag, 2004,

Smith, Helmut Walser, ed., *Oxford Handbook of Modern German History*, Oxford: Oxford University Press, 2015.

Spivak, Gayatri C., "Can Subaltern Speak?," Cary Nelson and Lawrence Grossberg, eds., *Marxism and the Interpretation of Culture,* Urbana-Champaign: University of Illinois Press, 1988.

--, *Other Asias*, Oxford: Blackwell Publishing, 2008.

Stearns, Peter N., *World History: Patterns of Change and Continuity,* New York, Harper and Row, 1987.

Stoler, Ann L. and Frederick Cooper, "Between Metropole and Colony. Rethinking a Research Agenda," Frederick Cooper and Ann L. Stoler, eds., *Tensions of Empire. Colonial Cultures in a Bourgeois World*, Berkeley: University of California Press, 1997.

Thelen, David, "Making History and Making the United States,"

Journal of American Studies, 32(3), 1998.
--, “The Nation and Beyond: Transnational Perspectives on United States History,” *Journal of American History*, 86(3), 1999.
Ther, Philpp, “Die Grenzen des Nationalismus: Der Wandel in Identitäten in Oberschlesien von der Mitte des 19. Jahrhunderts bis 1939,” Ulrike von Hischhausen and Jörn Leonhard, eds., *Nationalismen in Europa: West- und Osteuropa im Vergleich,* Göttingen: Wallstein Verlag, 2000.
--, “Imperial instead of National History: Positioning Modern German History on the Map of European Empires,” *Miller and Rieber*, eds., *Imperial Rule*.
Tibi, Bassam, *Kreuzzug und Jihad. Der Islam und die christliche Welt*, Bielefeld: C. Bertelsmann, 2003.
Tignor, Robert, et al., *Worlds Together Worlds Apart,* New York: W. W. Norton & Company, 2008.
Tripathi, Maneesha, “European Union and ASEAN: A Comparison,” *International Journal of Research*, 2(1), 2015.
Tyrrell, Ian, *Transnational Nation. United States History in Global Perspective Since 1789*, New York: Bloomsbury Publishing, 2007.
Vertovec, Steven, “Migration and other Modes of Transnationalism: Towards Conceptual Cross-Fertilization,” *International Migration Review*, 37(3), 2003.
Wacker, Gudrun, *Security Cooperation in East Asia. Structures, Trends and Limitations*, Berlin: Stiftung Wissenschaft und Politik, 2015.

Waley-Cohen, Joanna, "Changing Spaces of Empire in Eighteenth-Century Qing China," Nicola Di Cosmo and Don J. Wyatt, eds., *Political Frontiers, Ethnic Boundaries, and Human Geographies in Chinese History*, London & N. Y.: Routledge, 2003.

Wallerstein, Immaneul, "The Rise and Future Demise of the World Capitalist System: Concepts for Comparative Analysis," *Comparative Studies in Society and History*, 16(4), 1974.

Wang Hui, "'Modernity' and 'Asia' in the Study of Chinese History," Eckhardt Fuchs and Benedikt Stuchtey, eds., *Across Cultural Borders: Historiography in Global Perspective*, Lanham: Rowman and Littlefield, 2002.

——, "The Idea of Asia and Its Ambiguities," *The Journal of Asian Studies*, 69(4), 2010.

——, *The Politics of Imagining Asia*, edited by Theodore Huters, Cambridge, MA: Harvard University Press, 2011.

Wehler, Hans-Ulrich, "Transnationale Geschichte – der neue Königsweg historischer Forschung?," Gunilla Budde et al., eds., *Transnationale Geschichte. Themen, Tendenzen und Theorien*, Göttingen: Vandenhoeck & Ruprecht, 2006.

Werner, Michael, "Kulturtransfer und Histoire croisée. Zu einigen Methodenfragen der Untersuchung soziokultureller Interaktionen," Stephan Braese and Ruth Vogel-Klein, eds., *Zwischen Kahlschlag und Rive Gauche. Deutsch-französische Kulturbeziehungen 1945-1960*, Würzburg: Königshausen & Neumann, 2015.

Wiegen, Kären, "Culture, Power, and Place: The New Landscape of East Asian Regionalism," *American Historical Review*, 104(4), 1999.

Wong, Roy Bin, "Reflections on Qing Institutions of Governance: Chinese Empire in Comparative Perspective," *Crossroads*, 5, 2012.

Yu Yong-tae, "For a Regional History of East Asia: Comments on the Article by Professor Fujii," *Sungkyun Journal of East Asian Studies*, 3(2), 2003.

Zhang Yongjin and Barry Buzan, "The Tributary System as International Society in Theory and Practice," *The Chinese Journal of International Politics*, 5, 2012.

웹자료(2022년도 5월 16일자 확인)

A Study of History:
https://en.wikipedia.org/wiki/A_Study_of_History

Bayerisches Staatsministerium für Unterricht und Kultus, ed., Bayerischer Lehrplan für Geschichte Jgst. 11/12. Online-Fassung (2004):
http://www.isb-gym8-lehrplan.de/contentserv/3.1.neu/g8.de/index.php?StoryID=26818

Bender, Thomas, *The LaPietra Report: A Report to the Profession*, 2000: http://www.oah.org/activities/lapietra/final.html

Bentley, Jerry H., "Review of Mazlish, Bruce, Buultjens, Ralph, *Conceptualizing Global History*," *H-Net Reviews in the Humanities & Social Sciences*, August 1995:
http://www.h-net.org/reviews/showrev.php?id=137

Black Central Europe: https://blackcentraleurope.com/

BEST – Black European Studies, *H–Soz–Kult*, 23. 04. 2005: www.hsozkult.de/event/id/event–54580

Council of European Union, Consolidated Version of the Treaty on European Union and the Treaty on the Functioning of the European Union and the Charter of Fundamental Rights of the European Union, Brussels, 2013.11.12: http://register.consilium.europa.eu/pdf/en/08/st06/st06655–re07.en08.pdf

Friedman, Thomas L., "Foreign Affairs; Now a Word From X," 〈New York Times〉, May 2, 1998: https://www.nytimes.com/1998/05/02/opinion/foreign–affairs–now–a–word–from–x.html

Jones, Erik, "Europe Celebrates Charlemagne: The Father of Europe," January 23. 2014: https://lifehopeandtruth.com/prophecy/blog/europe–celebrates–charlemagne–the–fatherof–europe/

McNeill, William H., "the Steppe, geographical area, Eurasia," *Britanica:* https://www.britannica.com/place/the–Steppe

The EU Constitution – The Reader–Friendly Edition by Jens–Peter Bonde: http://en.euabc.com/upload/rfConstitution_en.pdf

Vandereyken, Katy, et al., "Hub Protein Controversy: Taking a Closer Look at Plant Stress Response Hubs," *Frontiers in Plant Science*, 9, 2018: DOI: 10.3389/fpls.2018.00694

Viewing Regionalisms From East Asia(Regions and Regionalisms in the Modern World) paperback – January 1, 2013 by Sebastian Conrad, Prasenjit Duara: https://www.amazon.com/Viewing–Regionalisms–Regions–Modern–World/dp/0872292061

Wernecke, Thomas, "HT 2010: Wie schreibt man Deutsche Geschichte im Zeitalter der Transnationalität? Die Neukonzeption des Oxford Handbook of Modern German History in der Diskussion": https://www.hsozkult.de/searching/id/fdkn-122023?title=ht-2010-wie-schreibt-man-deutsche-geschichte-im-zeitalter-der-transnationalitaet-die-neukonzeption-des-oxford-handbook-of-modern-german-history-in-der-diskussion&q=Oxford%20Handbook%20%20of%20Modern%20German%20History&sort=relevance&fq=&total=173&recno=3&subType=fdkn

| 색인 |

ㅂ

ㅅ

ㅇ

ㅈ

ㅊ

ㅋ